大美国学·古文观止

季旭昇 总策划
文心工作室 编著

中央编译出版社
Central Compilation & Translation Press

京权图字 01-2023-0401 号
中文經典 100 句：古文觀止
中文簡體字版©2023 由中央編譯出版社發行
本書經城邦文化事業股份有限公司商周出版事業部授權，
同意經由中央編譯出版社，出版中文簡體字版本。
非經書面同意，不得以任何形式任意重製、轉載。

图书在版编目（CIP）数据

古文观止 / 文心工作室编著. —北京：中央编译出版社，2023.7
（大美国学）
ISBN 978-7-5117-4283-4

Ⅰ. ①古… Ⅱ. ①文… Ⅲ. ①《古文观止》- 通俗读物 Ⅳ. ①H194.1-49

中国版本图书馆 CIP 数据核字（2022）第 176345 号

古文观止

责任编辑	苗永姝
责任印制	刘　慧
出版发行	中央编译出版社
地　　址	北京市海淀区北四环西路 69 号（100080）
电　　话	（010）55627391（总编室）　（010）55625179（编辑室） （010）55627320（发行部）　（010）55627377（新技术部）
经　　销	全国新华书店
印　　刷	佳兴达印刷（天津）有限公司
开　　本	880 毫米×1230 毫米　1/32
字　　数	281 千字
印　　张	13.625
插　　图	12
版　　次	2023 年 7 月第 1 版
印　　次	2023 年 7 月第 1 次印刷
定　　价	69.00 元

新浪微博：@中央编译出版社　　微　　信：中央编译出版社（ID：cctphome）
淘宝店铺：中央编译出版社直销店（http://shop108367160.taobao.com）
　　　　　（010）55627331

本社常年法律顾问：北京市吴栾赵阎律师事务所律师　　闫军　　梁勤
凡有印装质量问题，本社负责调换，电话：（010）55626985

原序

余束髮就學時輒喜讀古人書傳每縱觀大意於源流得失之故亦嘗探其要領若乃析義理於精微之蘊辨字句於毫髮之間此衷蓋闕如也歲戊午奉天子命撫八閩會稽章子習子以古文課子於三山之凌雲處維時從子楚材實左右之楚材天性孝友潛心力學工舉業尤好讀經史於尋常講貫之外別有會心與從孫調侯日以古學相砥礪調侯奇偉倜儻敦尚氣誼本其家學每思繼序前人而光大之二子才器過人下筆灑灑數千言無懈漫蓋其得力於古者深矣今年春余統師

雲中寄身絕塞不勝今昔聚散之感二子寄余古文觀止一編閱其選簡而該評註詳而不繁其審音辨字無不精切而確當披閱數過覺向時之所闕如者今則釋然以喜矣以此正蒙養而裨後學厥功豈淺鮮哉亟命付諸梨棗而爲數語以弁其首

康熙三十四年五月端陽日愚伯興祚題

小傳

依原書所見先後為次序，又國策與楚詞均為劉向所哀輯，故不分列書中為人小傳，而哀輯者姓氏焉。

左丘明 (周)魯太史也，孔子修春秋，丘明為素王，丘明又作國語，司馬遷云，左丘失明，厥有國語，是也，又按左氏丘明為複姓者，左史倚相之後，亦有以左氏為姓氏焉。

公羊高 (周)齊人，子夏弟子，作春秋傳，至其玄孫壽，與弟子胡母子都錄為書，漢何休作解詁，其書遂大傳凡言春秋者，公羊與穀梁合稱二傳，或公穀派。

穀梁赤 (周)魯人姓穀梁，名俶字元始，一名赤孝經序正義引七錄作名俶，子夏弟子傳春秋，按唐楊士勛穀梁傳疏云，穀梁傳作名俶。

檀弓 (周)魯人姓檀名弓，以其議論合禮者，故以名篇，仲子適。

李斯 (秦)本楚上蔡人，從荀卿學，西仕於秦，始皇既定天下，斯為丞相，定郡縣制，下禁書令，變籀文為小篆，二世時趙高為相，譖斯，斯子李由與盜通，腰斬咸陽市。

劉向 (漢)字子政，楚元王之四世孫，初為諫大夫，宣帝招選名儒俊材，向以通達能屬文與焉，嘗以戰國諸人所記時事。

併爲一編，名戰國策，亦簡稱國策。文襄輯屈原宋玉景差諸賦，附以賈誼淮南小山東方朔嚴忌王褒諸作及向自作九歌。

楚詞十六篇。

司馬遷 （漢）字子長夏陽人官至太史令作作史記百三十篇序事辨而不華劉向揚雄皆稱之爲良史才。

漢高帝 姓劉名邦字季豐人秦二世立起兵於沛自立爲沛公入咸陽破項羽於垓下五年卽帝位在位十二年崩。

漢文帝 名恆高帝之中子初立爲代王及呂后崩大臣誅諸呂迎立爲帝在位二十三年崩諡文。

漢景帝 名啓文帝長子節儉愛民有文帝之風故史以文景並稱在位十六年崩諡景。

漢武帝 名徹景帝中子承文景之業興崇儒開邊拓土主在位五十四年崩諡武自建元至後元改元十一爲帝號之始。

王有年號之始。

賈誼 （漢）洛陽人文帝時召爲博士旋出爲長沙王太傅屈原文拜梁王太傅卒年三十三著有新書。

鼂錯 （漢）潁川人學申韓刑名以文學爲太子家令景帝時遷御史大夫請削諸侯封地以尊京師爲吳楚七國反藉口誅錯帝卒用爰盎策殺錯。

鄒陽（漢）臨淄人。景帝時與枚乘嚴忌仕吳，以文辨知名。吳王有邪謀，上書諫不聽，去之梁，從孝王游，介於羊勝公孫詭之間。勝等譖之，下獄，上書自陳，王出之，待為上客。

司馬相如（漢）字長卿，成都人。景帝時為武騎常侍，以病免。武帝召為郎，通西南夷，有功，尋拜孝文園令，病免，居茂陵工。文詞有子虛上林大人等賦。

李陵（漢）字少卿，紀人。廣之孫也。武帝時為侍中，善騎射愛人，下士。帝以為有廣之風，拜騎都尉，使擊匈奴，以五千乘自當一隊。兵敗力竭而降，事聞，上怒族之。

路溫舒（漢）字長君，鉅鹿人。初為獄小吏，因學法令，轉為獄史，昭帝時廷尉史，宣帝時上書言尚德緩刑。帝嘉納之，累遷臨淮太守，有異績。

楊惲（漢）字幼華，陰人。宣帝時官至中郎將。後以事失爵，友人孫會宗以書戒之。惲報書辭語怨懟。宣帝見而惡之，當惲大逆無道，坐腰斬。

漢光武帝名秀，字文叔，蔡陽人。高祖九世孫，大破王莽於昆陽，及莽誅，郎帝位，定都洛陽。在位三十三年崩，諡光武。

馬援 （後漢）字文淵茂陵人建武中拜伏波將軍後以征交阯字功封新息侯卒於軍諡忠成

諸葛亮 （蜀漢）字孔明陽都人先主時策為丞相諡忠武侯屨出師北伐後以疾卒於軍有諸葛武鄉侯集

李密 （晉）字令伯武陽人祖事母以失分懷怨武帝時徵仕為洗馬及遷漢中太守謹聞免官卒

王羲之 （晉）字逸少會稽人事右軍將軍會稽內史善草隸為古今冠其最為蘭亭序樂毅論卒年五十有九

陶潛 （晉）字淵明鄱陽人世號靖節先生文章皆題其年號所著有陶集十卷

孔稚珪 （南齊）字德璋山陰人少有美譽高帝為記室參軍永元元年卒官尚書

魏徵 （唐）字玄成曲城人初事太子建成太宗時拜諫議大夫轉祕書監知門下省事犯顏敢諫凡上二百餘奏皆極愷切封鄭國公卒諡文貞

駱賓王 （唐）義烏人七歲能賦武后時數上書言事除臨海丞棄官去徐敬業起兵為草檄討武后中宗時詔求其文得數百篇有駱丞集

王勃 （唐）字子安龍門人六歲善文詞與盧照鄰駱賓王楊烱齊名號四傑後渡海溺死年二十九有集三十卷行於世

四

李白（唐）字太白生於蜀之青蓮鄉號青蓮居士天才英特賀知章見其文歎為謫仙言於玄宗供奉翰林甚見愛重代宗立以左拾遺召而白已卒所為詩有李太白集高妙清逸與杜甫並稱

李華（唐）字遐叔贊皇人擢進士弘辭科天寶間官監察御史為權倖所嫉後去官隱山陽晚事浮圖法不甚著書文辭縣麗穎士宏傑有氣時謂不及李遐叔文集

劉禹錫（唐）字夢得中山人以進士登博學弘詞初科累官至集賢殿學士出為蘇州刺史遷太子賓客元和初以附王叔文被貶有劉賓客集四十卷豪有劉白詩白居易推為詩豪

杜牧（唐）字牧之萬年人善屬文人第進士歷殿中侍御史會昌中遷中書舍人詩情致豪邁號為小杜以別於杜甫有樊川集

韓愈（唐）字退之昌黎人通六經百家學為文宏深奧衍成一家擢進士第官至吏部侍郎長慶中卒贈禮部尚書諡文有昌黎文集

柳宗元（唐）字子厚河東人少精敏絕倫為文卓偉精緻第進士博學弘詞拜監察御史坐王叔文黨貶永州司馬徙柳州

刺史。為文益進。世號柳州。有柳先生文集、外集、龍城錄。

王禹偁 （宋）字元之。鉅野人。九歲能文。太平興國進士。為右拾遺累遷翰林學士。遇事敢言。以直躬行道為己任。著有小畜集。

李格非 （宋）字文叔。濟南人。第進士。累官禮部員外郎。工詞章。嘗言文不可苟作誠不著則文不能工。又矯時弊留意經學。著集議、文集、詩集、禮記說數十萬言。關文、議五代史。

范仲淹 （宋）字希文。吳縣人。大中祥符間進士。仁宗時與富弼同率兵拒西夏。旋召拜樞密副使進參知政事。卒諡文正。憂之不便。哲宗立。擢為左僕射。卒諡文正。贈溫國公。著有新

司馬光 （宋）字君實。夏縣人。熙豐間官端明殿大學士。極言安石

錢公輔 （宋）字君倚。武進人。進士第。以事坐謫。神宗立。拜天章閣待制。英宗即位。陳治平十議。旋以事坐謫。神宗立。拜天章閣待制。知江寧府。徙揚州。改提舉崇禧觀。卒。

資治通鑑二百九十四卷及傳家集、家範、稽古傳、涑水紀聞等書。

李覯（宋）字泰伯，南城人，博識能文寧茂才異等，皇祐初范仲淹先生薦為試太學助教，嘉祐中歷太學說書卒，學者稱盱江先生著有退居類稿皇祐續稿等書。

歐陽修（宋）字永叔，廬陵人，少孤母誨之學舉進士甲科出知滁州，旋拜翰林學士參知政事以太子少師致仕卒諡文忠，著有唐書五代史歸田錄及詩文集詩話錄等書集。

蘇洵（宋）字明允號老泉時稱三蘇有嘉祐集十六卷二子軾轍俱擅文名，行世。

蘇軾（宋）字子瞻眉山人弱冠試禮部歐陽修擢置第二累官翰林學士兵部尚書卒諡文忠為文渾涵光芒雄視百世有集一百五十卷。

蘇轍（宋）字子由軾弟推官徽宗朝以大中大夫致仕卒諡文定，有詩傳春秋傳論語拾遺解老子解龍川志略欒城集孟子解等。

曾鞏（宋）字子固，南豐人，嘉祐間舉進士歷知齊襄洪福明亳滄等州入為中書舍人文章與歐陽修齊名世稱南豐先生。

著有元豐類稿陸平集各若干卷。

王安石 (宋)字介甫號半山臨川人少好讀書工爲文擢進士上第神宗朝拜同平章事封荊國公卒諡文有臨川集一百卷。

宋濂 (明)字景濂浦江人元末入龍門山著書踰十年太祖召見除江南儒學提擧詔修元史充總裁官學者悉稱爲太史公有宋學士全集三十六卷。

劉基 (明)字伯溫青田人元進士明初召至金陵陳時務十八策屢從征伐有功授太史令累遷御史中丞兼弘文館學士封誠意伯著有文集二十卷。

方孝孺 (明)字希直寧海人爲文學博士靖難兵起文皇欲令草詔哭罵不屈文皇礫之於市著有遜志齋集二十四卷。

王鏊 (明)字濟之吳縣人成化間鄉會試皆第一弘治時歷侍講學士正德初進戶部尚書文淵閣大學士卒諡文恪著有姑蘇志春秋詞命史震澤長語震澤集。

王守仁 (明)字伯安餘姚人弘治間進士正德時巡撫南贛討平宸濠卒諡文成學以良知爲本著有王文成全集從祀孔廟。

唐順之 (明)字應德武進人嘉靖中會試第一以郎中視師浙江擊破倭寇擢右僉都御史於學無所不窺為文汪洋紆折著有荊川集學者稱荊川先生。

宗臣 (明)字子相揚州人嘉靖進士由吏部考功郎歷稽勳員外郎為嘉靖七子之一卒年三十六有宗子相集。

歸有光 (明)字熙甫崑山人九歲能文通經史尤精於史記大學試士高拱引為南京太僕丞掌內閣制敕房修世宗實錄著有震川文集三吳水利錄行於世。

茅坤 (明)字順甫號鹿門歸安人嘉靖進士善古文著白華樓藏稿續稿玉芝山房稿耄年稿史記鈔浙省分署紀事本末等書。

王世貞 (明)字元美太倉人嘉靖進士官至南京刑部尚書號鳳洲又號弇州山人著有弇山別集四部稿讀書後鈔等錄共數百卷。

袁宏道 (明)字中郎公安人萬曆進士官至稽勳郎中詩文多主妙悟著有瓶花齋雜錄袁中郎集及瀟碧堂破研齋諸集。

張溥（明）字天如。太倉人。崇禎四年登進士。以葬親乞假歸。遂不復出。曾倡復社。以繼東林。聲勢大盛。執政惡之。幾得禍。著有史論等書。

目 录

天地一方

崇山峻岭，茂林修竹　003

夫人之相与，俯仰一世　008

固知一死生为虚诞，齐彭殇为妄作　012

取之尽锱铢，用之如泥沙　016

灭六国者，六国也，非秦也　020

后人哀之，而不鉴之　023

文起八代之衰，道济天下之溺　026

不以物喜，不以己悲　031

先天下之忧而忧，后天下之乐而乐　036

山不在高，有仙则名　039

谈笑有鸿儒，往来无白丁　043

吾于是益有以信人性之善　047

云山苍苍，江水泱泱　051

微先生不能成光武之大　055

落霞与孤鹜齐飞，秋水共长天一色　058

萍水相逢，尽是他乡之客　062

老当益壮，宁移白首之心　066

醉翁之意不在酒，在乎山水之间也　071

士之有道，固不役志于贵贱　075

当思帝德如天　079

经正则庶民兴　083

人生志气

士为知己者用，女为说己者容　089

人固有一死，或重于泰山，或轻于鸿毛　094

究天人之际，通古今之变，成一家之言　098

班声动而北风起，剑气冲而南斗平　102

喑呜则山岳崩颓，叱咤则风云变色　107

请看今日之域中，竟是谁家之天下　110

生不用封万户侯，但愿一识韩荆州　113

坐井而观天，曰天小者，非天小也　117

择焉而不精，语焉而不详　122

古之君子，其责己也重以周，其待人也轻以约　125

师者，所以传道、受业、解惑也　129

闻道有先后，术业有专攻　133

业精于勤，荒于嬉　136

焚膏油以继晷，恒兀兀以穷年　140

跋前踬后，动辄得咎　144

古之所谓豪杰之士者，必有过人之节　147

忿必争，争必败　151

方一食，三吐其哺　155

以圣人观之，犹泰山之于冈陵　160

圣人之所以能大过人者　164

古之君子，未尝不以身化　168

忠臣名谏

亲贤臣，远小人　175

鞠躬尽力，死而后已　180

寝不安席，食不甘味　185

泰山不让土壤，故能成其大　189

求木之长者，必固其根本　194

念高危，则思谦冲而自牧　199

昔取之而有余，今守之而不足　202

物有同类而殊能者　206

祸固多藏于隐微　211

家累千金，坐不垂堂　214

民贫，则奸邪生　217

饥寒至身，不顾廉耻　222

珠玉金银，饥不可食，寒不可衣　226

盖有非常之功，必待非常之人　230

强毋攘弱，毋暴寡　235

同心而共济，始终如一　240

真情流露

人之相知，贵相知心　247

外无期功强近之亲，内无应门五尺之僮　252

生当陨首，死当结草　256

皇天后土，实所共鉴　259

视茫茫，发苍苍，齿牙动摇　262

一在天之涯，一在地之角　266

死而有知，其几何离　269

言有穷而情不可终　273

大凡物不得其平则鸣　276

与其有誉于前，孰若无毁于其后　280

士穷乃见节义　284

妖韶女，老自有余态　289

故其为诗，如嗔如笑　293

放其言之文，君子以兴焉　298

非诗之能穷人，殆穷者而后工也　302

不忮不求，与物浮沉　307

草木无情，有时飘零　311

为善无不报，而迟速有时　315

悟以往之不谏，知来者之可追　319

云无心以出岫，鸟倦飞而知还　324

山光水色

夫天地者,万物之逆旅　331

浮生若梦,为欢几何　335

况阳春召我以烟景,大块假我以文章　338

诵明月之诗,歌窈窕之章　342

飘飘乎如遗世独立,羽化而登仙　346

世之奇伟瑰怪非常之观　350

超鸿蒙,混希夷　354

清泠之状与目谋,瀯瀯之声与耳谋　358

金玉丰鲜

蝉翼为重,千钧为轻　365

屠牛坦一朝解十二牛,而芒刃不顿者　370

麟之所以为麟者,以德不以形　376

世有伯乐,然后有千里马　380

上下交相贼以成此名也　384

泰山崩于前而色不变　389

其曲弥高,其和弥寡　393

不肯拔我一毛而利天下　397

又何往而不金玉其外、败絮其中也哉　401

蔺相如之获全于璧也,天也　406

为善必慎其习,故所居必择其地　411

贤者于其所至，不独使其人之不忍忘而已 416

教化之行，道德之归，非远人也 420

晏子好仁，齐侯知贤，而桓子服义也 424

天地一方

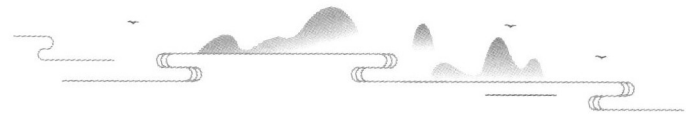

崇山峻岭，茂林修竹

名句的诞生

此地有崇山峻岭，茂[1]林修[2]竹；又有清流激湍[3]，映带[4]左右，引以为流觞[5]曲水，列坐[6]其次[7]。虽无丝竹管弦之盛，一觞一咏[8]，亦足以畅叙幽情。

——东晋·王羲之《兰亭集序》

完全读懂名句

1. 茂：茂密。 2. 修：修长、高。 3. 湍：指水势很急。 4. 映带：辉映环绕。 5. 觞：古代喝酒用的器具。 6. 列坐：排列就坐。 7. 其次：在（曲水的）旁边。 8. 咏：吟诗作赋。

这里有高大险峻的山脉和丘陵，有茂密的树林和高高的竹子，又有清水急流，在亭子的四周辉映环绕。把水引到亭中的环形水渠里来，让酒杯漂流水上供人们取饮。人们在曲水旁边排列

而坐,虽然没有管弦齐奏的盛况,但是一边饮酒一边赋诗,也足以痛快地表达各自清幽的情怀。

文章背景小常识

王羲之(公元321—379年,或公元303—361年),字逸少,号澹斋,原籍琅琊临沂(今属山东),后迁居山阴(今浙江绍兴),官至右军将军、会稽内史,写得一手好字,可说是中国最伟大的书法家,后人尊称为"书圣"。

王羲之出身于一个书法世家,他的父亲、伯父、堂兄弟等都是当时的书法名手,而他一生中最好的作品,则首推《兰亭集序》。

《兰亭集序》的写成缘起于东晋社会承自古代的一种风俗。东晋时,每逢阴历的三月三日,人们便必须去河边玩一玩,以消除不祥,这叫做"修禊"。生活在东晋的王羲之自然也遵从了这个风俗,在永和九年的三月三日,和当时名士谢安、孙绰以及王、谢子弟等四十一人在兰亭集会,饮酒赋诗,各抒胸怀。事后这些即兴诗作编为《兰亭集》,王羲之"自为之序以申其志",写下了这篇传诵古今的《兰亭集序》。

这篇序中不仅记录了兰亭周围山水之美、集会的盛况和乐趣,更抒发了王羲之自己对好景不长、生死无常的感慨。全文虽有骈句,但却一点也不显拘谨及呆板。

《兰亭集序》顾名思义是一篇序言。"序言"简称"序",也叫"前言",属实用文体,同"跋"是一类的,只是列于卷首叫"序",附于卷末者则叫"跋"。序的主要作用在于推荐介绍某人著作或某一材料,说明写作过程、写作目的、主要内容或说明一些同书本有关的事情,帮助读者更好地去阅读或理解。但就《兰亭集序》内容和形式而言,它又不仅是一般意义上的书序,而可说是中国文学史上一篇立意深远、文笔清新自然的优美散文。

名句的故事

传说当年王羲之与朋友在兰亭聚会时,四十二位名士排排坐在溪边,由书僮将盛满酒的酒杯放在溪水中,让杯子随水而动,酒杯停在谁的位置,此人就得赋诗一首,倘若是作不出来,可就要罚酒三杯。

正当众人沉醉在酒香、诗美的情境中时,有人提议不如将当日所作的37首诗汇编成集。此言一出,所有的人都开始起哄,推举王羲之来写一篇《兰亭集序》。而酒意正浓的王羲之,二话不说地提笔在蚕纸上畅意挥毫,一气呵成,宾主尽欢。

但第二天,王羲之酒醒后意犹未尽,便伏案挥毫又在纸上将序文重写了一遍,但却怎么看都觉得不如第一篇好,他又不甘心,因此一连重写了几遍,可是都再也比不上第一篇所写的舒展、飘逸。

这时他才明白,他在醉后写的那篇序文已经是他一生的顶峰之作了,他的书法艺术在这篇序文中得到了淋漓尽致的发挥,无论他再怎么写，都永远比不上第一篇了。

此后，王羲之将《兰亭集序》视为传家宝，并且代代相传。但到了王家的七世孙智永之时，由于智永出家为僧，为僧之人自然没有子嗣，于是就将祖传真本传给了弟子辨才和尚。到了唐朝初年，李世民大量搜集王羲之书法珍宝，经常临习，对《兰亭集序》这一真迹更是仰慕，曾多次重金悬赏索求，但一直没有结果。后来花了很长的时间才察出《兰亭集序》的真迹是在会稽一个名叫辨才的和尚手中，但辨才却不肯说出真迹何在，唐太宗只得派出足智多谋的监察御史萧翼。萧翼扮成书生模样接近辨才，两人谈得投机，言谈间，萧翼趁机拿出几幅王羲之的真迹，辨才看了摇头："这真迹是好，但我这儿有一幅更棒的。"萧翼一听，便怂恿辨才将该幅真迹拿出，辨才也不疑有他，由屋梁上取下《兰亭集序》真迹，展示在萧翼眼前。萧翼一见，随即将《兰亭集序》放入自己的宽袖中，并出示唐太宗的诏书，辨才方知上当了。

其后辨才懊悔不已，一年之后便抑郁以终。而唐太宗由于太喜欢《兰亭集序》了，指定死后要将此真迹陪葬于昭陵。

历久弥新说名句

自古中国人崇尚山水、自然，更有"仁者乐山，智者乐水"之说，骚人墨客、文人学者总喜欢徜徉在自然之中，然后在山水之中，细细体会那种"天人合一"的微妙感觉，并创造出那令人惊艳的书法、文学、绘画、哲学作品。

"崇山峻岭，茂林修竹，清流激湍，映带左右"，其中有山、有水、有林、有竹，具有一种独特的东方意蕴，后人读来，在隐隐约约之中，也能有身历其境般的闲适。

描写山水景色，中国文人绝对是有独到之处的，并且各有各的风采，就算眼中望着的是同一座山、同一潭水，在文字上也绝少有雷同之处。所以在历代文学作品中想找到同样高妙的山水描述不难，但若想找到文字相似者就不是很容易了。

就像苏东坡同样也写过山水，但经由他"心眼"所看到的山水就与王羲之看到的不同："山是眉峰聚，水是眼波横，若问行人何处去，眉眼盈盈处。"一个是白描，一个是写意，但文字与意境都是同样的优美，让人看了之后心旷神怡。

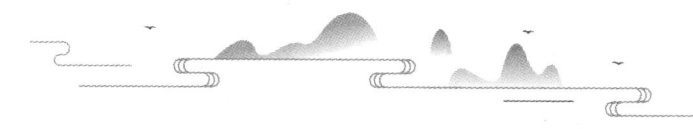

夫人之相与，俯仰一世

名句的诞生

夫¹人之相与²，俯仰³一世，或取诸怀抱⁴，晤言一室之内；或因寄所托，放浪形骸⁵之外。虽取舍万殊⁶，静躁不同，当其欣于所遇，暂得于己，快然自足，不知老之将至。

——东晋·王羲之《兰亭集序》

完全读懂名句

1. 夫：发语词，无实质性的意义。2. 相与：相处。3. 俯仰：俯仰之间，意指时间短促。4. 怀抱：志趣抱负。5. 形骸：自己的身体。6. 殊：不同。

在人的一生中，与朋友相处的时间其实是很短暂的。有的人喜欢在室内跟朋友讲述自己的志趣与抱负，面对面地交谈；有的人就依着自己所爱好的事物寄托情怀，不受任何约束，自由自在地生活。尽管人们的爱好千差万别，或好静、或好动，各不相同，但当他们对所接触的事物感到高兴时，一时间很自得，快乐而自足，竟不觉得衰老即将到来。

名句的故事

王羲之的伯父王导是东晋的丞相，太尉郗鉴想和王家结亲，就让手下人去见王导，请求他准许自己在王家的子弟里，为女儿挑选一个女婿。王导爽快地答应了这门亲事，并让来人在自己家里随意走动观看，挑选中意的人。

但郗太尉派人选女婿的事，很快就在王家子弟中传开了。由于大家早就听说，郗太尉的女儿不但品貌出众，而且还是一位擅长书法的才女，因此郗太尉前来拜访的那天，王家的子弟们赶忙穿戴得整整齐齐，个个都做出一副端庄稳重的样子来。

那几天，王羲之正巧住在伯父家，他也听到郗鉴选婿的事，可却一点也不在意，只是满不在乎地躺在东厢房的一张竹床上，郗府的人过来后，他就像没看见似的，依然躺在那儿。

郗鉴的手下人回去，对郗鉴说："大人，我看王家子弟都很出众，只是有些不自然，只有一个青年人，袒露着肚皮，躺在竹床上吃东西，好像没有选婿这回事似的。"郗鉴是个性格豪放的人，听手下人这么一说，很喜欢这个性情开朗、不受礼法习俗拘束的青年人。他高兴地拍着手说："他正是我要选的女婿呀！"说完，就让人去打听那个年轻人是谁，当知道是王羲之以后，毫不

考虑地就定下了这门亲事，欢欢喜喜的把女儿嫁给了王羲之。

从此以后，"东床"就成了女婿的代名词，并且从这个故事里，我们也可以了解，能写出那样超凡逸俗书法作品的人，一定也具备同样豪迈、自然的性格。

历久弥新说名句

"夫人之相与，俯仰一世，或取诸怀抱，晤言一室之内；或因寄所托，放浪形骸之外"，正说出了人各有志，只要能够如意顺心，以自己的方式生活就足够了。其实最早的时候孟子便说过"仰不愧于天，俯不怍于人"，与这句话倒是可以互相呼应、以为互补。

到了现在，人们虽还常用这句话来自勉，不过援用整句话的机会已不多了，反倒是句中"放浪形骸"四个字异军突起，成为人们口中、笔下用来对某人行为举止的总评。

东晋时期流行"清谈"，而当时的文人骚客莫不崇尚"风流"，用今天的话来说就是崇尚"个性化"，因此"放浪形骸"在当时其实并不具备贬义。但演变到了今天，"风流"与"放浪形骸"这两个词却早已与"个性化"无关，反而隐隐约约带有一种负面的涵义。

而这两个词最常出现的地方，则是报章杂志的娱乐版以及社会版，因为记者老喜欢用"风流"来形容"劈腿男"，而用"放浪形骸"来形容举止轻浮的女子。但这两者之间却仍旧有些差异的，因为说某男人"风流"，有时那名男子还会沾沾自喜，可若说哪名女子"放浪形骸"，她可不会表示出任何欣然之意，反而有可能对你怒目相向。

所以，下回若要用这些词一定要小心些，千万不要崇尚"古意"地称赞人"风流"、"放浪形骸"，否则搞不好会为自己招来无妄之灾哦！

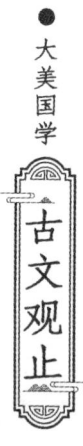

> 固知一死生为虚诞，
> 齐彭殇为妄作

名句的诞生

每览¹昔人²兴感之由³，若合一契⁴，未尝不临文嗟悼⁵，不能喻⁶之于怀。固⁷知一死生为虚诞⁸，齐彭殇⁹为妄作。后之视今，亦犹今之视昔。

——东晋·王羲之《兰亭集序》

完全读懂名句

1. 览：看。2. 昔人：过去的人、前人。3. 由：原因。4. 契：契合。5. 嗟悼：哀叹、感伤。6. 喻：明白、心中明了。7. 固：因此。8. 虚诞：荒诞。9. 彭殇：彭，彭祖，相传为古代的长寿者。殇，未成年而死、夭折。

每当我看到前人发生感慨的原由，跟我所感慨的事那样的契合、相一致，总是面对着他们的文章而感伤，心里又不明白为什么会这样。我这时才知道，把生和死同等看待是荒诞的，把长寿和短命同等看待是荒谬的。后人看待今天，也像今人看待从前一样，真是可悲的事啊！

名句的故事

"固知一死生为虚诞，齐彭殇为妄作"这个句子是为驳斥庄子"一死生"、"齐彭殇"的论点而作的。所谓的"一死生"是指将死和生看做一回事，而"齐彭殇"是把高寿的彭祖和短命的殇子等量齐观。

中国历代都喜欢拿"彭祖"来形容高寿者，但彭祖究竟是什么人，又有多高寿呢？

彭祖是中国古代著名的"寿星"和养生家，许多先秦古籍都载有他的名字。据传，他是黄帝的后裔，曾侍奉尧帝，受到尧的赞赏而封他于彭城，因此后人多称他为"彭祖"。

彭祖可说是中国历史上寿命最长的人，传说他活了八百多岁，死了四十九个妻子，失去四十五个儿子。而至于他为什么会那样的长寿，据说是得到了高人的指点。

在彭祖出生刚满一周岁的时候，一个算命看相的道人看见彭祖的面相后，对他爹说："这孩子活不过二十岁的。"彭祖的爹听了心急如焚，连忙带着彭祖四处遍访得道高僧，希望能学个养生长寿的方法，好能够多福多寿，继承彭家的香火。而皇天不负苦

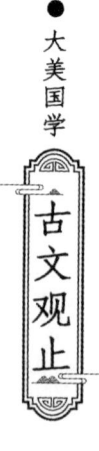

心人,最后彭氏父子终于在五台山找到了不语禅师。

那日之后,彭祖便跟随着不语禅师苦苦修行了九九八十一年,超越人生"酒色财气"四关,并练就一身吐纳胎息之法,近百岁的人看来却丝毫不显老态。

只是彭祖一修行就是近百年,父母早就不在人世了,因此当彭祖功成拜别师父回到家乡后,看到的只是爹娘的坟头。而早看透死生之事的彭祖,只是微微笑了笑,对坟头拜了拜后,就离开家门四处云游,最后得道成仙,名列仙班。

历久弥新说名句

"固知一死生为虚诞,齐彭殇为妄作"表达的其实是对既有观点的一种质疑与反驳,刘琨也曾说过类似的话话,他在《答卢谌书》里便写及:"知聃周之为虚诞,嗣宗之为妄作。"

一般来说,能写出这样句子的人都是比较具有批判意识的人,他们能脱离旧有思想的禁锢而独立思考,并且也愿意表达自己"与众"不同的意见。特别是在中国古代,这样的人士还是少的,毕竟要直接拿名人开刀,不仅得具备一定的学识、修养,还得赌上自己的名声及未来,普通人是不敢这样做的。

而在今天这种"百花齐放"的社会,能容许任何不同的声音,因此这种"……为虚诞,……为妄作"的句式就更常见了。像在一篇讲述破除鬼神迷信的文章中,作者便套用了这个句式,然后以"固知鬼神为虚诞,神鬼小说为妄作"作为结语,让人看了之后可以立即掌握到文章的主旨，确实帮助人了解文章的大概。

不过不可讳言的是，有些人的确是为了反对而反对，希望以此标新立异的"新说"来为自己搏取名声，这时我们便必须有自己的理解与认知，不能一味的接受。

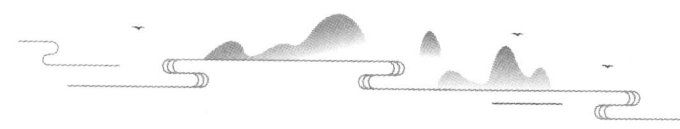

取之尽锱铢,用之如泥沙

名句的诞生

嗟乎!一人之心,千万人之心也。秦爱纷奢¹,人亦念其家。奈何²取之尽锱铢³,用之如泥沙。

——唐·杜牧《阿房宫赋》

完全读懂名句

1. 纷奢:纷就是多的意思,奢是奢侈,纷奢即是豪华奢侈之意。2. 奈何:为何。3. 锱铢:锱与铢都是极小的计算单位,用以比喻极细微。

唉!一个人的心,也就是千万人的心。秦王喜欢豪华奢侈,人民也希望幸福美满。而为什么搜括财富时丝毫不遗漏,用的时候却像泥沙一样快速流失。

文章背景小常识

赋为《诗经》所指的"六义"之一，是铺陈其事的书写方式。赋读起来很有诗韵的感觉，却又不是诗，文字用词简短清澈，又不像散文，可说是介于诗与散文之间的韵文。"赋"作为一种文体有一个演变的过程。赋以《楚辞》滥觞，到了汉代才形成确定的形式，其流变大致经历了骚赋、汉赋、骈赋、律赋、文赋等阶段。两汉时期的"汉赋"，辞藻华美，多为歌功颂德，例如贾谊的《吊屈原赋》；六朝时期的"骈赋"，充满作者个人的情感，例如曹植的《洛神赋》；唐朝则以赋取士，其"律赋"对偶工整、讲求音韵，至晚唐时期发展出"散赋"，延续到宋朝，著名的如本文《阿房宫赋》及苏轼的《赤壁赋》等。

杜牧是晚唐时期人士，其祖父乃是唐朝知名宰相杜佑。杜牧出身望族，由于耳濡目染，对于政治国事的关心自不在话下，他在《上知己文章》中解释："宝历大起宫室，广声色，故作《阿房宫赋》。"（杜牧《樊川文集》卷十六）杜牧撰文的意图在于以秦帝国的兴亡史实，劝戒唐敬宗的骄奢荒淫。杜牧的部分文学作品多少带有史论、以史鉴君的特色，例如他在《乌江亭》一诗中写道："江东子弟多才俊，卷土重来未可知。"在帝制时代，官场社会中要写这样的内容，多少要具备相当的勇气。从《阿房宫赋》的起承转合中，我们便看到杜牧强烈的历史意识，行文不仅气势纵横，内容更毫不留情的指陈时弊。全文在互文、对偶、比喻等等修辞手法的运用中，让秦朝与六国兴亡的历史教训，生动地在我们眼前流转。

名句的故事

锱或铢，都是古代用来计算重量的极小单位，"锱铢"合为一词，即用来比喻极微小者。"取之尽锱铢"即秦王搜括民间财富建造阿房宫时，连很零碎的金钱也搜括走，可见当时为了建造宫殿，对财富的需求之大。泥沙是不值钱的贱物，用手抓起一把泥沙，它很快会从我们的指缝中流出，所以，"用之如泥沙"意即为了建造宫殿，把这些钱像泥沙一般地花掉，可见其花用速度之快。

相传阿房宫是秦王为他所爱的民间女子阿房所建造的宫殿，尔后西楚霸王项羽推翻秦帝国时，听说自己的爱妾虞姬被掳，愤而迁怒，就放了一把火烧掉阿房宫，据说这一烧就花了整整三个月。一座可以花掉三个月时间才烧完的宫殿，范围之大，可以想见，当初建造时所费必定不赀，亦可窥见秦王的奢侈浮华。

但是，阿房宫究竟有多大？这在历史上其实是个疑点。离秦朝最近的汉朝史学家司马迁在《史记·秦始皇本纪》记载，阿房宫前殿"东西五百步，南北五十丈"，这比起杜牧在《阿房宫赋》中夸张地描述："压覆三百余里，隔离天日。"司马迁的说法显然更令人容易相信。杜牧的描述有可能是写作上的需要，也有可能是以讹传讹的结果。

历久弥新说名句

除了作为财富方面的形容词，"锱铢"还有一种延伸用法。根据《明史·解缙传》记载，明朝开国皇帝朱元璋非常欣赏解缙的才华，有一天他提醒解缙要对国政知无不言，没想到隔天解缙就上奏一篇令人不禁捏把冷汗的长论。其中解缙说："建不为君用之法，所谓取之尽锱铢；置朋奸倚法之条，所谓用之如泥沙。"解缙批评朱元璋用人不懂择贤、授官不分轻重，尤其是常常提出不应当为君王所用的法则，连很小的利益都不放过。

当我们批评别人"取之尽锱铢"，通常是说这个人连很小的利益也不放过，现代人也常用"锱铢必较"这句成语，来形容一个人对事务的斤斤计较。而对闹得沸沸扬扬的新台币六千余亿元的军事采购案，国防部召开记者会时便强调："将以'锱铢必较'的精神采购军事装备和武器。"这是用斤斤计较，来表示做事的小心翼翼。也有人将这句话注入环保意识："人类的母亲——地球，她的每一滴血汗，都被人们挤榨了，挥霍着，真是'取之尽锱铢，用之如泥沙'啊！"可见我们挥霍的岂止是物质、金钱，还有大自然的宝藏。

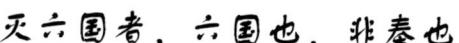

灭六国者，六国也，非秦也

名句的诞生

呜呼！灭六国者，六国也，非秦也；族¹秦者，秦也，非天下也。

——唐·杜牧《阿房宫赋》

完全读懂名句

1. 族：灭。

唉！灭亡六国的人，是六国自己，而不是秦国；族灭秦国的人，是秦国自己，而不是天下百姓。

名句的故事

战国时代的外交场上，先有苏秦的合纵政策，后有张仪的连横政策。所谓"合纵"即苏秦倡导联合六国共同抵抗秦国,但由于六国之间的利益并不相同,而彼此之间也一直存在土地或争战的宿怨,因此六国的合作体系很快地就被秦国宰相张仪提倡的"连横"政策所破解。"连横"即是利诱六国分别与秦国亲善友好,施以小惠或条件交换,然后再各个击破,达到统一天下的目的。如果不是六国之间无法真诚相对,一直在彼此间的宿怨与利益中计算,秦国怎么会有机会瓦解六国的联盟呢?所以杜牧说:"灭六国者,六国也,非秦也。"

秦始皇登位后,为避免之前群雄并立争夺的局势,决定废封建、行郡县,以集权中央;而为了大一统帝国的延续,他开始充满猜忌、怀疑,近有铲除权臣,远有焚书坑儒,并且四处寻求长生不老之药,甚至五度巡行天下;暴政历历,而万里长城的筑砌更是为天下百姓带来无比的灾难与穷困,秦国渐渐步上衰亡之路。因此杜牧批评:"族秦者,秦也,非天下也。"秦朝是亡于秦朝统治者自己的手中,而非天下百姓呀!

如同汉朝贾谊在《过秦论》一文结语时说:"为天下笑者何也?仁义不施,而攻守之势异也。"秦王朝以将近一百年的时间造就一个统一帝国,却被区区一个陈胜带着一帮拿着斧头、锄头的人来揭竿起义,梦想中的万世基业,顷刻之间就覆亡了。秦王朝无法辨别时势的转折,方造就机会给别人,自取灭亡。晚唐的政治趋于腐败、骄奢,也是将机会捧着等别人来侵犯,杜牧行文正直,当头棒喝执政者不要成为下一个秦朝。

历久弥新说名句

"灭六国者，六国也，非秦也；族秦者，秦也，非天下也"，用句简洁的成语来说就是"自取灭亡"，也就是自掘坟墓、自毁长城，起因皆在于自身。例如最近"股市风险莫测，扑朔迷离"，比照古人的话，我们可以说："迷股市者，非股市也，自迷也；害股民者，股民也，非股市也。"股市最大的风险不是市场本身，而是在于人们的贪欲、对财富的迷恋。另外，也有很幽默地模仿这句名言的造句："感冒发烧者，人也，非病毒细菌也。赌博害人者，人也，非麻将也。"这样我们就很轻松地了解事件的症结了。

后人哀之,而不鉴之

名句的诞生

秦人不暇[1]自哀,而后人哀之;后人哀之,而不鉴之,亦使后人而复哀后人也。

——唐·杜牧《阿房宫赋》

完全读懂名句

1. 暇:来不及之意。

秦人还来不及为自己哀伤,只好让后代的人去替他悲伤;如果后代的人只是悲伤,却没有以秦为鉴戒,那也只有使更为后代的人来为后代的人哀伤了。

名句的故事

"后人哀之,而不鉴之,亦使后人而复哀后人也",说穿了就是朝代更迭的殷鉴,始终无法从历史事实中逃脱,这也是历史演变的真相。真相是什么?"阿房宫"究竟是否在历史上存在过,其实是不断受到质疑的,纵使已经有考古学方面的发现。因为当时阿房宫尚未建完,秦始皇就驾崩了,当秦二世皇帝要续建时,不到四个月就有人揭竿起义,秦朝也就被推翻了,而项羽的这一把火更是流传千古。"阿房宫"的建立表征一个帝国的欲望无止尽地上升,"阿房宫"的毁灭也表征一个帝国的欲望是会受到限制的。这个限制的力量就是来自人民。

经过"王叔文党祸"后的唐朝,政坛的骄奢腐败日益严重,而且延伸到了普罗社会大众。诚如唐代的扬州是一个商业交易热络、繁华异常的都市,随之而来的娼楼酒馆的盛况,也仅次于长安城;扬州每晚娼楼所点的灯,就像是万般繁星一样,把扬州城点缀得像仙境一样,这样的唐朝,正一步一步走上衰亡之路,此后外患、天灾接踵而至,杜牧便用历史检讨当代社会,希望历史不要重演,只是,历史还是重演了。

世称"三苏"的苏洵、苏轼、苏辙父子兄弟,皆有作《六国论》,目的也都是借古喻今,讽刺北宋朝廷对西北劲敌契丹、西夏、辽国的退让。苏洵对于北宋朝廷签订"澶渊之盟",花钱以寻求苟安的外交政策,痛心疾首,他想借由六国赂秦而遭致灭亡的历史教训,让北宋朝廷引为鉴戒,以免重蹈覆辙。苏辙在其《六国论》指出,六国诸侯因为贪图秦国采用"连横"政策释出的边境上的土地利益,分别违背盟誓、毁弃约定,互相残杀"合纵"阵营的盟国,所以秦国的军队还没有出动,六国就已经困住自己了。然而北宋朝廷自动签订盟约、奉上金银布匹给敌人，活生生地就是"后人哀之，而不鉴之，亦使后人而复哀后人也"的实践者，才会一退再退，由北方撤退，偏安南方，终至南方也偏安不了，亡国了局。

历久弥新说名句

2004年江苏省举行高考，作文题目是"稳中求胜"。有一个非常优秀的考生这样写道："有了私欲，心中自然无法沉稳下来，遇事则慌，处事则乱。霸王以一己私欲，赶走亚父，气走韩信，终被困垓下，遗憾千古，长使英雄泪满襟。霸王之败，后人哀之，后人哀之而不鉴之，则必使后人而复哀后人矣。"相信这位考生平日必定熟读古文。

又例如司马光的皇皇巨著《资治通鉴》，不也就是警告人，不要再发生"后人哀之，而不鉴之，亦使后人而复哀后人也"的历史悲剧吗？我们一遍又一遍地翻阅史书，所有的教训每隔一段时间就会重演一遍，正如西方哲学家黑格尔的名言："人类从历史得到的唯一教训，就是人类没有从历史得到教训。"这前后两句话真是有异曲同工之妙。当我们在哀痛历史的同时，更要"鉴之"，这讲的就是一种"危机意识"。请问各位有这样的危机意识吗？如果没有，那么请记住："如果你因错过太阳而哭泣，你也将错过群星。"如果我们无法从错误中学习，无法掌握改过自新的机会，那么下一个更好的机会也将会流逝。

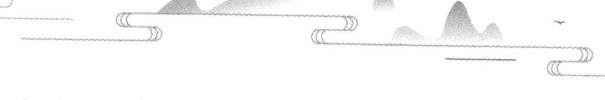

文起八代之衰，道济天下之溺

名句的诞生

文起八代之衰[1]，道济天下之溺[2]；忠犯人主之怒[3]，而勇夺三军之帅[4]。此岂非参天地，关盛衰，浩然而独存者。

——宋·苏轼《潮州韩文公庙碑》

完全读懂名句

1. 文起八代之衰：指韩愈的古文，提振八代的萎靡文风。八代，指东汉、魏、晋、宋、齐、梁、陈、隋。2. 道济天下之溺：用儒道来救济天下人沉溺佛老思想。3. 忠犯人主之怒：韩愈上谏迎佛骨表触怒唐宪宗，被贬为潮州刺史。4. 勇夺三军之帅：唐穆宗长庆元年（公元821年），镇州暴乱，朝廷派韩愈前往昭抚，韩愈对判将王廷凑晓以大义，终于使其折服归顺。

韩愈提倡古文，提振起八代的萎靡文风；鼓吹儒学，用道德救济天下沉溺佛老思想；忠心耿耿，不避讳触怒君王；他的勇气折服三军将领。他不正是参赞天地化育，关系国家盛兴衰，正气凛然巍巍独存的典范人物？

文章背景小常识

碑文，按刘熙《释名·释典艺》，本是古代下葬时，"臣子追述君父之功美，以书其上"，所以碑文总是歌功颂德。另一说，则言秦始皇东巡时，李斯立峰山碑，碑上歌颂秦德。后人因循，就在道路前头或明显之处，书写其功名成就，就称为碑。

苏轼曾言"平生不为行状碑传"，因为这类文章往往是迫于官场应酬，或墓主后代苦苦哀求而写，实在有违苏轼的直言风格。但面对韩愈这位古文运动大将，苏轼则戮力为之。传说苏轼作此文时，久久无法下笔。起来行走数十次，忽然得开头"匹夫而为百世师，一言而为天下法"两句，便文思泉涌，行文流畅无阻，挥洒自如。本文一向被公认为碑文中的名作。

韩愈去世后，韩愈的墓志铭是由其生前指定得意高徒皇甫湜撰写《韩文公墓志铭》。此外，韩愈学生，同时也是韩愈女婿李汉，整理岳父生前之诗文集而作《昌黎先生集序》，来推崇韩愈对文学的努力和对古文运动的重要贡献……不过这些作品，"及东坡之碑一出，而后众说尽废"（《容斋随笔》）。由此可知，《潮州韩文公庙碑》对文坛的震撼。

名句的故事

"文起八代之衰,道济天下之溺",表彰韩愈作为古文运动的推动者,他的影响力和德行。

唐宪宗元和十四年(819年)正月,宪宗遣使往凤翔迎佛骨入宫中,停留三日后,又命诸寺迎之供奉,导致京都无论老少士庶,弃其本业,焚香祭拜。于是韩愈上论佛骨表劝谏,宪宗大怒,本欲将韩愈处死。经裴度等人力救,才改贬潮州任刺使。至潮州后,韩愈积极治理当地民生疾苦:除鳄鱼、放奴婢、兴学……所以尽管韩愈在潮州时间仅短短七八个月,但深获潮州人心。为了感念韩愈,当地立庙祭祀他。到宋哲宗时,王涤任当地太守,选地重建新庙,匾题为"昌黎伯潮州韩文公之庙"。绍圣元年时,苏轼谪居惠州,适逢新庙落成,潮州人便请苏轼作碑文,因而有本篇《潮州韩文公庙碑》。

历久弥新说名句

历来碑文歌功颂德,几成形式。即使如苏轼作《潮州韩文公庙碑》,仍守碑文的基本模式,独独被鲁迅赞誉其小品文为"一塌糊涂的泥塘里的光彩和锋芒"的唐代诗人陆龟蒙,其所作《野庙碑》,一反传统歌功颂德的碑文形式,为野庙立碑,感慨农民迷信,但贪官污吏祸国殃民更令人痛心疾首。

《野庙碑》起首便以"碑者，悲也"，点破全文主旨全在"悲"字。简述碑之短史专为歌功颂德后，即说"余之碑野庙也，非有政事功德可纪，直悲夫甿竭其力，以奉无名之土木而已矣"。甿，指农民。这些农民竭尽全力来供奉这些泥塑木雕的野庙令人感到悲哀。

"瓯越间好事鬼，山椒水滨多淫祀"即在江浙、福建一带，山顶海滨，有着许多不合礼制或不应有的祭祀。而这些祭祀野庙的现象，是农民迷信，也是农民自画圈套，因为这些偶像是"甿作之，甿怖之"。可叹农民遇上疾病死伤时，"自惑其生，悉归之于神"。

讨论这淫祀的现象后，陆龟蒙话锋一转，直指那些贪官污吏的危害更甚于野庙祭祀。因为这些贪官污吏锦衣玉食，需索无度，却从未把人民的苦楚放在心上。一旦国家患难，这些人却胆小怯弱，乞求作为俘虏都来不及了。这些贪官其实就是穿着官服会说话的土木神像——"乃缨弁言语之土木尔，又何责其真土木耶！"于是作者写诗总结，最末一句响应原先"碑者，悲也"的主题："视吾之碑，知斯文之孔悲。"

到了现代，碑文吊唁故人风气仍在，沿袭旧体，颂扬此人浩浩功业，但仍有奇特之作。余秋雨《酒公墓》，写一个状元之后代，留美攻读逻辑的张先生，一生坎坷，最后落得写作墓碑维生，因嗜酒，人称张酒公。死前他恳求余秋雨为他死后的墓碑写碑文，然而余秋雨不忍写。张酒公口述碑文说道："酒公张先生，不知籍贯，不知名号，亦不知其祖宗世谱，只知其身后无嗣，子然一人。少习西学,长而废弃……释儒道皆无深缘,真善美尽数失落,终以浊酒、败墨、残肢、墓碑,编织老境。……呜呼,故国神州,莘莘学子,愿如此潦倒颓败者,唯张先生一人。"此文堪称现代版《五柳先生传》,只是张酒公充满悲情的一生,不似五柳先生还能旷达任远,潇洒自若!

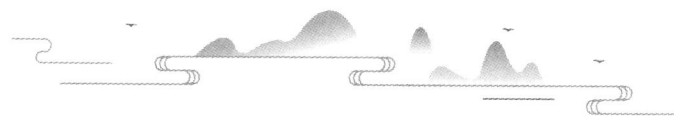

名句的诞生

嗟夫！予尝求古仁人之心，或异二者之为[1]，何哉？不以物喜，不以己悲[2]，居庙堂之高，则忧其民[3]；处江湖之远，则忧其君[4]。

——宋·范仲淹《岳阳楼记》

1. 予尝求古仁人之心，或异二者之为：二者，指的是作者在前述中提到因天气阴雨而悲伤以及因天气晴和而高兴，而古代的仁人是不会有这两种情况的。2. 不以物喜，不以己悲：不因环境好而高兴，也不因自己的遭遇不好而悲伤。3. 居庙堂之高，则忧其民：庙堂是指朝廷。这句是说在朝做官的时候，忧虑着人民的生活。4. 处江湖之远，则忧其君：江湖是指被贬谪或去官的官吏生活的地方。这句是说被贬谪在外的官吏因不能就近辅佐君王，

而时时忧虑君王。

啊！我曾经探求过古代仁人的用心，他们和这两种人的态度是不一样的。这是为什么呢？因为他们不因环境好而高兴，也不因自己的遭遇不好而悲伤。他们在朝廷做官的时候，就忧虑人民的生活。退职在野，非常失意的时候，就忧虑朝政的得失。

文章背景小常识

屹立在洞庭湖畔的岳阳楼，是中国古建筑中的瑰宝，自古有"洞庭天下水，岳阳天下楼"之誉。始建于唐，后毁于兵燹，北宋年间重修和扩建。岳阳楼的出名，在很大程度上是由于北宋著名文学家范仲淹（公元989—1052年）写了一篇不朽的散文《岳阳楼记》。据说当时巴陵郡守（岳阳楼在宋时属巴陵郡）滕子京集资重修了岳阳楼，不过滕子京重修的岳阳楼，在明崇祯十一年（公元1639年）毁于战火，现今的岳阳楼已经是明清以来重修多次的样貌了。

岳阳楼记便是范仲淹在登台眺望，远观洞庭湖的景色之时，不自觉心里有所感发，并且引发了对政治时事的感触。由于岳阳楼的美景早已被前人写光了，因此范仲淹不再赘述，只点出心中感触胸怀，引出悲喜两种境界，最后才是真正的重点：先忧后乐。是不是现在的人也能像古代仁人一样，在天下人还没有忧虑以前，自己就先忧虑，等到天下的人都得到快乐以后，自己才享受快乐呢？

名句的故事

我们在日常生活中，常会因为不好的境遇，和感受到大自然中不可抗拒的力量，如生老病死，而感到悲伤难过。范仲淹所描述的这句"不以物喜，不以己悲"就是要我们不论外在环境好或不好，都不要影响自己的心情。这点我们可以从《庄子》中得到更深的体会，在《养生主》篇中，有一个故事是：老子死的时候，他的朋友秦失来吊唁，却批评别人的痛哭是违背天理人情，他说："适来，夫子时也，适去，夫子顺也。安时而处顺，哀乐不能入也。古者谓之帝之悬解。"意思是说：该来的时候，老子应时而生；该去的时候，老子顺理而去，安心应时而顺应变化，哀乐情绪不侵扰人心，这在古代就叫做遵从自然规律的生死观。

在《庄子·至乐》篇中，庄子本人也有个故事很好地说明了这一点：庄子妻死，惠施去吊丧，却看到庄子蹲在地上，鼓盆而歌。惠施说："你不哭也就算了，竟然鼓盆而歌，不是太过分了吗？"庄子说："不然。是其始死也，我独何能无慨然。察其始而本无生，非徒无生也而本无形。非徒无形也，而本无气。杂乎芒芴之间，变而有气，气变而有形，形变而有生。今又变而之死，是相与为春秋冬夏四时行也。人且偃然寝于巨室，而我嗷嗷然随而哭之，自以为不通乎命，故止也。"这段话是说：庄子一开始也是有哭的，但是后来想到他妻子本来是没有形体的，只是后来因为一些混沌之气聚集之后，她就有了形体，好像就有了生命的开始，现在死了，只是回复到她本来的样子啊！如果伤心大哭岂不是太不了解生命的道理了吗？所以就不哭了。

历久弥新说名句

虽然"不以物喜，不以己悲"这句话对我们来说可能有些陌生，但这只是因为我们平常不是用这样的话来表达而已，例如我们会说："不要因为一点小事就沾沾自喜，小心乐极生悲！"跟"不以物喜"是相同的意思。

至于"不以己悲"也是一样的，最具代表性的作家应该是非杏林子莫属了，在她的《生之歌》作品中，可以说是她个人生命情操的写照。在《生之歌·永恒的价值》这篇文章里，杏林子描写法国的印象派大师雷诺瓦，杏林子欣赏他的画作，更欣赏他对生命的执著，里面有一段是这样说的："据说雷诺瓦也患有关节炎，到了晚年，全身的关节都坏了，只有坐在轮椅上绘画，他的画架也是特制的，有活动的轴可以将画布升降移动。由于两手的关节都告变形，无法拿笔，就将画笔绑在手上，朋友看他作画如此艰苦，问他何不放弃，他回答说：'痛苦会过去，美会留下。'他至死都没有放弃他的画笔。他就死在他的画架旁。"

也许是因为生理上的病痛使得杏林子和雷诺瓦对生命有更深的感动,如果不是对"不以己悲"的内涵有相当深刻的反省,又怎么能说出"痛苦会过去,美会留下"这样感人至深的句子呢?

先天下之忧而忧，后天下之乐而乐

名句的诞生

是进亦忧，退亦忧[1]；然则何时而乐耶？其必曰：先天下之忧而忧[2]，后天下之乐而乐[3]欤！噫！微[4]斯人[5]，吾谁与归！

——宋·范仲淹《岳阳楼记》

完全读懂名句

1. 是进亦忧，退亦忧：因为在朝做官的时候，忧虑着人民的生活，而被贬谪在外或去官又因不能就近辅佐君王，而时时忧虑君王，所以进也忧虑，退也忧虑。2. 先天下之忧而忧：这是说仁人会未雨绸缪，在天下人还没开始忧虑的时候，就已经忧虑了。3. 后天下之乐而乐：这是说仁人等到天下人都快乐了，一切万全了之后，才会感到快乐。4. 微：通无。5. 斯人：指古仁人。

这样,在位也忧虑,不在位的时候也忧虑,那么,要到什么时候才快乐呢?他们一定说:"在天下人还没有忧虑以前,自己就先忧虑,等到天下的人都得到快乐以后,自己才享受快乐。"唉!如果没有这种人,那我将与谁同道呢?

名句的故事

范仲淹这句"先天下之忧而忧,后天下之乐而乐",在汉代刘向的《说苑·卷十六·谈丛》中就有类似的表达,他说:"先忧事者后乐,先乐事者后忧。"指先忧苦而后得安乐。

但是,或许有人会说:"为什么要在还不需要忧虑的时候,就自己在那边忧虑?真是杞人忧天!""杞人忧天"这句成语是源自《列子·天瑞》:"杞国有人忧天地崩坠。"这个故事是说,从前有个杞国人因为成天担忧天会崩塌,地会陷落,每天睡不着觉,也吃不下饭。后来有人开导他说:"天是气体聚积而成的,气体本来就是无所不在,你现在已经是整天在这团气体里活动呼吸了,怎么会担心它崩塌呢?"但他听了以后,不但没有因此而放心,反而又开始担心起以气体构成的天,会不会无法支撑日月星辰的重量,日月星辰会因此而坠落。后来经人解说:"日月星辰也不过是气体中发亮的部分,即使坠落也不会伤人啊!"终于停止了对天的担忧,却转而忧虑不知道什么时候地会塌陷。后来这个故事被浓缩成"杞人忧天",用来比喻缺乏根据且不必要的忧虑。

历久弥新说名句

倘若我们由"先天下之忧而忧，后天下之乐而乐"，可以联想到用来形容不必要忧虑的"杞人忧天"的话，那么我们也可以进一步联想到"替古人担忧"这句成语，这也是用来形容忧虑不必要的事情，而且是一种更生动的说法。在《西游记》和《金瓶梅》这两部小说中都有使用到这句成语；《西游记》第四十八回："老儿，莫替古人担忧，我师父管他不死长命。"《金瓶梅》第二十回："怪小狗肉儿，你倒替古人担忧。"

在现代人的著作中，"替古人担忧"的使用也是很普遍的，俞平伯《文训》："依此看去，匆匆实是一味妙药，其效至少有如同仁堂的万应锭；而我们反替古人担忧，足见其不开眼也已。"名作家张晓风也曾作有一篇文章，篇名就是叫做《替古人担忧》。内容中并没有提到"替古人担忧"这句话，但我们或许可以借由其中的一段来揣想作者的意思："同情心，有时是不便轻易给予的，接受的人总觉得一受人同情，地位身份便立见高下，于是一笔赠金，一句宽慰的话，都必须谨慎。但对古人，便无此限，展卷之余，你尽可痛哭，而不必顾到他们的自尊心，人类最高贵的情操得以维持不坠。"这里的替古人担忧已变成一件令人放心的事，文人的用笔和用心真是奇妙呀！

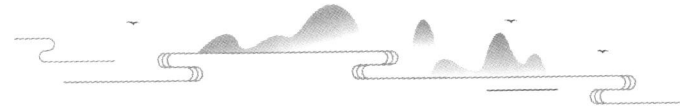

山不在高,有仙则名

名句的诞生

山不在高,有仙则名;水不在深,有龙则灵。斯¹是陋室²,惟吾德馨³。

——唐·刘禹锡《陋室铭》

完全读懂名句

1. 斯:此。2. 陋室:简陋的居室。3. 馨:香气。

山不一定要高,只要有神仙住就会有名了;水不一定要深,只要有蛟龙藏于水,便会有灵气。这虽然是间简陋的房子,只要有我的德行,便可以让它馨香美好。

文章背景小常识

所谓"铭"是指刻在器物或石碑上的符号或文字,最早见于商周时代的青铜器上。"铭"或用为记载政治情事、祭祀庆典，或用来记述一个人之生平、事业、功德，表示纪念；或用为警惕自己、赞颂他人的文字；甚至于借物抒情，表示永不忘记。因此"铭"随着时间与人的应用，逐渐发展成为一种文体，例如座右铭、墓志铭。

刘禹锡十九岁游学长安，二十一岁与柳宗元同榜考中进士，同年又考中了博学宏词科，他做过监察御史、屯田员外郎、礼部郎中、集贤直学士，及连州、夔州、和州、苏州等地刺史，晚年任太子宾客，世称"刘宾客"。《陋室铭》的诞生要从刘禹锡被贬谈起。

唐顺宗即位后，起用士大夫王叔文等人实施改革，史称"永贞革新"。"永贞革新"运动大大打击了宦官、藩镇、世袭官僚的势力，因此双方演出激烈的朋党倾轧，失败的"王叔文党"纷纷遭到贬谪，为王叔文所重用的刘禹锡也被贬为朗州司马，这是刘禹锡第一次被贬谪。近十年后，刘禹锡被"以恩召还"，旋即又因"桃花诗案"被贬为连州刺史。简单来说，"桃花诗案"就是刘先生又作了一首诗《元和十年自朗州承召至京戏赠看花诸君子》，语带双关地嘲弄、蔑视权贵，当然又被贬谪，这次一贬就是十四年。一般认为，刘禹锡就是在这十四年中，曾转任和州刺史一职时写下《陋室铭》。陋室的故迹是在现今安徽省和县。

名句的故事

《新唐书·刘禹锡传》记载："禹锡恃才而废，褊心不能无怨望。"刘禹锡不仅仕途坎坷，结婚九年后妻子便过世了，因此他心地并不宽阔，而且常怀有怨恨。有幸刘禹锡和白居易同年，他"与白居易酬复颇多"，算是知交很深的朋友。白居易本人就是以诗闻名者，却还推崇刘禹锡为"诗豪"，又称赞刘禹锡："其诗在处，应有神物护持。"刘禹锡的诗像是有神灵护持，可见其浑然天成的才气。

《陋室铭》是借物抒情、以物喻志。谁是"仙"？就是刘禹锡；谁是"龙"？也是刘禹锡；其中的"山"、"水"，事实上就是指"陋室"。而"仙"是高风亮节的人物，"龙"通常用来形容出类拔萃者，二者皆是用来衬托作者的品行与能力。因为有仙，所以山才会出名，吸引人们游访；因为有龙，所以水才显得更为清澈灵明。自比仙、龙，作者果然豪气干云。而刘禹锡的"陋室"，虽然只是一个简陋、窄小的屋子，却因为有他这个人，不凡的才能、超脱的德行，因此更显得不同。刘禹锡是采取隔句对仗的手法，作为文章的起头，也开宗明义点出本文的章旨，实有"画龙点睛"的效果。

只是，他在文中虽然显得怡然自得，却又让人无法忽略他的孤芳自赏。《陋室铭》的最后，刘禹锡道出陋室就像是"南阳诸葛庐，西蜀子云亭"。南阳诸葛是指诸葛亮，孔明先生在南阳躬耕，这是他"见龙在田，利见大人"前的生活；西蜀子云亭系指西汉文学家扬雄的居所"草玄亭"，扬雄在此写书。扬雄所处的世代必须投靠宦官或外戚，才能青云直上，而他却不愿奉迎此道，这是刘禹锡推崇之处，也是他自己选择的方向。陋室里面居然有像孔明、扬雄这样如仙、龙的人才,所以"何陋之有",怎么可以说是简陋呢!这其中多少隐含作者的自况、自慰和自勉。

历久弥新说名句

"山不在高,有仙则名;水不在深,有龙则灵",让人有一种"卧虎藏龙"的感觉。例如中国有一报载是这样描述:"坐落在北京市小汤山的北京锡昌医院,虽然地处偏僻,医院不大,只有80多张床位,却挺有特色,用中、蒙药治疗晚期食道癌、胃癌,确有独到之处。真可谓'山不在高,有仙则灵;水不在深,有龙则名'。"

也有人把这句名言,用来强调一种"特色"。例如:山不在高,有仙则灵,水不在深,有龙则名;商业中心不在大,有特色就行,再大没有特色,不能满足人们某一方面的特殊需要,客户就不会过来。

由于这句话非常容易朗朗上口,后人常因而联想出一些有趣的句子。例如"年不在高,好动则名",是一位不知名的作者,谈他年幼但却无比好动的女儿,因为好动贪玩的缘故,居然在幼儿园里声名大噪。还有一句"礼不在贵,有诚则行",是说一位做丈夫的要送礼物给太太,礼物不需要太贵,诚意最重要。这两句虽然俚俗,却也真实有趣。

谈笑有鸿儒，往来无白丁

名句的诞生

苔痕上阶绿，草色入帘青。谈笑有鸿儒[1]，往来无白丁[2]。可以调素琴[3]，阅金经[4]；无丝竹[5]之乱耳，无案牍[6]之劳形。

——唐·刘禹锡《陋室铭》

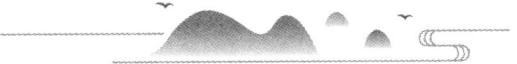

完全读懂名句

1. 鸿儒：博学的儒者。2. 白丁：平民，或文盲、不识字者。3. 素琴：无漆雕花纹的琴，一般辞典释为"无弦的琴"，恐怕不适合本文。无弦的琴就无法"调"了。4. 金经：就是佛经。5. 丝竹：丝指琴瑟，竹指箫管，泛指乐器。6. 案牍：指公事文书。

绿色青苔的痕迹一直蔓延到台阶上，碧绿的草色也映入帘幔。在这里谈笑的只有鸿儒，来往交际的没有没知识的人。在这里可以弹弹素琴，阅读佛经；没有任何音乐的声音扰乱我的清静，也没有公事文书来劳烦我的身体。

名句的故事

"鸿儒"一词出自汉朝王充的《论衡》："能精思着文，联结篇章者为鸿儒。"鸿儒就是能够专精思考、著述文章，结合诗篇、文章的人。关于"素琴"则在《晋书》的《陶潜传》中有记载："性不解音，而蓄素琴一张，弦徽不具。"徽是古代琴上面用来表示高低音的标识，弦则是琴弦。陶潜说他自己天生不解音律，所以收藏着一张没有弦和徽的琴。"丝竹"就是琴瑟、箫管等乐器，于古人的诗词文章中，通常被泛指为乐器声，例如如唐朝白居易在《琵琶行》中写道："浔阳地僻无音乐，终岁不闻丝竹声。"

刘禹锡在文中很自在地描述陋室的环境。绿色的青苔布满阶梯，掀开窗帘眼见到都是绿草如茵，这真是一个受大自然宠爱的环境，相对地衬托出刘禹锡生活中的雅兴。可以弹弹没有花纹色彩的琴，可以阅读佛经，没有任何乐器声来扰乱他耳朵的清静，也没有繁杂的公务文书让他疲累不堪。令人莞尔的是，刘禹锡虽然被贬为和州刺史，住在简朴的陋室，但却仍保有士大夫的性格，强调自己往来的人物都是一些饱读诗书、学问渊博的人。想当然尔，陋室的主人既然自比仙、龙，出入陋室的人物自然也非泛泛之辈。这转而衬托出作者认为自己所属的社会地位。

陋室的生活让刘禹锡得以更加潜沉，最后终于被召回京城，担任主客郎中的官职，也是"王叔文党"中少数得以善终者。刘禹锡在第二次奉召回京的途中，与白居易在扬州会面，白居易作了一首《醉赠刘二十八使君》，其中写到："诗称国手徒为尔，命压人头不奈何。举眼风光长寂寞，满朝官职独蹉跎。亦知合被才名折，二十三年折太多。"白居易当然为刘禹锡的遭遇感到同情，虽然强说是命运压头，但最后一句"二十三年折太多"的原因，白居易也点出了是因为"合被才名折"（应该是被有文才的盛名所连累）。至此，我们也不难了解《陋室铭》中作者隐约的孤傲了。

历久弥新说名句

这句名言"谈笑有鸿儒，往来无白丁"，讲的是一种身份的表征。古人说："千金买宅，万金买邻。"以前我们搬家、选房子，总会提到"孟母三迁"的例子，而现在买卖房屋开始讲"谈笑有鸿儒，往来无白丁"，前后二者虽然都是注重"择邻"，意义却大有不同。"孟母三迁"是强调教育功能，"谈笑有鸿儒，往来无白丁"是一种社会形象的建立，选择与自己环境背景、社会地位相仿的邻居。这样的择邻观念，也体现了社会价值取向之所在。又例如广州有一个"广州博士俱乐部"，加入的条件是"持有国家认可的博士学位证书"，记者在报道这个俱乐部时，标题就直接写道："谈笑有鸿儒，往来皆博士：'门槛'最高的俱乐部。"

网络上还有一个甚大的论坛,里面就有一篇模仿《陋室铭》的创作,推销参加这个论坛的好处:"文不在长,有思则悟。诗不在工,有感则赋。南通人家,皆德馨。文思跃指尖,心弦系故土。谈笑有鸿儒,网来无白丁。可以闻乡音,诉衷情。无秽章之乱目,无世故之劳形。南通讨论版,西祠精华区。网友云:'何不预定?'"这实在是有趣极了。

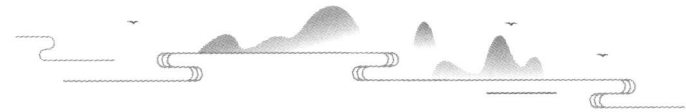

吾于是益有以信人性之善

名句的诞生

其殆¹仿²于舜之封象欤？吾于是益有以信人性之善，天下无不可化³之人也。

——明·王守仁《象祠记》

完全读懂名句

1. 殆：恐怕。 2. 仿：仿照。 3. 化：教化。

这种制度恐怕是仿照舜的封象吧？我因此更相信人性是善良的，天下没有不可教化的人。

文章背景小常识

王守仁（公元1472—1528年），字伯安，明浙江余姚人，曾在绍兴会稽山的阳明洞筑室讲学,学者称为阳明先生。王阳明是明代的大哲学家,提倡"知行合一"、"致良知"学说,世人称为"姚江学派"。

《象祠记》这篇文章是选自《王文成公全书》,是一篇杂记类的古文。象是舜的弟弟,本来的个性桀傲不善,所以有许多人认为不应该有祠,于是本来在象的封地建有的象祠,在唐代时曾经被毁。明代的时候,苗人希望能够重建象祠来供奉,所以就请托王守仁写《象祠记》,来说明虽然象的个性不好,但那是象早期的行为,后来他已经受到舜的感化,不但改过向善,而且还能任贤使能,泽加于民,所以是值得立祠来供奉他的。后来象祠就建在云南宝山县灵鹫、博南山之间,被明代苗人供奉。

这篇文章全文采用对答体的方式写成,记叙作者和当地的土司安君相互问答,以及立象祠的意义和经过,设想新颖,推论严谨,是一篇有关世教的好文章。

名句的故事

在"吾于是益有以信人性之善,天下无不可化之人也"这名句中,提到了人性善,天下没有不能教化的人,这让我们联想到主张人性本善的孟子。孟子认为人人都具备有善的四端:恻隐之心、羞恶之心、辞让之心和是非之心,而这四端可以扩充为仁、义、礼、智四种德行,所以每个人只要能将善的四端扩充为四种德行,就都可以成为圣人了。

孟子为了解释人人皆有恻隐之心,还举了一个例子。他说:"今人乍见孺子,将入于井,皆有警惕恻隐之心,非所以内交于孺子之父母也。非所以要誉于乡党朋友也,非恶其声而然也,由此观之,无恻隐之心,非人也。"孟子的意思是:今人若是看到有幼童快要掉到井里去了,一定会对将要掉到井里去的幼童产生恻隐之心,会想赶快去救他,这不是由于想结交幼童的双亲,也不是由于想博得亲友的赞誉,更不是由于怕落一个见死不救的恶名,这种怜悯之心,纯粹是出于天性的自然情感,有了这种情感,我们才能不假思索,甚至不顾自己的安危去救人。所以孟子认为"无恻隐之心,非人也",若没有了恻隐之心,就不能算是个人了。

历久弥新说名句

我们生活的周遭常常有许多天灾人祸发生,从"九二一"大地震到南亚地震、海啸的发生,死伤数十万,夺去了多少美满家庭的梦,从报纸、电视各种传播媒体,到处都可以见到"为善不落人后"的标语,这不正是"信人性之善,天下无不可化之人",才会希望用一些标语来唤醒人们的恻隐之心吗?

孟子曾说:"无恻隐之心,非人也。"波兰著名诗人萨迪也曾经说过:"如果你对别人的苦难完全无动于衷,那你就不配算是人。"这句话跟孟子所说的意思是很相近的,可见世界上所有人都是希望讲求恻隐之心的。但是事实上，没有恻隐之心的人还不算是最坏，最坏的是幸灾乐祸的人，台湾看到有人失足落水，奋不顾身，舍身救人的义士年年都有；但是到火灾、水灾、震灾等灾难现场，嘻嘻哈哈看热闹的人却更多。

云山苍苍,江水泱泱

名句的诞生

又从而歌曰:"云山苍苍,江水泱泱[1],先生之风[2],山高水长[3]!"

——宋·范仲淹《严先生祠堂记》

完全读懂名句

1. 泱泱:水流深广的样子。2. 风:风度志节。3. 山高水长:跟山水一样并留千古。

接着又作了一首歌:"云山青苍一片,江水流长深远。先生的高风亮节,像山一样地崇高,像水一样地源远流长。"

文章背景小常识

这一篇文章是选自《范文正公集》,体裁属于杂记类。严先生,名光,字子陵。本姓庄,因为避汉明帝刘庄的讳,所以改姓严。严光年少的时候与汉光武帝同游学,光武帝即位为帝以后,要他当谏议大夫,他没有接受,在富春山隐居。睦州(今浙江建德、桐庐县)人因为景仰他的风范,所以四时都祭祀他。后来范仲淹当睦州州长时,就盖了一座祠堂,供州人祭祀,并写了这篇记,来表扬严光的高风亮节。

这篇文章,表面上是在歌颂严光的行仪风范,但文内将严光与光武帝并写,两相对照之下,更显现出严光的了不起。文字虽短少,但意义深远。如昔人曾提诗道:"卓哉严子陵,可惜汉光武!子陵有钓台,光武无寸土。"这首诗正如同范仲淹以严光与光武帝两相比较,更引出读者对严光高风亮节的钦佩之感。

名句的故事

光武帝刘秀起兵反莽,严光积极拥护。更始三年(公元25年)六月,刘秀登基做皇帝,定都洛阳后,严光却易名改姓,隐身不见了。刘秀十分怀念严光,令海内各处寻找严光下落,并使画工绘成肖像,到处张贴。建武五年,有人奏报,有一男子身披羊裘垂钓泽中,刘秀知是严光,忙叫人备了马车,带了礼物,将他请到洛阳,但严光不领情。

刘秀亲自去看望严光,严光高卧如故。刘秀到床前问道:"子陵,你何故不肯相助我呀?"严光回答:"从前唐尧是有道明君,想请巢父帮助他治理国家,巢父听说要他做官司,认为耳朵都被弄脏,忙用水洗耳。人各有志,怎么能相迫?"刘秀将严光请入宫内,叙起旧事,当面封严光为谏议大夫,严光并不称谢,也不辞行,回到桐庐富春山中,继续过着垂钓生涯。

这样的行为在当时被视为清高,看在北宋政治家范仲淹的眼里,更是了不得啊!范仲淹认为,在群彦攀龙附凤、热衷争名夺利的世风下,严子陵功成不居的高风亮节,确能收到使"贪夫廉,懦夫立"的功效。所以才有"云山苍苍,江水泱泱,先生之风,山高水长"此赞语。这也使得严光以"高风亮节"闻名于天下。

历久弥新说名句

严光以归隐不愿做官,而获得"高风亮节"的美名,而真正的隐士应该非陶渊明莫属了。陶渊明做了十三年的官,这十三年的仕宦生活,是他为实现"大济苍生"的理想抱负而不断尝试,终至绝望。辞官之后,他过着躬耕自资的生活。归田之初,生活尚可。"方宅十余亩,草屋八九间,榆柳荫后檐,桃李满堂前"、"渊明爱菊,宅边遍植菊花"、"采菊东篱下,悠然见南山"(《杂诗》)都是至今脍炙人口的句子。他辞官回乡二十二年一直过着贫困而固穷守节的田园生活,他曾说:"死去何所道,托体同山阿。"(《挽歌诗》)表明他对死亡也同样看得那么平淡自然。陶渊明坚定的决心是令人钦佩的,因为他的缘故,菊花更被比喻为花之隐士，代表高风亮节、恬淡隐逸和与世无争。

而"高风亮节"此一成语，也多被后世用来形容不为名利所惑，谨守君子本分之人。如有篇报道记载："罪犯送礼包藏祸心，民警拒贿高风亮节。"一句标题里有两个成语"包藏祸心"与"高风亮节"，对比罪犯的意图不轨，以及警员坚不收取贿赂的品德，可谓用得巧妙。另有一篇报道题为："体坛年度最佳新人：奥运泳池摘六金，高风亮节让贤。"说明一位跳水选手将最后入选逐金牌的机会让给了同队中尚未夺牌的队友。其谦冲为怀的举措，也可说得上是一种高风亮节吧。

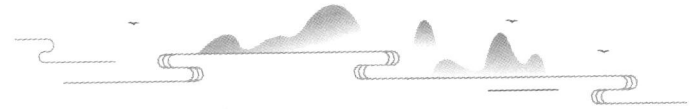

微先生不能成光武之大

> **名句的诞生**
>
> 微[1]先生不能成光武之大,微光武岂能遂先生之高哉?而使贪夫廉,懦夫立,是大有功于名教[2]也。
>
> ——宋·范仲淹《严先生祠堂记》

完全读懂名句

1. 微:无。 2. 名教:有关名分之教,人伦之教。

没有严先生,就不能成就光武帝的伟大,没有光武帝,怎能完成严先生的高节呢?严先生能使贪婪的人清廉、懦弱的人发奋自立,这真是有功于名教呢!

名句的故事

"微先生不能成光武之大,微光武岂能遂先生之高哉?"这句是要说明严光和光武帝两个人，互相成就了彼此，如果没有严光，怎么能显得出光武帝的珍惜旧时同学之情，和爱才之心呢？而没有光武帝，也显露不出严光退隐江湖，不问名利的高风亮节。所以他们二人是相辅相成，互相成就彼此的。

这样的例子由文王、姜太公的故事也可以得到见证。周文王见纣王昏庸残暴，丧失民心，就决定讨伐商朝，于是文王四处寻访贤人，有一天，周文王坐着车，带着他的儿子和兵士到渭水北岸去打猎。在渭水边，他看见一个老头儿在河岸上坐着钓鱼，每起一竿，就是一条活蹦乱跳的大鱼。文王在惊讶之余，就与这位老者攀谈起来。没想到，这位老者竟然是一个精通兵法的能人，对治国之道也颇有精辟的见解。文王大喜过望，就把老者请上车，一同回到都城。并且相传文王还亲自为姜太公拉车，一共走了八百零八步，停下来后，姜太公对文王说："我保你江山八百零八年。"文王一听这话马上起身，想要再多走几步，但姜太公却说："说破了就不灵了。"文王虽后悔也是无可奈何。虽然文王并没有完成灭商的事业，但在姜太公的辅佐之下，为周朝的立国奠定了基础。所以姜太公成就了文王的爱才心切，而文王也成就了姜太公的才智不凡。

历久弥新说名句

不论光武帝、严光还是文王、姜太公都是相互成就的例子，也可以说他们相互彰显了彼此，这可以让我们联想到"相得益彰"这句成语,"相得益彰"原作"相得益章",出自《汉书》中收录王褒的一篇文章《圣主得贤臣颂》。内容主要在述说圣主和贤臣之间的关系。王褒认为贤才是国家的工具,官员如果是贤能的人才,则不需任何改革更张,功德自然就会普及全国。用的力量虽然少,但效果却会很好。做部属的也是如此,贤能的人一旦遇到圣明的君主,谋略合乎君主的心意,规谏的言词受到重视,忠君之心自然能够彰显,也就得以担任官职且施展抱负。所以天下太平,君主圣明,贤能的人才自然聚集,众人团结一致,汇集大家的智能,互相勉励、配合,更能显现出各自的长处。

"相得益彰"这句成语在我们日常生活中,也应用得相当普遍,在许多报章杂志上都可以见到,更成为许多广告标语,例如"世界名车'明星'代言人,珠联璧合相得益彰"、"名表配名人,相得益彰"等等用名人来突显出名车、名表。有时一支不起眼的名表,若是戴在明星手上,还真的会看起来比较高贵呢,这也许就是相得益彰的效果吧!

落霞与孤鹜齐飞，
秋水共长天一色

名句的诞生

虹销雨霁[1]，彩[2]彻区[3]明。落霞与孤鹜[4]齐飞，秋水共长天一色。渔舟唱晚，响穷彭蠡[5]之滨；雁阵惊寒，声断[6]衡阳[7]之浦[8]。

——唐·王勃《滕王阁序》

完全读懂名句

1. 霁：雨或雪后天晴。2. 彩：色彩。3. 区：区域。4. 鹜：野鸭。5. 彭蠡：鄱阳湖的古名。6. 断：止。7. 衡阳：今湖南省衡阳县。8. 浦：水边。

云气消失，雨过天晴，彩霞满天，大地通明。只见天边落霞与江上孤鹜一同飞舞，碧绿秋水和蔚蓝长天相映成趣。渔夫高歌着丰收的旋律，响彻鄱阳湖的边际；雁阵感到寒冷而长鸣，叫声逐渐消失在衡阳的水滨。

文章背景小常识

《滕王阁序》这篇文章的全名是《秋日登洪府滕王阁饯别序》。王勃的父亲王福畤被贬至交趾担任县令,这篇文章就是王勃到交趾省亲时,途中经过南昌,正赶上都督阎伯屿新修滕王阁成,重阳日在滕王阁大宴宾客,王勃在席间写成的。之所以称之为"序",乃是因为这篇文章其实是一首诗的序,但是因为《滕王阁序》光芒实在太过耀眼,反而鲜少有人提到诗的部分。

《滕王阁序》是一篇骈体文,这种文体在中国历史上从六朝到初唐在文坛上引领风骚。"骈"这个字的意思是"两马并驾","骈体文"的意思就是"用平行的两句话,两两配对"写成的文章,一般采用四字句和六字句,所以又称"四六文"。句式工整、讲求平仄、用典、讲究藻饰是骈体文的特点。这种过于注意形式的文体,使得许多文人在创作时处处受限,而王勃的这篇《滕王阁序》却能在骈体的束缚下表现出高超的技巧,仿佛戴着锁链跳舞般,因此连反对骈文最不遗余力的韩愈,都在《新修滕王合记》中说:"窃喜载名其上,词列三王之次,有荣耀焉。"说自己自甘列名王勃之后,还感到"荣耀"呢!

名句的故事

王勃一生只活了二十六岁，但却留下许多脍炙人口的经典名句，《滕王阁序》中的"落霞与孤鹜齐飞，秋水共长天一色"就是其中之一。这句话是一个视觉的飨宴，整幅画面的主体是红色的夕阳余晖和蓝绿色的水光接天的模样，白色的野鹭穿插其间。就这句话的内容而言，前人也写过不少这种水天相接形象的句子，如晋朝袁宏《东征赋》："即云似岭，望水若天。"梁朝吴均《与朱元思书》："风烟俱净，天山共色。"但都不如王勃这句意象的旷远、色彩的流畅。就形式而言，有人说这个句子是脱自庾信《马射赋》的"落花与芝盖同飞，杨柳共春旗一色"，但是庾信描写落花和马射队伍中绘着芝草的车盖齐飞，显得不合常理，"杨柳共春旗一色"也显得过于呆板，都不如王勃这句"落霞与孤鹜齐飞，秋水共长天一色"的浑然天成。

相传在滕王阁大宴宾客的阎都督，原是要向大家夸耀自己女婿孟学士的才学，早已让女婿"宿构"，即事先想好滕王阁落成的序文，然后在席间假装是即兴之作。宴会中，阎都督假意请大家为滕王阁作序，大家知道其用意，都推辞不写，只有王勃竟然不推辞，还接过纸笔，当众挥笔而书。阎都督老大不高兴，拂衣离席，后来才打发人去看王勃写些什么。听说王勃开首写道"南昌故都，洪都新府"，便说："不过是老生常谈。"后来听到"星分翼轸，地接衡庐"时，他开始沉吟不语。等听到"落霞与孤鹜齐飞，秋水共长天一色"，都督不得不叹服道："此真天才，当垂不朽！"这段故事成为中国文学史上的佳话。

历久弥新说名句

"落霞与孤鹜齐飞，秋水共长天一色"这个句子在王勃写就后，类似的句型就常常被后人套用，直到现在仍然不绝如缕。社会新闻的家庭暴力事件常可见"拳脚与棍棒齐飞，汗水共泪水一色"的消息；科技新闻也能很文雅地说"补丁与漏洞齐飞，病毒共骇客一色"；娱乐新闻则来个"那英与群英齐飞，星光共星岛一色"，只是不知道歌手那英和其他歌手为什么会"齐飞"？难道他们都练就了一身轻功？2004年奥运新闻最值得中国人喝彩的莫过于"晶霞与金银齐飞，两岸共雅典一色"，选手郭晶晶、吴敏霞分别在跳水项目拿下金牌、银牌，"跳水"恰巧有"飞"的意象在其中；无独有偶，同一天，台湾选手陈诗欣、朱木炎也在跆拳道项目中夺得金牌，海峡两岸的同胞在同一天披金挂银，这成了一位大陆记者的头条标题，真令人佩服其巧思啊！

所谓的创意其实就是不断的"改善"，日本当红的女子十二乐坊把中国的国乐表现得很摇滚，白先勇把戏曲《牡丹亭》打造得很年轻，王勃将庾信的诗句幻化为千古名句，现代记者又将王勃名句改造为令人动容的新闻标题。经典并非死水，文化遗产信手拈来皆有可观之处，端看使用者如何在古典中找到新的惊艳。

大美国学 古文观止

萍水相逢,尽是他乡之客

名句的诞生

望长安于日下,指吴会[1]于云间。地势极而南溟[2]深,天柱高而北辰[3]远。关山难越,谁悲失路之人;萍水相逢,尽是他乡之客。怀帝阍[4]而不见,奉[5]宣室以何年。

——唐·王勃《滕王阁序》

完全读懂名句

1. 吴会:吴郡、会稽郡,此泛指江南。2. 南溟:南海。3. 北辰:北极星。4. 帝阍:为天帝看门的人。这里指君王的宫门,引申指朝廷。5. 奉:侍奉。

从滕王阁上往西北远望长安,长安仿佛太阳一般那么遥远,向近处看,吴、会二郡好像在五里雾中。那深邃的南海就在东南边上陆地的尽头,可是天柱却像北极星那么遥远。关塞山岭,是如此难以跨越,谁会悲怜一个走投无路的人?大家就像水上的浮萍偶然相遇,毕竟都是离开自己故乡的人。虽然我相当怀念朝廷,但却无门可入,什么时候我才能再蒙君主召见呢?

名句的故事

王勃一生只活了二十六岁,在中国文学史上,他像是一颗闪亮的流星划过天际。据说他六岁就会写文章,九岁读了颜师古的《汉书注》,就写出《指瑕》一书来指正《汉书注》的错误。十四岁被当做神童举荐,开始当官。但才华早著的王勃仕途却相当坎坷。起因是他写了一篇《檄英王鸡文》,所谓的"檄文",就是声讨罪恶的文章。由于初唐时,皇子们盛行斗鸡的活动,王勃一时童心,替沛王写了一篇"讨伐英王的鸡"的戏谑之作,惹恼了英王,英王和沛王起了冲突,他们的父亲高宗皇帝知道之后十分生气,认为这是引起皇子之间纠纷的开端,就把王勃当做代罪羔羊,撵出了王府。

王勃离开朝廷之后,四处游历,后来也有贵人帮忙,在虢州弄了个参军的小官,但王勃身上总有一股天才的傲气,人缘极差,后来因包庇一个官奴,事后怕东窗事发,又把官奴杀了,王勃因此被判死刑,幸好临刑前遇到朝廷大赦,他才免于一死,被贬为庶民,他的父亲也受累被贬至交趾。《滕王阁序》就是王勃去交趾探视父亲的途中写成的。

在滕王阁觥筹交错的宴席中,落魄的王勃无疑是一个不受欢迎的人物，所以他说"关山难越，谁悲失路之人"，而"萍水相逢，尽是他乡之客"更是指出了在场宾客欢聚一堂之下的真实。即使王勃已被贬为庶人，但"宁为百夫长，胜作一书生"《杨迥〈从军行〉》的观念，还是使得王勃心心系念着那遥远的朝廷。所以在这一段短短的文字中，他用了"长安"、"天柱"、"北辰"、"帝阍"、"宣室"数个意象来指代他怀念的朝廷。

"天柱"原出于《神异经》："昆仑之上有铜柱焉，其高入天，名曰天柱。""帝阍"出于屈原《离骚》："吾令帝阍开关兮，倚阊阖而望予。"帝阍是为天地守门的人，如今王勃连守门的人都看不到，极度描写他离朝廷之远。"宣室"用的是汉文帝时，贾谊被贬为长沙王太傅，四年后，文帝把他征回长安，在宣室召见的典故。

令人嗟叹的是，王勃就在写了《滕王阁序》这年的年末，到了他自己描述的"地势极而南溟深"的南海，他在渡海时溺水，后来便因惊悸而死，这段文字真是一语成谶啊！

历久弥新说名句

"萍水相逢"这个成语被用到简直可说是老生常谈，救国团活动的队歌"萍聚"："不管以后将如何结束，至少我们曾经拥有过……"应该是大家年少时共同的经验。的确，"花开一时，人生一世"，人与人的相聚的确就像浮萍聚散，但是同样的意象被用得太频繁之后，就会失去新鲜感。

事实上，表达人生聚合离散的观念，在文学作品中所在多有。《诗经·小雅·頍弁》写人生是如此形容的："如彼雨雪，先集维霰。死丧无日，无几相见。乐酒今夕，君子维宴。"就像要下雪之前，雨滴先凝结成霰（音现），人的死期其实不远，朋友相见又有几次呢？所以要"乐酒今夕，君子维宴"。曹操《短歌行》说："对酒当歌，人生几何？譬如朝露，去日苦多。慨当以慷，忧思难忘。何以解忧？唯有杜康。"杜康相传是周代善于酿酒的人，曹操拿他来作为酒的代称。李白《将进酒》说："人生得意须尽欢，莫使金樽空对月。"这些都与我们现在所说的"今朝有酒今朝醉"有异曲同工之妙。

苏轼《和子由渑池怀旧》："人生到处知何似，恰似飞鸿踏雪泥！泥上偶然留指爪，鸿飞哪复计东西？"这首诗后来简化为"飞鸿雪泥"，与"萍水相逢"是同样的意思。宋代词人王观在《红芍药》这阙词中说道："人生百岁，七十稀少。更除十年孩童小，又十年昏老。都来五十载，一半被，睡魔分了。那二十五载之中，宁无些个烦恼。仔细思量，好追欢及早。遇酒追朋笑傲，任玉山摧倒。沉醉且沉醉，人生似，露垂芳草。幸新来，有酒如渑，结千秋歌笑。"王观认为人生像"露垂芳草"，也就是草上的露珠，早上的露珠一遇到太阳，瞬间就消失了，比喻人的生命之短暂。

下次想表达"萍水相逢"、"素昧平生"的想法时，不妨换个词儿，如"飞鸿雪泥"、"雨雪维霰"、"露垂芳草"等，效果会更不一样。

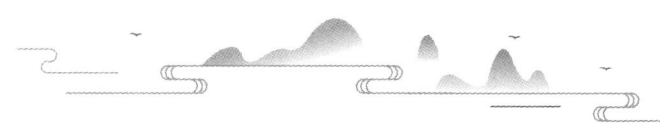

老当益壮,宁移白首之心

名句的诞生

嗟乎!时运不齐,命途多舛[1]。冯唐[2]易老,李广[3]难封。屈贾谊于长沙,非无圣主;窜[4]梁鸿[5]于海曲[6],岂乏明时。所赖君子安贫,达人知命。老当益壮,宁移白首之心;穷且益坚,不坠青云之志。

——唐·王勃《滕王阁序》

完全读懂名句

1. 舛:不顺利。2. 冯唐:西汉文帝时为中郎署长、车骑都尉,景帝时出为楚相,武帝时,求贤良,冯唐被举荐,但年已九十多,不能任职。3. 李广:西汉将领,多次抗击匈奴有功,但始终没有封侯。4. 窜:逃隐。5. 梁鸿:东汉人,作《五噫歌》,汉章帝听了很不高兴,四处找他,他便改名易姓,与其妻逃居于齐鲁滨海之处。6. 海曲:海滨之地。

唉！我的时运欠佳，命运又不顺。难道我终究要像冯唐那样老了而无法应举，或是像李广那样一生征战沙场，却永远与封侯擦身而过。贾谊虽然被贬至长沙，但还是能有圣明的君主召见；梁鸿逃到海滨，但那也是一个清明的时代啊！正所谓君子要安于贫困，通达事理的人就能知道自己的天命。我就像马援一样，即使满头白发也不改变我的心意，愈穷愈坚强，不会失去我高亮的志节。

名句的故事

这段文章可说是字字珠玑、句句用典，短短的几句话里用了冯唐、李广、贾谊、梁鸿、马援五个历史人物的故事，来说明王勃自己的心情。多用典故是骈体文的特色之一，优点是文章可以借由典故背后的故事表现许多意涵，而不需长篇大论，达到精简的效果；缺点是如果对这些历史典故不够熟悉的读者，难免会有雾里看花的感觉，不知道作者到底想表达什么（当然，这个缺点其实应该算在我们读者的头上，读者不用功的话，什么文章都看不懂，又何止是骈文用典呢）。

王勃在这段文章中，先借用冯唐到老才被举荐、李广始终无缘封侯的故事，感叹自己年岁渐长，却仍未建功立业。但王勃又怕如果文章传到在上位者的耳里，会以为王勃是在数落当道者不懂赏识人才，因此他赶紧又用贾谊虽被贬为长沙太傅，但后来又被文帝召见，以及梁鸿在清明时代隐居海滨的事情，以"非无圣主"、"岂乏明时"这种"负负得正"的说法,来对当道歌功颂德一番。当然,王勃的目的还是希望能回到朝廷,而且他在滕王阁宴会的达官贵人面前也不能示弱,因此他用了马援的典故来说明自己的志向与决心。

马援是东汉一位有名的大将。王莽时,他曾做过扶风郡的督邮,有一次,他在押解犯人的途中,因心软而把囚犯放了,马援也就逃亡到北方地区。后来遇到大赦,马援就在北地经营起畜牧业,这个事业做得相当成功,但马援却说:"凡殖货财产,贵其能施赈也,否则守钱虏耳。"马援认为有形的资产,最可贵的是要能接济他人,否则只是守财奴罢了,于是他就把钱财分给所有的亲戚朋友,自己仍然过着简约的生活。

王莽失败后,马援投奔汉光武帝,立了很多战功。在马援58岁的时候,匈奴、乌桓寇边,大家都劝马援休息吧,不要再打仗了,但马援说:"男儿要当死于边野,以马革裹尸还葬耳,何能卧床上在儿女子手中邪。""马革裹尸"这句成语就是从此而来。

马援六十二岁时,南边五溪有一个部族,打到了临沅县,汉光武帝两次派兵征讨,都被五溪部族打败。马援此时又再度向光武帝申请披挂上阵,光武帝看他这么老了,就没有答应他。马援便在光武帝面前穿上铠甲,跨上战马,雄赳赳地来回跑了一转。光武帝赞叹道:"瞿铄哉是翁也!"(多么硬朗的老人家啊)于是就又派他带几个将领去讨伐五溪,而马援就在这个征讨的过程中实现了他"马革裹尸"的理想。后来曹操便用马援的这个典故,有诗《步出夏门行》曰:"老骥伏枥,志在千里。烈士暮年,壮心不已。"

历久弥新说名句

与马援有关的故事还有"薏苡明珠"或"薏苡之谤"这段冤案。

马援征讨五溪部族时，因为南方地多瘴疠之气，而得了风湿症，马援就常服用薏苡仁（薏苡的果实，又称为薏米），认为薏苡仁有"轻身省欲，以胜瘴气"的功效。南方的薏苡又大又好，马援想把这些薏苡引进家乡，所以就载了满满的一车薏苡。当时的权贵不认得薏苡，还以为马援车中载的是私掠的珍珠，由于当时马援还很受光武帝的宠信，所以权贵们敢怒不敢言。等到马援死后，监军梁松及与马援一同去南方打仗的马武就上书诬告马援搜刮了大量的明珠宝物，据为己有。光武帝信以为真，龙颜大怒，转旨追回马援的"新息侯印"。使得马援的夫人不敢报丧，偷偷把马援的棺材埋在城外，亲戚朋友也都不敢上门吊唁。马夫人亲自到宫里向光武帝请罪，光武帝怒气冲冲地把梁松的奏章扔给她。马夫人一看到奏章，才知道她丈夫受了天大的冤屈。后来马夫人一连六次向汉光武帝上奏章申诉。还有一个名叫朱勃的人，听到马援的冤屈，也大胆地上了奏章替马援申冤。汉光武帝看了马夫人和朱勃的奏章，才准许马家把马援安葬，也不再追查马援的罪。

后来"薏苡明珠"或"薏苡之谤"便用来比喻未收贿赂却遭诬谤。唐代柳宗元《为南承嗣上中书门下乞两河效用状》便云：

"首级之差,今复谁辩,薏苡之谤,不能自明。"南承嗣与柳宗元一样被贬至永州,他也是因被刀笔之吏诬陷,而以"御敌无备"的罪名贬至永州,柳宗元便以"薏苡之谤"来形容南承嗣的无端遭谤一事。诗人杜甫也曾有诗咏其事:"稻粱求未足,薏苡谤何频。"白居易诗:"薏苡谗忧马伏波。"明末清初大文学家朱彝尊亦有"梧桐夜雨词凄绝,薏苡明珠谤偶然"的诗句。以后,人们就把蒙冤受屈的诽谤,称为"薏苡明珠谤"。

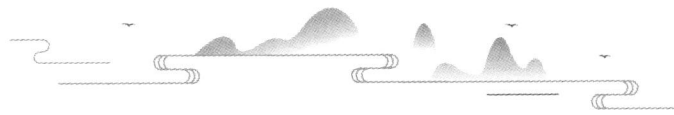

醉翁之意不在酒，
在乎山水之间也

名句的诞生

太守¹与客²来饮于此，饮少辄³醉，而年⁴又最高，故自号⁵曰醉翁也。醉翁之意⁶不在酒⁷，在乎山水⁸之间也。

——宋·欧阳修《醉翁亭记》

完全读懂名句

1. 太守：一郡之长，当时欧阳修在滁州任太守的官职。2. 客：宾客、客人。3. 辄：立即、就。4. 年：年龄、年纪。5. 自号：自称。6. 意：心思。7. 酒：喝酒。8. 山水：游山玩水。

太守带着客人到这里喝酒，每次才喝一点酒便醉倒，而且他的年龄又比客人大，所以自称为"醉翁"。"醉翁"的心思不在于喝酒，而是在游山玩水之间。

文章背景小常识

欧阳修在宋庆历六年（公元1046年）因为声援范仲淹的政治改革而被朝廷贬至滁州（即现在安徽省滁县）担任太守时写出这篇《醉翁亭记》。欧阳修自号醉翁，而且常和宾客在这亭子里喝酒，因此把这座亭以自己的称号命名为"醉翁亭"。本文属于"记"，在古文中属于杂记类的散文。

全篇文章极生动的描写了"醉翁亭"附近的秀丽环境和多姿多彩的自然风光，并且在文章中勾勒出一幅太守与民同乐的图画，也拉近了官与民之间的距离，更抒发了作者的政治理想和山水娱情以排遣心中抑郁的复杂情感。全篇文章将写景、叙事、抒情等融为一体。前人曾说这篇文章为："句句是记山水，却句句是记亭、句句是记太守。"这是很中肯的。

欧阳修为北宋的文坛领袖，他带动了北宋诗文的改革运动。《醉翁亭记》为其传诵千古的名篇，全文不但语言优美精练，而且意境深远，所以，历来都被誉为"欧阳绝作"。欧阳修在文学创作上的成就以散文为最高。宋朝大文学家苏轼曾评其文说："论大道似韩愈，论事似陆贽，纪事似司马迁，诗赋似李白。"由此可见他的文学造诣之高。而且他的散文既精练又流畅，无论是叙事或说理，都娓娓动听；无论抒情或写景，都引人入胜。

名句的故事

从"醉翁之意不在酒,在乎山水之间也"此句,与《醉翁亭记》文中的"四时之景不同,而乐亦无穷也"相对照,即可看出欧阳修任滁州太守时的政通人和、百姓安居乐业的境况。由此句参照作者被贬抑后的心情来看,此句不仅可让我们体会到"官与民同乐"的境界,又可借此抒发被贬的心情,所以,我们也可以从这段文字中体会到另一种贬谪文学的风格。

欧阳修因贬谪而抒发的《醉翁亭记》,这种官场不如意,转而纵情山水的意念,在中国古代文人中可说是所在多有。从最早屈原以降,多少仕途不顺遂的文人因穷愁困顿而激发出灵感,写就传世名作。同为唐宋八大家的苏轼就是这么一个文人,苏轼艺术天分极高,其诗作、文章、书画独具风格,汪洋肆意、清新豪迈,诙谐中又带新意,被后人称为:"诗中有画,画中有诗。"然而苏轼曾因"乌台诗案"被贬黄州,最远甚至被贬至今日的海南岛,其仕途诸多不顺。就是在黄州期间,苏轼写出了《赤壁赋》等千古佳作,亦为中国贬谪文学更添一笔。如同欧阳修般,苏轼寄情于游览与山水,可说是多少抚平了贬谪后落寞的心情。

历久弥新说名句

"醉翁之意不在酒,在乎山水之间也",这个句子在欧阳修写

就后，就常常被后人套用，直到二十一世纪的现今仍然不曾间断。

日本首相小泉纯一郎曾到俄罗斯进行为期四天的正式访问。其中最引人关注的就是日方对铺设从俄东西伯利亚的安加尔斯克至远东港口纳霍德卡的输油管道表现出极大的兴趣。因为在海湾局势日趋紧张的情况下，如果日本能减少对中东地区石油来源的依赖，使石油来源多元化，对日本的能源供应会有重要的战略意义。所以有"醉翁之意不在酒，小泉访俄意在'油'"。

近几年来，每到中秋节，月饼就卖得越来越贵。也许它的昂贵显示一种高格调化，但从另一方面来说，又有"豪华月饼，醉翁之意不在酒？"的嫌疑。因为过节送礼是中国人的常情与礼数，所以送豪华月饼给人也可以是方便行贿，光明正大的好方式；也可以是收受厂商回扣的好"规矩"，这真是"醉翁之意不在酒"啊！

中国的温州房价指标——新城，在炒房地产者的大肆热炒之下，房价一夜走高。但是在房价迅速窜升之际，却出现"有人买，没人住"的窘境。而这种在房价飙涨之际，新城却出现"空置率"偏高的现象，就显示"温州炒房，醉翁之意不在酒"，所以，温州人是以炒房为乐，而不是以购屋居住为乐。

士之有道,固不役志于贵贱

名句的诞生

噫!芝一也,或贵于天子,或贵于士,或辱[1]于凡民,夫岂不以时乎哉?士之有道,固不役志于贵贱,而卒所以贵贱者,何以异哉?

——宋·王安石《芝阁记》

完全读懂名句

1. 辱:轻视。

唉!同样是灵芝,或在天子那里身价贵重,或在士大夫那里身价百倍,或在凡夫平民那里受到屈辱而不被看重,这难道不是时势的原因吗?士能心怀道义,本来不必心系于显贵或贫贱,但最终地位却有贵贱之别,这又与灵芝的遭遇有什么不同呢?

文章背景小常识

芝阁就是收藏灵芝的楼阁,灵芝是一种菌类植物,古人视为瑞草。芝阁是太丘(古县名)某位陈君(生平不详)所建,此人习文而又喜欢珍奇异物。宋真宗时代,灵芝被大量晋献给皇帝,然而到了王安石作这篇《芝阁记》的宋仁宗时代,皇帝对灵芝已经没有兴趣了。陈君遗憾灵芝虽然可以晋献,朝廷却不接受,所以就在自己住处偏东的一角建了芝阁来收藏。

时势造就灵芝的贵贱,也造就人的贵贱,王安石因为神宗的赏识得以入朝为相,地位在一人之下万人之上,最后亦是由于神宗逐渐失去对王安石的信任,准许其辞官去乡。王安石借由芝阁兴建的背景,感叹帝王一时的好恶,竟能造成天下的时尚,人才的贵贱常常出于偶然。文章虽然题为《芝阁记》,其实是借由灵芝的遭遇,抒发人才兴废的感叹。此文作于神宗熙宁变法之前仁宗还在世的时候,后来竟成为王安石亲身遭遇之写照。

名句的故事

本文以灵芝的贵贱来比拟士之贵贱,但究竟灵芝的遭遇是如何呢?

《续资治通鉴》里记载,祥符元年,宋真宗下诏将赴泰山封禅,其实是为了粉饰太平,但此时为了讨好皇帝,各地拿灵芝来献的人却数以万计。其中有做大官的，皇帝就亲自颁下诏书，赐给他们恩宠和嘉奖；对于小官和老百姓，就赏赐一些金钱布帛。于是一些附和世俗、有钱有势的臣子派人到远方采集灵芝；山野里的农夫老人也为了找寻灵芝翻山越岭，深入险地，甚至也常常去人迹罕至之处寻找，于是天下各地的灵芝几乎被采光了。

到了仁宗时，由于皇帝谦让不以德自居，大臣就不敢建议封禅的事情，仁宗并且下令对来献祥瑞的人不予理睬，顿时天下对灵芝的热情冷却了，不再有人认为它是祥瑞之物，于是灵芝便慢慢地消失在荒烟蔓草里。

类似的故事战国时代亦有，《左传》中记载："吴王好剑客，百姓多创瘢；楚王好细腰，宫中多饿死。"吴王喜爱剑客，百姓便一味地崇尚剑术，由于喜好练剑，身上难免有练剑受伤的痕迹；楚王喜欢细腰的美人，于是后宫嫔妃为了博得楚王的欢心，拼命地减肥减到饿死。而到了唐朝审美观改变，天下也随着皇帝喜好丰满的女子。君王的喜好影响甚巨，因此道家才会提出"绝圣弃智"这样的理念，因为天下不具有圣人和智者的襟怀，却假装自己是圣人智者来迎合上位者的人实在太多了。

历久弥新说名句

宋代许多以物为题的诗文常会使用一个技巧叫"借题发挥"，本篇《芝阁记》就是很好的例子。宋人好议论，常以议论入诗，"借题发挥"虽然不是宋代才有的技巧，却在宋代发展成熟。苏东坡的《荔枝叹》有以下的句子："十里一置飞尘灰，五里一堠兵火催。颠坑仆谷相枕藉，知是荔枝龙眼来。"荔枝是两广一带温暖的南方才有的物产，但京城却在北方，古时没有低温宅配，为了不让荔枝失去鲜度，经常是夜以继日地快马运送，运送荔枝的驿使常因为不能休息而活活累死。这首诗以荔枝为题，表面上看来似乎要咏叹荔枝，但其实却借由运送荔枝的惨况来点出宫中的享受经常是建筑在臣民的疾苦之上，以此来讽刺竞相进贡稀有物品的媚臣。

东坡的另一首《食荔枝》亦有名："罗浮山下四时春，芦橘杨梅次第新；日啖荔枝三百颗，不辞长作岭南人。"当时苏东坡一再遭贬谪，此时已到了广州，因而得以吃到两广盛产的荔枝。此诗亦以荔枝为题，表面上盛赞荔枝之美味，其实由"不辞长作岭南人"一句抒发了迁谪之感。

唐代柳宗元的《捕蛇者说》，以文章的内容来看是记载捕蛇的人所说的话，"君将哀而生之乎？则吾斯役之不幸，未若复吾赋不幸之甚也。"意思是说，您哀怜我，要使我活下去吗？我做这种工作的不幸，其实还没有恢复我的赋税那样不幸。透过文中蒋氏三代冒死捕蛇以抵偿租税的痛苦经历，及其乡邻十室九空的记述，事实上旨在揭露赋税之毒甚于毒蛇的社会现实，寓意深刻。

同样是借题发挥，用起来却有不同的效果，写作以物为题的作文，若是能运用这样的技巧，文章便多了许多可发挥的空间。

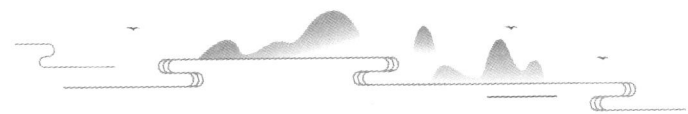

当思帝德如天

> **名句的诞生**
>
> 逢掖[1]之士[2],有登斯楼而阅[3]斯江者,当思帝德如天,荡荡[4]难名,与神禹疏凿之功,同一罔极[5]。
>
> ——明·宋濂《阅江楼记》

完全读懂名句

1. 逢掖：大衣,古儒者之服。2. 士：指儒士。3. 阅：眺望。4. 荡荡：浩大。5. 罔极：没有穷尽。

穿上了儒服的士人,有登上此楼而眺望大江的,应当想到圣德如天,浩大得无法形容,与神禹疏凿开导的功劳,是同样没有穷尽的。

文章背景小常识

这一篇文章是选自《宋学士文集》,为杂记类的古文。宋濂

奉明太祖的圣旨，作《阅江楼记》，文中记叙建造阅江楼的意义，在君王能与民同乐。阅江楼位在南京的西北，狮子山上。站在楼上，可以俯视长江，感受山川的博大。同时宋濂点出阅江楼有别于前代金陵所建的宫楼，只是帝王享乐的地方，而阅江楼是供天下人士登览的，希望大家能了解到皇恩的浩荡。全文的结构，首先点出"金陵为帝王之州"，开头即别出心裁，接着指出"阅江楼"的地点及得名的由来，继而运用情景交融的手法，观景动情，以情寓景，最后列举前代金陵所建的宫楼，只是帝王享乐的地方，而阅江楼是供天下人登览，提醒人应思忠臣报国之心，结语指出写刻石的用意，点出"记"字。

这篇文章的作者宋濂，自小即十分聪明，英敏强记，喜欢读书，书本时时刻刻不离手，元朝末年隐居在龙门山有十多年，明太祖召他，他才出来做官，教皇太子、修元史。他的文章醇深浑穆，自中节度，是明初的大家。《阅江楼记》这一篇文章首尾圆合，可与范仲淹的《岳阳楼记》媲美，不仅写江山美景，还融有忧国忧民的思想，十分精彩。

目前狮子山阅江楼已经重新整修完毕了，内部布局，围绕明太祖朱元璋和明成祖朱棣两代帝王的政治主张展开，有五大特色最得注意：石狮子、汉白玉碑刻、阅江楼鼎、郑和下西洋瓷画和青铜浮雕，其中汉白玉碑刻上正面和背面分别刻有朱元璋撰写的《阅江楼记》，和宋濂所写的《阅江楼记》，十分值得一看。

名句的故事

"当思帝德如天，荡荡难名，与神禹疏凿之功，同一罔极"，这句名句是宋濂赞扬明太祖的话，他将皇恩的浩荡比拟作大禹的疏凿之功，并称大禹为神禹，可见他对于大禹是极其推崇的，但大禹的疏凿之功究竟是怎样呢？

"大禹治水"是中国民间传颂了好几千年的神话故事。在这些美丽动人的故事里，大禹是一尊威力无比的天神。他驾驭巨龙，冲开重重高山峻岭；他化为黑熊，一夜间拱通千里河道；他驱动鬼神，制服了一个个兴风作浪的妖怪，终于平息了为害二十多年的洪水灾害，使大地恢复了生机，人民过着安居乐业的日子。大禹在治水的十三年中，曾经三次路过自己的家门口，都没有进去看一看。第一次带人修渠，路过自己的家门口，他的儿子刚刚出生，正在呱呱啼哭。他第二次路过家门，他的妻子看到他一副疲惫的样子，心疼地要他回家休息休息，他却只是安慰了妻子几句话，接过孩子亲了亲，便又追赶队伍去了。大禹第三次经过家门口的时候，已经十多岁的儿子使劲把他往家里拉，边拉边叫他母亲过来接父亲。大禹深情地摸摸儿子的头，叫儿子告诉母亲，治水的大业完成，一定回家来陪伴她们，又匆匆地离开了。大禹三过家门而不入的事传遍了各地，感动了跟随他治水的民众，更加齐心协力地工作。

历久弥新说名句

宋濂说"当思帝德如天",是为了让登上阅江楼而眺望大江的人,能感怀明太祖的恩德,其实当时能登上此楼已经是一件幸运的事情了。不过宋濂说这话其实也是极尽奉承,把明太祖捧得像天那么高。

古代对帝王的奉承话各式各样,最常听到的该是"吾皇万岁万万岁"了吧!电视上常有大臣称颂皇帝"万岁",其实"万岁"本来不是皇帝专用的。很久以前"万岁"只是表示人们内心喜悦和庆贺的欢呼语,秦汉以后,臣子朝见国君时常呼"万岁",但这个词仍不是皇帝专擅的称呼,称呼他人为"万岁",皇帝也不管。到了宋朝,皇帝才真正不许称他人为"万岁"。

至于"万万岁",则是相传武则天称帝后,特别喜欢别人吹捧她。一天,她在金銮殿召集翰林院众学士,出题作对联。她脱口出了上联:"玉女河边敲叭梆,叭梆!叭梆!叭叭梆!"众学士对答了几十句,武后都不满意,直觉扫兴。这时,有位惯于奉承的学士看出了她的心思,忙吟道:"金銮殿前呼万岁,万岁!万岁!万万岁!"武后兴高采烈,推为杰作。从此,"万万岁"一词便流传于朝野之上了。

现在我们也常会呼喊万岁,例如地球万岁、爱情万岁、青春万岁等等,不过这些都不是对谁的奉承语,而只是回复到从前表示人们内心喜悦和庆贺的欢呼语。

经正则庶民兴

名句的诞生

曰:"经正则庶民兴,庶民兴,斯无邪慝¹矣。"阁成,请予一言,以谂²多士,予既不获辞,则为记之若是。

——明·王守仁《尊经阁记》

完全读懂名句

1. 邪慝:邪恶。2. 谂:告。

说道:"六经被辨正后,百姓便会振作起来,便没有邪恶的想法了。"经阁落成时,要我说一些话来告诉诸多士人;我既然推辞不掉,便写了一篇这样的记。

文章背景小常识

这一篇文章是选自《王文成公全书》,是一篇杂记类的古文。

在浙江省绍兴县，以前有一座稽山书院，明代的时候曾经重新整修，并且在书院的后面增建一座尊经阁，请王阳明来撰写《尊经阁记》以记录这件事。王阳明借由这一篇文章来阐发他"致良知"、"知行合一"的思想，全文以"吾心"二字为枢纽，表明心、性、命为善端，六经皆是诉说根源于心的常道，既然经是说明常道，所以要尊经，但是经是根源于本心的，所以如果从六经的文义、外在去追求的话是徒劳无功的，必须要诉诸于我们的本心才能真的领会到六经传达的道理。

王阳明是继朱熹和陆九渊之后，另一个最有创造力的思想家。他的思想上承陆九渊，遥契孔孟，深得简易之教之旨，故在明代这个程朱的理学时代来说，可以说是一种反动，也是一种革命。王阳明的思想是继承了南宋陆九渊的心即理的思想，而以知行合一及致良知为主要的思想内容。天理在人心的发露，就是良知，是人生来就有的一种知善知恶的天赋本性，王阳明认为为学之道，主要是向内反省，时时体察这个人心中之理。这种除去私欲、恢复本然就是致良知，这是一种工夫，一种实践。王阳明不同意朱熹所谓"先知后行"的说法。他认为知而不行，是因为还没有真正地知，如能真正地知，就必然能够行。如孝道，如人真的知道要孝，便必然行孝了，相反，即使是熟读《孝经》，然而未真知道孝，也是不能行孝的。所以王阳明说："知是行之始，行是知之成。"知行是合一的。

名句的故事

"经正则庶民兴；庶民兴，斯无邪慝矣"，这句话是在强调六经对于人的作用，读了六经之后会对人心有所影响、启迪，就不会有邪恶、不良的想法了。这是因为六经都是在传达做人做事的道理。所谓"经"，不就是取其经常不变的意思吗？表示所记载的内容都是千古不变道理，孔子也是熟读经书才能成为一代圣人的，六经可以说皆是圣贤书。但是读归读，重要的还是要能体会其中含意，文天祥有一句名言："读圣贤书，所学何事？"就是这个意思。

文天祥被元军捕获后，在狱中待了三年，始终不肯投降，最后元世祖召见文天祥，亲自劝降。文天祥回答："但愿一死足矣！"元世祖十分气恼，于是下令立即处死文天祥。第二天，文天祥被押解到刑场，临刑前，从容不迫地问明了方位，向着南方故国和苦难的百姓恭敬地行了跪拜之礼，说："臣报国至此矣！"然后引颈就戮，从容赴义，死时年仅四十七岁。燕人见者闻者无不流涕。死后有人发现一首诗："孔曰成仁，孟曰取义，唯其义尽，所以仁至。读圣贤书，所学何事？而今而后，庶几无愧。"忽必烈也称赞他是"真男子"！可见文天祥不但身体力行了圣贤书的教诲，而且，做到了连敌人都尊敬他的境界。他会被人千古称颂，不是没有道理的。

历久弥新说名句

若是以六经教导人,人就可以免除邪恶,而走向正途,但是若以邪魔歪道教导人的话,人自然也会走到歪路去,所以"经正则庶民兴;庶民兴,斯无邪慝矣",这一句名句除了告诉我们圣贤书的宝贵外,同时也提醒了我们教育的重要,一个人会成为好人或是坏人,与教育有着密不可分的关系。

有一句话说:"十年树木,百年树人。"栽植树木需要十年,培养人才却需要百年。这句话是出自清朝梁章钜的《楹联丛话·卷五·廨宇》:"刚日读经,柔日读史;十年树木,百年树人。"还有另外一个地方也有类似的句子,《管子·权修》:"一年之计,莫如树谷;十年之计,莫如树木;终身之计,莫如树人。"培养一棵谷需要一年,养大一棵树需要十年,而教养一个人则是需要一辈子的时间,可见人才的培养是多么不容易,又是多么地重要,需要花上一辈子,甚至一百年来作这个工作,现在人们常说:"教育工作是百年大计。"就是这样的意思,教育政策一旦推行,影响深远,所以更加需要缜密的筹备与计划。

在王阳明的时代,他认为用六经来做为教材是最好的,而对现代人来说,只学六经则是远远不够的,但是透过教育来教化民风,使得大家都成为好人,社会无邪慝,则是亘古不变的。

人生志气

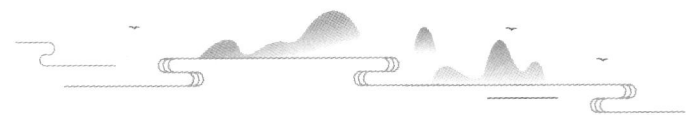

士为知己者用，女为说己者容

名句的诞生

谚曰："谁为为¹之？孰²令听之？"盖钟子期死，伯牙终身不复鼓琴³。何则⁴？士为知己者用，女为说⁵己者容⁶。

——西汉·司马迁《报任少卿书》

完全读懂名句

1. 为：前一个"为"是介词，四声；后一个"为"是动词，二声。2. 孰：谁。3. 钟子期、伯牙：都是春秋时代楚国人。伯牙善鼓琴，而钟子期是最能理解并欣赏他琴音的人，因此两人成了知己。钟子期死后，伯牙认为世界上再也没有人能明白他的琴音，于是破琴绝弦，终身不再抚琴。4. 何则：为什么呢。5. 说："悦"的假借字，喜悦、宠爱之意。6. 容：容貌，这里用作动词，装饰、打扮的意思。

谚语说:"为了谁这么做呢?又想让谁听呢?"钟子期死后,俞伯牙就不再弹琴,这是为什么呢?全是因为有志之士只想与了解自己的人共同奋斗,而女人们只想为宠爱自己的人去打扮。

❧文章背景小常识❧

《报任少卿书》是司马迁写给其友人任安的一封回信。任安,字少卿,西汉荥阳人。他年轻时比较贫困,后来做了大将军卫青的舍人,并在卫青的荐举下当了郎中,后迁为益州刺史。西汉征和二年,朝中发生震惊一时的"巫蛊案",江充乘机诬陷戾太子刘据,而戾太子在忍无可忍之下发兵诛杀江充及其同党,并与丞相刘屈氂的军队大战于长安。当时任安适巧担任北军使者护军,因此戾太子便下令要他发兵,任安虽接受了这个命令,但却一直按兵未动。戾太子事件平定后,汉武帝认为任安"坐观成败"、"怀诈,有不忠之心",因此判了他腰斩之刑。

任安在下狱之前曾写信给司马迁,希望他能"尽推贤进士之义",但司马迁先前由于李陵之祸被处以宫刑,出狱后虽担任了中书令,表面上看起来是皇帝的近臣,但实际上他的地位却接近于宦官,因此相当受朝中大臣及士大夫的轻贱。由于处在这种尴尬的环境与气氛中,司马迁对任安的要求着实感到有些为难,所以迟迟没有答复,一直到任安临刑前,才终于写下了这封著名的回信。在这封信里,司马迁以无比激愤的心情,描述了自己曾遭受的耻辱,尽情宣泄内心的痛苦与不满,并也说明自己"隐忍苟活"的原因,以及坚持完成《史记》的决心。

这篇文章不仅在研究司马迁的思想,以及《史记》的写作动机和完成过程上有极其重要的价值外,在文学史上也是不可多得的散文杰作。古人早将它视为天下奇文,与《离骚》同等视之。此文之奇一在其表现出的磅礴气势上;作者将心中长久郁积的悲愤,借此文喷发而出,有如滔滔江河、一泻千里,气势之壮阔,令人惊叹。此文之奇二,在于文章的纵横开阖、起伏跌宕。作者时而慷慨激昂、时而如泣如诉;时而旁征博引、时而欲言又止。曲折反复,一波三折,充分表现出笔力的雄健。此外,作者行文流畅、语言生动,骈句、散句自然错落,排句、迭句时有穿插,使本篇散文具有独树一格的艺术魅力。今天,当我们读这篇不朽的名文,遥想着司马迁当时写作的艰辛与坚毅时,怎能不对他的崇高精神感到无比的敬佩呢?

❀名句的故事❀

"士为知己者用,女为说己者容"其实并不是司马迁的"原创",《战国策》中便曾说过一个"士为知己者死,女为说己者容"的"豫让"故事。

豫让是晋国人,晋国大臣智伯非常尊宠他,称他为国士,并且待他极为礼遇。后来智伯讨伐赵襄子没有成功,战败身亡,身为国士的豫让便逃到山中,慨然长叹:"唉,有志之人只希望和了解他的人共同努力，知伯是那样的了解并重用我，如今他被人杀了，我岂能无动于衷呢？"

由这时开始，豫让便决定一定要为智伯报仇，因此便改名换姓，躲在赵襄子分封的邢邑（即今邢台市）以等待机会。

有一回，他携带着匕首，躲在襄子的茅厕中，意欲行刺，但却被赵襄子发现了。襄子念他忠于故主，是个忠义之士，因此就把他释放了。但豫让行刺的决心依然没有改变，这回他不仅遍体涂漆，让浑身都起疮疖，还刻意吞炭，破坏自己的嗓音，并灭去胡须剪去眉毛，改变了自己的容貌，只身潜藏在邢邑之北的芦荡中。终于有一天，豫让得知襄子将骑马到这里巡游，于是便悄悄地藏在板桥下伺机下手。但当襄子的马到桥头时，却蓦地惊叫起来，襄子立即惊呼："必定是豫让来行刺了！"并且赶紧令手下的卫士搜索桥下，而豫让的行刺之举又再度宣告失败。

当豫让被捉至襄子身前时，襄子望着他仰天长叹、流着泪说："我一直念你是忠义之士，因此你第一次杀我，我不嫉恨，把你放了。但这次你又来杀我，我怎么好再放过你呢？"听了襄子的话后，豫让明白赵襄子是一位宽宏大量的贤明君主，便对他说："我听说明主不掩人之美，而忠臣有死名之义。过去你赦免了我，天下没有不称赞的。今天我罪当处死，只请求把你的衣服用剑砍几下，以满足我为智伯报仇的愿望，我便死而无憾了。"襄子听完豫让的话后，二话不说便脱下上衣交给豫让，而豫让便奋起举剑，跳起来连砍几下，大呼一声："我终于可以到九泉之下向智伯回报了！"而说完这句话后，豫让便伏剑自杀。

历久弥新说名句

中国自古是仁义之邦，讲究对朋友忠诚不贰，甚至可以放弃自己的生命。鲁迅也曾经说过："人生得一知己足矣，斯世当以同怀视之。"这句话一点也不错，在人生的旅途中，有了知己，你将受益无穷。知己是何等珍贵，如果你有一位知己，更应当好好的珍惜，毕竟你失去了这样一位好知己，就很难再遇到一位贴心的知己了，因为知己在你的生活中对你会有很大的帮助。

"士为知己者用，女为说己者容"，这两句话流传至今，无论是在书面上还是口语中，无论是两句连用还是只取其一，都经常被人广泛地使用着。有一篇谈及三国人士姜维的文章，作者便是用"士为知己者用"来概括姜维的一生，因为当年蜀国亡了之后，姜维并非只为自己成了亡国之将而沮丧，更是为辜负了诸葛亮的信赖而伤怀、自责不已。

而如今，面对着人才争夺战频繁的新世纪，有的管理者便提出了"士为知己者用"的理论，不仅称赞司马迁是一位优秀的人力资源专家，还认为现今的管理者必须学会平等地与人沟通、交心，然后运用尊重人、爱护人、理解人的心态去对待下属，对待同事。下属、同事感恩图报，自然"士为知己者用"。有趣的是，饭桌、酒桌上，或是聚会场所也常常可以听见"士为知己者醉"、"女为说己者唱"这样的俏皮话呢！

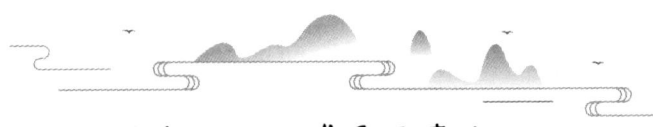

人固有一死，或重于泰山，
或轻于鸿毛

名句的诞生

仆之先，非有剖符丹书[1]之功，文史星历[2]，近乎卜祝[3]之间。固主上所戏弄，倡优所畜[4]，流俗之所轻也。假令仆伏法受诛，若九牛亡一毛，与蝼蚁[5]何以异？而世又不与能死节[6]者比[7]，特以为智穷罪极，不为自免，卒就死耳。何也？素所自树立[8]使然也。人固有一死，或重于泰山，或轻于鸿毛，用之所趋异也。

——西汉·司马迁《报任少卿书》

完全读懂名句

1. 剖符丹书：古代帝王赐予功臣的特殊凭信，凡是持有剖符及丹书的大臣，子孙犯罪均可获得赦免。剖符，竹做的契约，将竹一剖为二，皇帝与大臣各执一块，上面写着永不改变爵位的誓词。丹书，即将誓词用朱砂写在铁制契券上，又称"丹书铁券"。2. 文史星历：文献、史籍、天文、律历，在汉代皆归太史令所掌管。3. 卜祝：卜，占卜者；祝，祭祀时唱赞词的官员。4. 畜：同"蓄"，蓄养之意。5. 蝼蚁：蝼蛄和蚂蚁，泛指微小的生物。6. 死节：坚守自己的气节而死。7. 比：比肩、并列。8. 所自树立：自己用来立身的（工作及职业）。

我的先祖并没有被赐予过丹书铁券之类的特大功勋，只是掌管文史书籍、天文历法，地位接近于占卜者与太祝之间，本来就是受到皇上戏弄、像乐工伶人一样被豢养、并被世俗所轻贱的人。像我这样的人受到法律的制裁而遭处极刑，与在九头牛身上拔去一根毛或杀死一只蝼蚁有什么分别呢？世人是不会将我与那些因坚持节操而死的人同等看待的，他们只会认为我是由于想不出办法，又罪大恶极、实在无法避免，才终于受死的。为什么会这样呢？这全是由于我平素所从事的职务以及所处的地位，造成了这样的结果。人总归会有一死，但有的人死得比泰山还要重，有的却死的比鸿毛还轻，其不同是因为每个人应用死节的地方不同罢了。

名句的故事

史籍中虽然没有司马迁到过泰山的确切记载，但他对泰山的钦敬之情却早跃然纸上，由他的名句"人固有一死，或重于泰山，或轻于鸿毛"，便不难得知，"泰山"早融于他的血液里、沁进他的骨髓中了。

在司马迁的心目中,泰山是一个威严、雄伟、可亲、却又意义重大的象征,而之所以"泰山"会在他的心中占有这样重的分量,与他的父亲司马谈有绝对的关系。

西汉元封元年,汉武帝第一次封禅泰山时,司马迁的父亲司马谈作为史官,本应参加封禅大典的,但却因故留在洛阳无法前去。对此,司马谈感到非常遗憾和失望,以至于忧愤成疾,卧床不起。这时,恰好司马迁由外地归来,于是司马谈便握着他的手泪流满面道:"我们的祖先曾是周朝的官吏,远祖还有大功于夏,是百官之长,可到我时却如此凋零,难道这是上天有意要灭绝我司马家吗?现在,汉朝的天子继承了数千年来封禅泰山的大统,封禅于泰山,可我却不能随行,这难道还不是我一生中最大的遗憾吗?孩子,我死之后,你一定会继任太史官职的,等到那时,你千万不要忘了我所渴望的著书立说的意愿。"

由父亲的言谈话语之中,司马迁看出了参加泰山封禅大典对光宗耀祖是何等重要,而他也没有辜负父亲的愿望,即使在受了宫刑之后,依然矢志不移,忍辱负重地完成了父亲未竟的事业,为我们留下了文学史上最璀璨的瑰宝《史记》,并也留下了他的千古名句,被后人所咏叹。

历久弥新说名句

当司马迁的笔端流泄出"人固有一死,或重于泰山,或轻于鸿毛"这几个字时，其实也同时道出了中国千百年来有志之士的心声。中国人自古重视气节更甚于生命，并以此坚定自己的信仰和追求，砥砺自己的情操和品格，成为数千年来支撑中华民族生生不息、弱而复强、衰而复兴的灵魂和脊梁。正因为如此，"鸿毛泰山"成了家喻户晓的成语，也成了千千万万为自己信念、理想而奋斗、牺牲者的座右铭，或像是"人生自古谁无死，留取丹心照汗青"的文天祥，或像是"死生一事付鸿毛，人生到此方英杰"的秋瑾。

泰山之重、鸿毛之轻，虽然长期被人拿来当做对生命价值观两种不同体现的对应方式，但"生死"这个命题毕竟太沉重，因此到了现在，有许多人便开始在"鸿毛"与"泰山"两个名词前作文章，巧妙地将这个沉重的命题改变得生动而又活泼，并且适合自己所用。例如用"责任重于泰山，乌纱轻于鸿毛"来砥砺自己的官员们，以及那些在情人面前说"爱情重于泰山，友情轻于鸿毛"的誓言，然后在被指责"见色忘友"的朋友前，将之改为"友情重于泰山，爱情轻于鸿毛"的俏皮小伙子们。

有趣的是，在2004年奥运会，中国奥运代表团在同一天取得了羽毛球及举重的金牌，而"击鸿毛之轻，举泰山之重"便成了当日的头条标题。拿"鸿毛"来象征"羽毛球"，将"泰山"比做举重选手所举的重量，这种恰如其分的比喻及巧思，你是否也感到佩服呢？

大美国学 古文观止

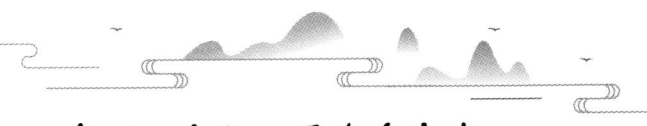

究天人之际，通古今之变，
成一家之言

名句的诞生

仆窃¹不逊，近自托²于无能之辞，网罗天下放失³旧闻，考其行事⁴，综其终始，稽⁵其成败兴坏之纪⁶。上计轩辕⁷，下至于兹⁸。为十表，本纪十二，书八章，世家三十，列传七十，凡百三十篇，亦欲以究⁹天人之际¹⁰，通¹¹古今之变，成一家之言。草创未就，适会此祸，惜其不成，是以就极刑¹²而无愠色¹³。

——西汉·司马迁《报任少卿书》

完全读懂名句

1. 窃：私下里。2. 托：凭借。3. 放失：散失。4. 行事：行为，指做过的事情。5. 稽：考察。6. 纪：规律。7. 轩辕：即黄帝，传说中我国远古的君王，因居于轩辕丘，故称"轩辕"。

8. 兹：此，指司马迁所生活的时代。9. 究：彻底推求。10. 天人之际：天与人事的关系。11. 通：通晓、明白。12. 极刑：指腐刑、宫刑。13. 愠色：愤怒的神情。

近年来，我私下不自量力，靠着拙劣的文字，收集、记载了散失于天下的旧说遗闻，考证其中的事件，推敲历史上成败、兴衰的道理。上从轩辕黄帝开始，下到当今为止。共写成表十篇、本纪十二篇、书八篇、世家三十篇、列传七十篇，共一百三十篇的文字。我的目的只是想要探究天与人事的关系，弄明白自古至今事事物物的变化规律，而成为一家之言。只是草稿尚未完成，便遇上了这场大祸。我实在痛心这部书没有完成，所以才会在受最严厉的刑罚时也毫无怨怼之色。

名句的故事

由于祖上好几辈都是在宫中担任史官的职务，再加上父亲司马谈也是汉朝的太史令，因此司马迁十岁的时候，就跟随父亲到了长安，并且研读了不少书籍。

而为了搜集史料、开阔眼界，从二十岁开始，司马迁更是告别长安，开始他周游全国之举。在此期间，他曾到过浙江会稽，看了传说中大禹召集各部落首领开会的地方；也到过曲阜，亲身拜访"至圣先师"孔子当年讲学的遗址；更曾到过长沙，在汨罗江旁凭吊爱国诗人屈原；当然，他也不会错过到汉高祖故乡的机会，亲耳听取沛县父老讲述刘邦起兵的情况。

这种"行万里路，读万卷书"的"游学"方式，让司马迁不仅获得了许多以往不知道的知识，更从民间收搜了很多有用且不为人知的资料。而司马谈死后，司马迁"子承父业"回到长安做了太史令，然后继续秉持着司马家的祖训，坚定地要为历史留下最真实的印记。

只可惜就在他正准备着手写作《史记》时候，发生了"李陵事件"，让他下了监狱，受了宫刑。这突如其来的巨变，几乎令司马迁痛苦得无法自处。他是那样的矛盾，既想自杀，可却又放不下几代史官该有的任务，以及自己一直以来"究天人之际，通古今之变，成一家之言"的宏志。

在牢中的岁月里，让他想起了从前周文王被关在羑里，却写出了一部《周易》；想到了孔子被困在陈蔡，可后来也编了一部《春秋》；更想到了屈原遭到放逐后，还写成了旷世巨作《离骚》。司马迁此时终于彻底地明白，这些长留传于后世的名作，大都是古人在心情忧愤，或者是无法达成理想的时候，才写出来的。既然别人行，他为什么不行呢？

就是这种不服输、不认命的心理，终于让狱中的司马迁发愤著书，成就了中国第一部综合性的纪传体通史——《史记》，也让他千古留名，完成了自己"成一家之言"的宏愿。

历久弥新说名句

"究天人之际，通古今之变，成一家之言"，既是修史的宗旨，也是一种思想的追求。这句话自司马迁后一直流传至今，成为许多学者追求真知灼见的座右铭。而当这个句子统合起来时，还可稍微改变其中几个字，便可以有同样的效果，例如有一位学者在讨论"外交"事物之时，便使用了："究天人之际，明'内外'之势，通古今之变，成一家之言"的标题，是不是很一针见血且又掷地有声呢！

而若将这三个句子分开看，则可以有更多种变化方式。例如"究天人之际"因涉及"天"与"人"的关系，因此一些环保人士便将它拿来，并进一步地引申为探讨"人与自然"的关系，更讨论人应当怎样对待自然等种种问题。

而"通古今之变"，也被有些人引用作为导引，来进行社会、企业等方面的改革，因为人们普遍地相信：历史是一面镜子，只有了解过去，才能够放眼未来。而"成一家之言"的说法则更是常见了，例如报章媒体便常常报道：某某某"成一家之言"、某某某"立一家之说"；让"成一家之言"几乎成了"独树一帜"的代言词。

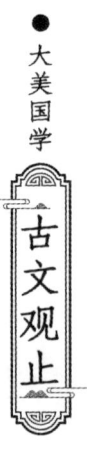

班声动而北风起，
剑气冲而南斗平

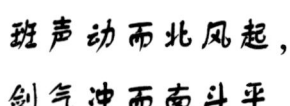

海陵红粟[1]，仓储之积靡穷[2]；江浦黄旗[3]，匡复[4]之功何远。班声[5]动而北风起，剑气冲而南斗平[6]。

——唐·骆宾王《为徐敬业讨武曌檄》

完全读懂名句

1. 海陵：古县名，唐属扬州，汉代曾在此设置粮仓。红粟，陈年的米，米因久藏而发酵变成红色。2. 靡：无、不。3. 江浦：长江沿岸，此处意指徐敬业以东南为根据地，很快就会匡复唐朝的天下。黄旗，天子头上的五色云气，后用来指王者之旗。4. 匡复：收复、挽救。5. 班声：马嘶鸣声。6. 冲：直上。南斗，即斗宿，二十八星宿之一，是吴地天空的分野。

海陵的红粟米多得发酵变红，仓库里的储存极为丰饶；王者之旗在大江之滨飘扬，光复大唐的伟大功业还会遥远吗？战马在北风中嘶鸣，宝剑之气直冲向天上，几与南斗星相齐。

文章背景小常识

骆宾王是初唐四杰之一，青少年时期落魄无羁。而这段生活经历对他性格的形成有很大影响，也造成他成年后崇尚侠义、性格豪爽、富于反抗和冒险精神的个性。

《为徐敬业讨武曌檄》是历史上一篇很有名的檄文，顾名思义，内容是要讨伐武则天。在公元684年时，武则天废去刚登基的唐中宗李显，另立李旦为帝，不仅自己临朝称制，行使天子的职权，并且还想进一步地登位称帝，建立她的"大周"王朝。武则天此举引起了一些忠于唐室的大臣遗老们的愤怒，其中，身为开国元勋"英国公"李绩嗣孙的李敬业，便打着已故太子李贤的旗号在扬州起兵，建立匡复府，自任匡复府上将、扬州大都督。而才华扬溢的骆宾王便是在此时被他招罗至府内，并被任命为艺文令，《为徐敬业讨武曌檄》便是他在此时完成的作品。

所谓的檄文，是一种很古老的应用文体，通常是官府用来晓谕、声讨、征召的文书，相当于现在的政府文件或是战争宣言之类，最早则可以追溯到商汤伐桀所作的《汤誓》。而自骈体文产生以后，檄文一般便多用骈体文写成，并且极为讲求对仗。作为"声讨"檄文，最重要的就是必须具有"气势"与"感召力"，但古代众多檄文不是疏于单调,便是流于冗长繁芜,但骆宾王所作的《为徐敬业讨武曌檄》不仅气势恢弘、先声夺人,并且还极富文采、对仗工整,读来音韵铿锵,是历代传诵的名篇。

只是,徐敬业起义不到四个月便被镇压,而骆宾王从此下落不明、死生不定,但是这篇檄文却流传至今,并被后人视为檄文之楷模,竞相模仿,甚至今天在狼山骆宾王的墓旁的石柱上,后人为他题刻的一副楹联还写道:"碑掘黄泥五山片壤栖,笔传青史一檄千秋著。"大意是说,骆宾王的陵墓虽只占了狼山上一片小小的黄泥土壤,但他的作品却名垂青史,特别是那一篇檄文,更是千古流芳。可见后人对他的这篇檄文评价之高。

名句的故事

骆宾王与王勃、卢照邻、杨炯并称初唐四杰,而其中数他留下的诗词最多,并且不乏传世名作与名句,"班声动而北风起,剑气冲而南斗平"就是其中之一。这句话将战马的嘶鸣声与肃杀的北风置于同一幅画面之内,同时带给人在听觉与视觉上的强烈冲击。而后一句则是化用"剑气冲斗牛"的故事作为典故。

魏晋时期,在南斗星附近经常有紫气环绕,当时著名的占星家雷焕在观察了多日之后,认定那道紫气之所以产生,是因为某件宝物的精华之气直冲于天,才会映显出如此奇相。

又经过几日的推算与观察,雷焕终于算出宝物的所在位置应该就在丰城县内。后来,雷焕将这件事的来龙去脉告诉了位居高位的好友张华，由于平素便信赖雷焕的为人及能力，因此张华毫不犹豫地就派遣他到丰城县当县令。

雷焕到任后，遍寻了整个县的属地，最后终于在丰城县的监狱中挖出一个玉匣。打开玉匣后，雷焕得到了两柄能削金断玉的宝剑，他将宝剑取名为"龙渊"与"太阿"，并且小心翼翼地将它们珍藏了起来。

自此后，人们只要看到南斗星附近有紫气环绕时，便会鼓掌笑说："又有宝剑忍不住寂寞要出土了！"

历久弥新说名句

"班声动而北风起，剑气冲而南斗平"这句话一直为历代文人学者所钟爱，像元朝人贡师泰便仿骆宾王的这个句子写出了："秋高剑气冲南斗，天近纶音动北溟。"意思是说在秋高气爽的夜晚，剑气向上直冲天上星斗，天籁之音忽起，以致北海都为之震动。这句话的气势确实也够宏大的，但却始终不及骆宾王诗句里的那份悲壮。

后人石敏若则又仿照此句写出了："吟声起而百管动，剑气冲而群怒张。"意思是说战士们低吟的声音就如同数百人在吹奏管乐，宝剑之气向上直冲，兵士的士气也随之逐渐高涨。但这句话由于悲壮太过以至于显得压抑，甚至有点感伤，也及不上骆宾王的句子那样悲而不伤、悲中带壮。

而时至今日，许多记者、商人甚至连运动员都对这句话情有独钟。曾看过某候选人的传单上一字未动直接套用"班声动而北风起,剑气冲而南斗平"二句;先不论这位候选人究竟实力坚不坚强,但至少先声夺人、气势宏大,也将候选人"不到黄河心不死"的竞选决心及个人信心表达得相当明白。

而某篮球队员曾在向对手挑战时说:"班声动而北风起,剑气冲而篮坛平。"虽然不明白为什么篮球场上会有"马"叫声,并且打篮球也是用手而不用"剑",不过此言一出,还真有种"舍我其谁"的气势,并且也让人不得不对这位运动员的中文造诣鼓掌。

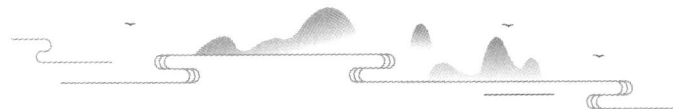

名句的诞生

喑呜[1]则山岳崩颓[2]，叱咤[3]则风云变色。以此制敌，何敌不摧；以此图[4]功，何功不克。

——唐·骆宾王《为徐敬业讨武曌檄》

完全读懂名句

1. 喑呜：发怒的样子，又作喑恶。2. 颓：崩塌。3. 叱咤：发怒的声音。4. 图：谋取。

战士怒容一现，山岳因此而崩塌；怒喝一声，风云也为之变色。拿这样的气势来对付敌人，有什么敌人不能打垮；以这样的魄力来谋取功业，还有什么功业不能取得！

🎗 名句的故事 🎗

骆宾王幼年极为聪慧,有神童之名,七岁即能赋诗。他七岁那年,有一回随着父亲与父亲的友人同游于湖畔,由于那些朋友们皆曾听闻骆宾王的才华,因此便起哄要他赋诗,而小小年纪的他便当着众多宾客面前,语声清亮地吟咏出:"鹅,鹅,鹅,曲颈向天歌,白毛浮绿水,红掌拨清波。"这首诗至今仍是妇孺皆知的名篇佳句。但成年后的骆宾王却不如幼年时无忧无虑,并一直对自己的怀才不遇有些慨叹,但其实他在诗义上依然是颇有成就的。

据说,当年骆宾王写出《为徐敬业讨武曌檄》一文后,立刻引起世人瞩目,而武则天在辗转取得,并阅读完此篇檄文后,也立即为这篇文章的用字遣词、恢弘气势惊艳倾倒不已,并且连忙询问身旁的人这篇文章的作者是谁。而当得知写就这篇文章的人是骆宾王后,武则天又歉疚又惋惜地说道:"让拥有这样才华的人飘零失意、不得重用,以致投入敌营的怀抱,这绝对是当朝宰相的过失,也是国家的损失。"

像骆宾王这种令敌人也情不自禁为之喟叹、钦佩的文采,又怎能不被后世的文人学者们津津乐道呢!

🎗 历久弥新说名句 🎗

这篇文章中不乏佳句,"喑呜则山岳崩颓,叱咤则风云变色"

便是其中之一。骆宾王将形容人发怒时的"喑呜"、"叱咤"与大自然颇具威力的"山崩岳颓"、"风起云涌"巧妙地结合在一起,造成一种强烈的视听效果与感官震撼,成为后人争相摹写的典范,如宋陈桀《御戎》中的"指麾而虎兕作威,感激而风云变色",《行在重建都督府记》中的"指挢而川陆回形,叱咤而风云变色",便是据此名句延展而来,只是"虎兕作威"与"穿陆回形",终究不如"山岳崩颓"气势宏大。

民国初年的新文化运动时期,《清华周刊》曾刊登一篇号召当时文人以笔为武器抵抗外侮、群起维护民族尊严之作,而其中不仅有"一言而山岳崩颓,一呼而风云变色"的豪迈,更有"举笔则山岳崩颓,抵掌则风云变色"的波澜壮阔。暂且不论文人们手中的笔是不是真的具有"山岳崩颓"的气势,可以让侵略者为之色变,但至少那股豪气与斗志绝对是一脉相承的。

而最让人喝彩,并且觉得使用贴切的,莫过于中国"南拳"在为自己做广告时所撰写的广告词。南拳开宗名义便说其拳:"呼喝则风云变色,开拳则山岳崩颓。"这句广告词当真是将中国拳法的气势表达得淋漓尽致,让人根本不想细究南拳究竟出于哪一宗派,又究竟具有何种威力,只觉得心中那股跃跃欲试的火苗不断窜升,直想练练那可以令"风云变色"的"呼喝",以及令"山岳崩颓"的"拳法"。

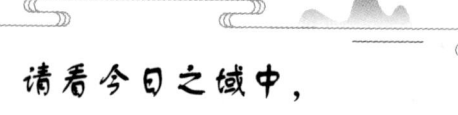

请看今日之域中,
竟是谁家之天下

名句的诞生

若其眷恋穷城[1],徘徊歧路,坐昧先几之兆[2],必贻后至之诛[3]。请看今日之域中[4],竟是谁家之天下!

——唐·骆宾王《为徐敬业讨武曌檄》

完全读懂名句

1. 穷城:指孤立无援的城邑、城池。2. 昧:不分明。几(音同机),契机。3. 贻(音同怡):遗下,留下。4. 域中:指中原地区。

如果仍旧留恋孤立无援的城池,在歧路上徘徊观望,在关键时刻犹疑不决,错过早已显现出的吉利征兆,必然会招致严厉的惩罚,甚至自取灭亡。请看明白,今天的世界,到底是谁家的天下!

名句的故事

骆宾王的一生是充满曲折的,但是他在历经挫折之后仍然不失斗志,在他身陷牢狱刚获释后不久,又仕途失意的情况下还能写出"请看今日之域中,竟是谁家之天下"这样气势磅礴的句子,我们就可窥见其志气。

"请看今日之域中,竟是谁家天下"这句话确实是相当有气势的,令人读了之后,心中油然升起一股豪气,也难怪被讨伐的对象武则天读后,也不得不佩服骆宾王的文采,惋惜竟没有及早将骆宾王召至麾下。

明代顾宪成在评价当朝名臣李修吾时,便曾仿照此句写出了"试思今日之域中,善类犹有所凭恃者谁人?"意思是说:试想一下,在当今之世,善良的人还能依靠什么人呢?而其言下之意,能依靠的人当然就只有李修吾了。

历久弥新说名句

"请看今日之域中,竟是谁家之天下"这句话发展到今日,仍然备受推崇,随便翻翻报纸、杂志就能找出一堆这样当今天下"唯我独尊"或"舍我其谁"的句子。如某商品在上市不久就连忙大声地叫嚣"请看今日之商海,究竟谁霸天下"。这位商家倒是信心十足,只是不知其商品到底怎样。有人还在网上仿《讨武

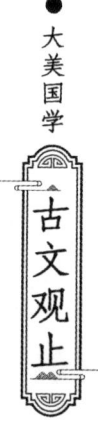

嬰檄》作了篇《为袜子兄讨站务檄》，结尾高呼"且看今日炮轰站务，竟是谁主沉浮！"令看文者莫不摇头微笑，至于这位袜子兄系何方神圣，其实也没有人会真正去考证。

除此之外，"请看今日之棋坛，竟是谁家天下"、"请看今日之足坛，究竟何人称霸"……此中各例，举不胜举，让人不禁感叹：试观当今之世界，谁愿屈居人下？这么多人都在"争雄争霸"，你肯定也不想屈居人后了，要不要也来称霸一个什么，跟他们一比高下呢？

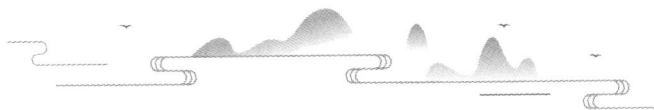

生不用封万户侯，
但愿一识韩荆州

名句的诞生

白闻天下谈士¹相聚而言，曰："生不用封万户侯²，但愿一识韩荆州³。"

——唐·李白《与韩荆州书》

完全读懂名句

1. 谈士：士人。2. 万户侯：汉代制度，指食邑一万户的王侯。3. 韩荆州：指韩朝宗，唐玄宗年间曾任荆州长史，因此人多称其为"韩荆州"。

我（李白）听说天下间的士人在聚会交谈时常说："此生宁可不做享有万户采邑的王侯，只愿能与韩荆州结识就心满意足了。"

文章背景小常识

李白(公元701—762年),字太白,祖籍陇西成纪。父亲是富商。李白自小个性狂放,好剑术,有任侠之风,曾在大江南北游历。唐玄宗天宝初年,经由贺知章等人的推荐,任职翰林供奉。但因为得罪了高力士及玄宗的宠妃杨贵妃,不到三年便被排挤出京。

《与韩荆州书》是李白在唐开元二十二年(公元734年)所作,这一年,李白尚未被贺知章举荐,但因怀有高大的志向,因此在漫游荆、襄,并得知韩荆州的声名后,特地戴着高高的帽子,佩戴着长剑,以及一颗恭敬的心去拜访他。

韩荆州即韩朝宗,当时任荆州大都督府长史,相当于现在湖北、湖南两省的省长,向来以善于识人及提拔贤士而出名。李白的《与韩荆州书》是他拜见韩朝宗时的一封自荐书。

这篇文章开头借用天下谈士的话——"生不用封万户侯,但愿一识韩荆州",来赞美韩朝宗能礼贤下士、拔擢人才。接着毛遂自荐,介绍自己的经历、才能和气节。有人认为李白乃一代诗仙,不敢将这么庸俗的思想加诸在他头上。其实不然,李白向来抱负很大,对仕途也很有兴趣,但因生性高傲,所以在拜访韩朝宗之前,一直过着隐居的生活。但他明确地表明自己的隐居是"养贤",是为等待出世的机会,并不是为了"遁世",即不是逃避世俗。

但由于本身的傲骨，因此李白这封信可说是写的有礼有节、不卑不亢，并具备一股咄咄逼人的气势，着实不同凡响。

名句的故事

李白人称"诗仙"，有"斗酒诗百篇"的奇才。他一生留下来的名句非常多，开个小玩笑来说的话，那就是连他奉承别人的话语也与众不同，像"生不用封万户侯，但愿一识韩荆州"就是其中之一，并且还成了诗史上的一个典故，成为历代诗人们诗文素材的来源。

宋朝时，苏东坡在送一位张姓朋友去四川做官时，就曾写道："少年不愿万户侯，亦不愿识韩荆州。颇愿身为汉嘉守，载酒时作凌云游。"意思是说他不愿意做万户侯，也不愿意认识什么韩荆州，只要能像他朋友一样去四川做个小官，平时可以喝喝小酒、游山玩水，他就心满意足了。虽然苏东坡看起来似乎不像李白那样在意韩朝宗，但在诗的选材上，终究也逃不脱李白在几百年前就给后世文人设好的圈套。

有趣的是，苏东坡的女婿秦观可能不怎么敢忤逆岳父大人，因此也没敢公然表示对韩朝宗的倾慕，但却利用李白的诗大大吹捧了岳父一番。因为有一回，秦观在给苏东坡的送行诗中，竟是如此写道："我独不愿万户侯，惟愿一识苏徐州。"这个"苏徐州"指的当然就是苏东坡，可见古人拍起马屁来，比起现代人而言也是不遑多让的，并且也更具有文学气质。

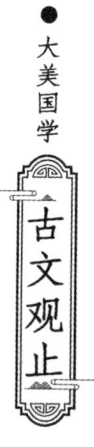

历久弥新说名句

说到"生不用封万户侯,但愿一识韩荆州"这句话,今人可实在应该好好地感谢李白一下,因为这句话不但好用,而且也非常管用。例如北京有一个专卖汤包的餐厅在为自己做广告时,便说"生不用封万户侯,但愿一品蟹黄包";结果广告文一出,店里的汤包刹时风靡北京,几乎供不应求。而另一篇称颂"黄鹤楼"的文章中也如此写道:"生不用封万户侯,但愿一上黄鹤楼。"让人也不由得对黄鹤楼产生了无限向往。除此之外,日常生活对话,甚至现代文人骚客笔下,都出现有"生不用封万户侯,但愿一识余光中"、"生不用封万户侯,但愿一识张艺谋"等句子。

这个年代看似不愿做万户侯的人是越来越多了,如果李白复生,不知道会不会有无数的人写出:"生不用封万户侯,但愿一识李太白"的句子来。如果真有这么一天,到时李白也许会仰天大笑道:"此乃鄙人当年拍马屁之雕虫小技也,汝辈小生后辈岂可于太白门前舞文弄墨?"

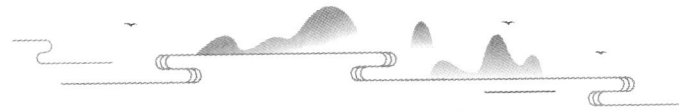

坐井而观天，曰天小者，
非天小也

名句的诞生

故道有君子小人，而德有凶有吉。老子之小[1]仁义，非毁之也，其见[2]者小也。坐井而观天，曰天小者，非天小也。

——唐·韩愈《原道》

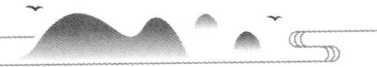

1. 小：轻视之意。2. 见：察见。

道有小人与君子的分别，德性也有吉凶之差。老子轻视仁义，不是为了要毁谤，而是他见识到的很浅短。如同坐在井中说天很小，这不是天空真的很小。

文章背景小常识

韩愈字退之，生于唐代宗大历三年，死于唐穆宗长庆四年，河南河阳人，郡望昌黎，所以世称韩昌黎；又因官至吏部侍郎，故称韩吏部或韩侍郎；死后追赠礼部尚书，谥号"文"，又称韩文公。韩愈是唐代古文运动的积极倡导者。所谓古文运动，就是改变汉魏六朝以来的骈体文，恢复先秦时代的散文体。韩愈推动古文运动的决心就如同他在《答李翊书》中所说："非三代两汉之书不敢观，非圣人之志不敢存。"

韩愈之前有陈子昂，他自己则是把古文运动推向了一个新的高潮。宋代文豪苏轼在《潮州韩文公庙碑》对他赞叹道："匹夫而为百世师，一言而为天下法。"又推崇他是："文起八代之衰，道济天下之溺。"足以可见韩愈的历史地位及其对后世的影响之大。韩愈行文文体涉及论、说、书、序、记、传、表、状、颂、赞、赋、铭、哀辞、祭文、碑志、杂文等等，内容丰富、形式多样；但是无论是哪一种体裁，其间论述的实力都让人无法轻视，《原道》便是这样的一篇佳作。

唐永贞时期王叔文党祸，多人遭到贬谪，韩愈的好友柳宗元、刘禹锡亦在其中。三十八岁的韩愈选择沉潜著述，《原道》就是在这段期间的成果。所谓"原"就是探本溯源，"道"浅义来说就是指儒家所谈的"道"，主要是与佛道区隔。在佛教势力日益融入中国，并中国化的同时，韩愈写了《原道》，很像是一篇"儒家主权宣言"。这篇文章是"五原"之一,"五原"即是《原道》、《原性》、《原毁》、《原人》、《原鬼》等论述文,这些文章表征韩愈年过三十后,思想见解更为成熟、独立的证据。

名句的故事

"坐井观天"是我们现代人常用的成语,此语便是由韩愈的这句话精练而成。韩愈说:"坐井而观天,曰天小者,非天小也。"意思是比喻一个人眼界若受到限制,所见所闻必定有限。因为当时的佛教徒到处宣传,说孔夫子曾经是老子、佛祖的弟子,这些现象让韩愈非常忧心。韩愈为了区隔佛家的"道"不同于儒家的"道",并且强调儒家的"道"才是正道,所以写了这篇文章,指出那些会把佛家的"道"当做是儒家的"道"的人,都是坐井观天者。

只是韩愈的排佛似乎已经到了偏激的地步。他认为,如果不去禁止佛教、老子的思想,这个圣人之道就无法流传,所以要让和尚、尼姑通通还俗,烧掉佛经道书,将寺庙改成民舍,并且重新用儒家的道来教导他们。到底有什么原因会让韩愈一定要做到如此境地?

事实上唐代的佛教信仰几乎是一种全民运动,尤其武则天还借由佛教之力,登基为皇、改朝换代。只是,大兴佛寺所造成的不只是府库财竭,百姓为了图利,还放弃正常的农事,跑去帮忙盖庙,导致来年有饥荒情事出现;而沙门中人不守僧道、败坏社会风俗,又是另一个重点。这应当就是韩愈提出这么激烈的解决方式的原因了。

历久弥新说名句

《庄子》里面有两个类似的说法。第一是《庄子·秋水》篇记载:"井龟不可以语于海者,拘于虚也。"一只活在井里的乌龟,是无法跟它谈论大海的事情,因为它从未看过海洋之大呀!第二是同一篇的:"夏虫不可以语于冰者,笃于时也。"夏天的昆虫进入秋天的时序就死了,不可能和它谈论冰雪的事情;这是形容一个人见识浅短,无法跟他谈大道理的意思。因此,不是天小,而是识者的眼光窄小,看不出天之大;夏虫不可以和它谈论冰雪的事情,是因为它从未见过冰雪呀!

当然,人并不见得需要亲眼所见,才能够产生知识。例如《庄子》的《逍遥游》中说:"北冥有鱼,其名为鲲。鲲之大,不知其几千里也。化而为鸟,其名为鹏。鹏之背,不知其几千里也。"庄子不一定见过鲲,可能也没有见过鹏,但是庄子运用人所具备的推理能力,跳出"坐井观天"的障碍,去认识世界。佛家也说:"一花一世界,一叶一如来。"人心智所被赋予的能力,是可以被开发而发展出更惊人的智能。

我们也常道:"秀才不出门,能知天下事。"知识要能透过观察、推理、研究来取得,就像"大海之水,只取一瓢饮",取一瓢海水就可以尝到大海的味道,又何须把大海的水全部饮尽,才会知道海水的味道是咸的呢？又例如成语"一叶知秋"、"闻一知十"、"见微知著"，如果我们看着框框就只能认识框框里面的事物，而无法用人的心智去推演而获得更多，那么就真的是"非天小也，其所见小也"。

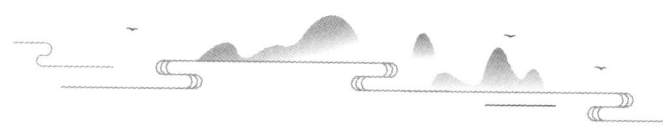

择焉而不精，语焉而不详

名句的诞生

尧以是传之舜，舜以是传之禹，禹以是传之汤，汤以是传之文武周公，文武周公传之孔子，孔子传之孟轲。轲之死，不得其传焉。荀与扬[1]也，择焉而不精，语焉而不详。

——唐·韩愈《原道》

完全读懂名句

1. 扬：指扬雄，字子云，西汉儒者。

尧把这个道传给舜，舜把道传给夏禹，禹把道传给商汤，商汤把道传给了文王、武王、周公，文王、武王、周公则是传给了孔子，孔子将道传给孟子，孟子过世之后，这个道就无法传下去了。荀子跟扬雄对道的选择不够精确，表达得也不够精详。

名句的故事

不意外地，韩愈在《原道》中采取了"尊王攘夷"的观点，将佛家视为夷狄之列，试图突显儒家为中国正统的价值体系。韩愈在文章末申明："由周公而上，上而为君，故其事行；由周公而下，下而为臣，故其说长。"周公以前的道统是由国家的君主来传承，就是尧、舜、禹、商汤、周文王、周武王，然后就是周公；周公之后承接道统的就是知识分子。"知识分子"的位置被摆出来了，韩愈不愠不火地让自己的角色出现在舞台上。

他批评荀子、扬雄对于儒家的道统，根本是"择焉而不精，语焉而不详"，亦即这两个人并没有掌握儒家的精髓，也无法清楚表达儒家的学说。韩愈的说法受到宋代理学家的肯定。朱熹与吕祖谦编选的《近思录·圣贤》便称赞韩愈是"近世豪杰"，是自孟子之后有大见识者，因为有韩愈的真知灼见，所以才能在千年后发现荀子与扬雄的论调"择焉而不精，语焉而不详"。

那么，现在得以传承儒家的就是韩愈自己了，这或许就是他写《原道》的目的，因为他可以做到"择焉而精，语焉而详"的任务。韩愈不仅将自己搬上舞台，而且是历史道统的舞台。以韩愈仕途演进的屡次顿挫，他此时此刻恐怕是不愿屈就于唐朝历史中的位置了。再者，韩愈的道统之说，也顺势提高了知识分子地位。欧阳修在《新唐书·韩愈传》中便赞道："自愈没，其言大行，学者仰之如泰山、北斗云。"而道统的说法也广为被宋代文人所接受，但很有趣的是，宋代文人悄悄地把韩愈置于一个象征性的位置，自认为跳脱汉唐，直接承继孔孟，创造出"新儒学"，亦即造就了宋代理学的辉煌。

☙ 历久弥新说名句 ❧

宋朝儒生对于韩愈批评荀子、扬雄"择焉而不精，语焉而不详"，大体上相同。根据朱熹的《孟子集注》记载，程子说："韩子此语，非是蹈袭前人，又非凿空撰得出，必有所见。若无所见，不知言所传者何事。"这倒是提醒我们，韩愈到底觉得荀子、扬雄，对于儒家的道理是哪些地方说不清楚了。紧接着程子又说："韩子论孟子甚善。非见得孟子意，亦道不到。"程子说，韩愈把孟子的学说诠释得很好，如果不是韩愈能体会到孟子的真义，也说不出这样的话。

"择焉而不精，语焉而不详"，流传至后世，多半使用由其演变出的成语"语焉不详"，用来形容某些事、某些话说得不够详尽，以致难以理解。其实现在的政治人物都很懂得运用"语焉不详"的手法，为自己留下转圜的空间。特别是在选举的时候，各个候选人有琳琅满目的选举口号、选举花招，常常有"语焉不详"的状况发生，也让我们这些选民在选举结果出现之后，有"择焉不精"的遗憾。这或许是个社会的怪现象，话如果要说出去之后，预期还有机会可以收回来的话，就千万不能说的太清楚，尤其是公众人物。

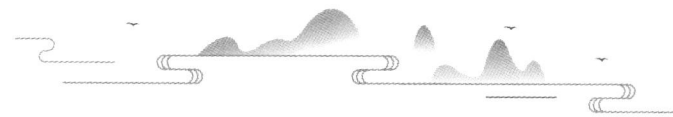

古之君子,其责己也重以周,
其待人也轻以约

名句的诞生

古之君子,其责¹己也重以周²,其待人也轻以约³。重以周,故不怠;轻以约,故人乐为善。

——唐·韩愈《原毁》

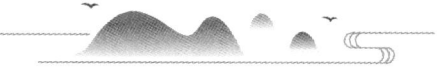

完全读懂名句

1. 责:要求。2. 重以周:严格而且周全。3. 轻以约:宽容而且简单。

古时候的君子,严格而且全面地要求自己,对待别人却宽容而且简约。严格而全面,所以自己不会怠惰;宽容又简约,所以人家就高兴去做好事。

文章背景小常识

本文是"五原"当中的一篇,主旨在于推论"毁谤"的原由。韩愈这个人非常照顾自己的家庭以及他的亲戚,更可以从他的各类文章中发现他对朋友的情义,温厚笃诚,让人无法忽视。《旧唐书·韩愈传》就记载,他认识孟郊、张籍的时候,这两个人还默默无名,但是韩愈"不避寒暑,称荐于公卿间",而且"诱厉后进",对于提携后进不遗余力;这种直率的作风与当时士大夫往往妒忌贤能、罢黜异己,真是大相径庭。

然而,像韩愈这样的君子,不谙世务以及在朝廷中的应对进退,屡次遭受贬谪,让他充满挫折感;尤其是三上宰相书后,当朝宰相赵憬、贾耽、卢迈等,没有一个人赏识他的才华。又如韩愈反对唐宪宗迎佛骨而被贬谪潮州,旋即唐宪宗后悔,想要再度重用韩愈时,却被人奏述"终大狂疏"(《旧唐书·韩愈列传》)。韩愈生性狂狷,对于官场的进退应对总是不屑顺从,所以屡遭毁谤而不得志,即使他是个勤政爱民的好官。

韩愈也知道因为有人妒忌他、暗中毁谤他,所以才会有这样坎坷的仕途,因此写下《原毁》一文。《原毁》先从表彰古代君子的做人与待人的原则谈起,再直接切入当时唐代士族阶层的社会现象,讽刺当时士大夫诋毁后进、嫉贤忌能的风气,韩愈并且很仔细地剖析一般人对权势的攀附心态,语词平易近人,却可说是批评得淋漓尽致。这篇作品独到地方是韩愈不引经据典,算是古代散文创作中的一种新形式。整篇文章也采用对比的方式，借由"古之君子"与"今之君子"的对比，"责己"与"待人"的比较，来畅所欲言。

名句的故事

韩愈在本文中的最后一句话说："将有作于上者，得吾说而存之，其国家可几而理欤。"意思是说，那些在上位而准备有所作为的人，听到我这一番言论，那么这个国家或许可以治理的很好吧。回头再去看本文的开头"古之君子"，这个君子就是指国家的执政阶层，特别是他行文当中屡称尧、舜、周公。所以，韩愈实则是透过论述士大夫的德行问题，告诉执政阶级要如何挑选真正的人才。

古时候的君子"其责己也重以周，其待人也轻以约"，韩愈称赞古代的君子严于律己、宽以待人的风范，正如孔子说："躬自厚而薄责于人。"（《论语·卫灵公篇》）"厚"就是"重以周"；"薄"就是"轻以约"，即要求自己多于别人的意思，要求自己要事事周全，对于别人则是尽量从宽。由于"轻以约"，所以韩愈认为这就是尧、舜、周公的子民都乐于去做善事的原因。

其实，光是韩愈所说的"轻以约"，君子应该还不足以让人乐于为善，主要还是在于："君子不以其所能者病人，不以人之所不能者愧人。"（《礼记·表记篇》）君子待人的宽容在于不会用自己所会的才能去挑剔别人，不会用别人所不会的地方去羞辱别人,这就是君子令人景仰的风范,因此平民百姓才会愿意乐于为善。由此可见,韩愈认为,只有为自己树立高标准,从各方面严格要求自己,不怠惰、不松懈的人,才是国家选材的真正目标,才能有风行草偃的效果。

历久弥新说名句

"古之君子,其责己也重以周,其待人也轻以约",说的是做人的标准,表现出一种容人的器度,让人乐于与之相处。和这句名言相反的态度则是:"水至清则无鱼,人至察则无徒。"(《汉书·东方朔传》)意即水如果太清澈则鱼儿无法生存,对待他人如果太苛求就会没有朋友;换句话说,如果对待自己的标准是"轻以约",对待别人的标准是"重以周",我们就会渐渐失去朋友。

每个人的能力不同,可以达到的标准也不同;我们努力地要求自己,是提升自我,我们宽容地要求别人,也是训练自己。西方有句谚语:"世界上最宽阔的东西是海洋,比海洋更宽阔的是天空,比天空更宽阔的是人的心灵。"人的心灵可容纳至小与至大之物,能不能容得进去,端看人的修养与器度。因此,要如何在"重以周"、"轻以约"之间做选择,就端看各位的智能了。

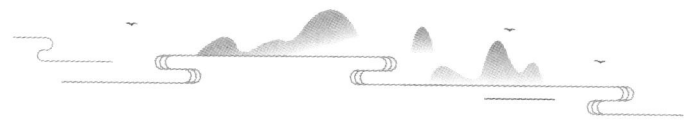

师者,所以传道、受业、解惑也

名句的诞生

古之学者必有师。师者,所以¹传道²、受³业⁴、解惑⁵也。人非生而知之者,孰能无惑?惑而不从师,其为惑也,终不解矣。

——唐·韩愈《师说》

完全读懂名句

1. 所以:用来。2. 道:指儒家孔子、孟轲的修己治人之道。3. 受:通"授",讲授。4. 业:学业,泛指古代经、史、诸子之学及古文写作。5. 解惑:解释"道"、"业"上的疑惑。

古代追求学问的人一定要有老师。老师是传授道理、讲授学业、解答疑惑的人。人不可能生下来就知道一切的道理,谁能没有疑惑?有疑惑而不请教老师,那疑惑就永远无法解决了。

文章背景小常识

韩愈在古文运动中强调的重点是"文以载道",文章应以弘扬儒道为理想,《师说》即相当符合这些原则。《师说》全文一开始就强而有力地提出"古之学者必有师",说明"师"是人类文化传承中不可或缺的重要角色;其次感慨师道之不传已经很久了,唐朝人也不能例外,但是读书人不懂得尊师,百工之人反而保留对老师的敬重,这怎能不让人汗颜呢?最后点出"圣人无常师",凡人当然更应该要尊师了。韩愈以"师道"为中心,运用正反对比的论述,前后照应,环环相扣,文章写得铿锵有力。

孔子可以说是开"私人讲学"风气的先驱者,主张"有教无类",弟子三千,贤者七十二,那时的师道可以说是非常尊崇的。汉朝重视师法与家法,老师的地位也很尊崇。汉魏以降,社会门第之风兴盛,"上品无寒门,下品无士族",当时的社会非常重视"门第",有耻于从师的风气,这迥然异于孔门所遗留的学风,世道当然就渐渐衰微了。隋唐承其后,虽然好一点,但显然不如周秦,尤其在安史之乱后,学子对于从师学习这件事情,更加排斥。

在韩愈担任国子监祭酒时,对这样的状况深感痛心。韩愈的思想渊源于儒家,也以儒家正统自居,因此唐德宗贞元十七年,他作《师说》一文。柳宗元就曾在《答韦中立论师道书》

中说："今之世不闻有师，有辄哗笑之以为狂人。独韩愈奋不顾流俗，犯笑侮，收召后学，作《师说》，因抗颜为师。"反映出韩愈在当时逆风气而行，定然具备卓然不凡的智慧与勇气。

名句的故事

韩愈说："古之学者必有师。""师"就是教授学问、知识的人，又称为"夫子"、"先生"或称为"师傅"，韩愈并且为老师在"传道"、"受业"的两个工作后，又添加了一项"解惑"的工作。为什么要从师学道？因为"人非生而知之者"，人并不是一出生就具备知识，即使贵为帝王也必须要"入太学，承师问道"（《大戴礼记》），方能经世济民；又诚圣人如孔子，也曾经向老聃问礼、向苌弘问乐。

老师的第一个工作是"传道"，道主要是指孔孟儒家的修身、为学、治国的道理；第二个工作是"受业"，业是指古代经、史、诸子之学及古文写作等等；第三个工作是韩愈特别提出来说的"解惑"，也就是解决学习过程中的疑惑。有趣的是这个道要怎么"传"？这个业要怎么"受"？古代拜师要献上"束脩"，古代人以肉脯十条扎成一束，就叫做束脩，再加上酒一壶、杉布一套，作为拜师的见面礼。

韩愈在当时便打破常规，招收学生，如李蟠、皇甫湜、张籍等都拜师于他，《新唐书·韩愈传》便记载："成就后进士，往往知名。经愈指授，皆称韩门弟子。"皇甫湜在韩愈过世时写了《韩文公墓志铭》，他在文中便称赞他的老师讲学论说时非常忘我，还会用笑话及吟诵诗歌的方式，让学生可以沉浸在书中的义理。其可见韩愈力作《师说》，不只是写，而且身体力行。

历久弥新说名句

明朝的王世贞也写了《师说》一文，在文中他提到："天下有道而师者，有业而师者，有利而师者。"每个人从师学习的目的其实都不一样，但是师者的角色，依然还是传道、受业、解惑。清朝的方东树就这样评断："自退之作师说，后来学人多有续为之说者。虽意恉各殊，而皆得一义，于以辅世翼教，至为宏益，不可废也。"（方东树《与友人论师书》）因此，不论人们对于"师者"的定义如何，师者扮演的角色与功能，对于世世代代教化社会，都有莫大的影响力。

而现代呢？打开电视新闻，新一代的老师不仅传道、受业、解惑，还开神坛、选立委、玩股票，真不禁令人哀叹师道的堕落，能像孔子那样"有教无类"、"因材施教"的老师已经不多。事实上老师的地位其实已不若传统受到尊重，除了外在因素对学生的吸引力实在太多，有时还必须化解学生可能玩出的各种花样。看来除了传道、受业、解惑等三个工作外，老师还必须加上第四个工作，就是"见招拆招"。

闻道有先后，术业有专攻

名句的诞生

孔子曰："三人行，则必有我师[1]。"是故弟子不必不如师[2]，师不必贤[3]于弟子。闻道有先后，术业有专攻，如是而已。

——唐·韩愈《师说》

完全读懂名句

1. 师：老师，学习的对象。2. 师：这里指老师。3. 贤：高明之意。

孔子说："三个人当中，一定有值得我学习的人。"所以，学生不一定比不上老师，老师也不一定比学生高明。因为懂得道理有先有后，技能专业各有钻研与擅长，不过是这样罢了。

名句的故事

韩愈这句耳熟能详的名言,其实是提倡能者为师、不耻下问、教学相长的学习精神。本句话的语源是出自孔子。《论语·述而》记载,子曰:"三人行,必有我师焉。择其善者而从之;其不善者而改之。"孔子主张我们应当多从别人身上取经,选择学习别人的优点,看到他人的缺点也能反省自己,并改过。

而韩愈更延伸了孔子的意思,所谓"弟子不必不如师,师不必贤于弟子",学习的早晚面向与学问多寡并不是完全相等的,因为"闻道有先后,术业有专攻"。懂得道理有先有后,只是因为早学或晚学;而技能专长则是因人而异,学问大的人不见得就会修理机械,会修理机械的人不见得知道如何作木工,这都是因为各人专长不同之故。所以韩愈在文末说:"圣人无常师。"其意义即在于此。

为什么韩愈会在这个时候提出《师说》?其中一个真相在于:古代科举与出仕结合在一起,读书人的求学目的在于做官,这只要熟读诗书就可以达到了,与孔孟传道受业的目的显然有一段距离。孔孟讲求"修身、齐家、治国、平天下"的一贯教育,岂是仅仅博览群书就够了的?因此韩愈重新强调"师者"的重要性,目的在要矫正当时的社会风气,而他更扩张了"师者"的意义,提出"闻道有先后,术业有专攻"的见解,让我们在学习的领域上更为谦虚。

历久弥新说名句

"弟子不必不如师，师不必贤于弟子。闻道有先后，术业有专攻，如是而已"，简单来说就是："长江后浪催前浪，一代新人换旧人。"所以为人师者不见得终身可为人师，说不定有一天学生也会变成师者的老师。

张有恒教授写了一篇文章《清凉小品》，文章中是这么说的："事实上，在学校从事教育工作的老师，应当了解'师不必贤于弟子，弟子不必不如师'，这才是社会进步的原动力，当老师的看学生，要有这样的胸襟；当学生的看老师，也要有这样的气魄。这也是俗话所说的'有状元学生，无状元老师'的道理。"这个说法和韩愈的意思有异曲同工之妙。

西方有句名言说得好："吾爱吾师，吾更爱真理。"当真理凌驾老师之上时，就要遵守韩愈所说的"术业有专攻"法则，尊重真理。例如现代的计算机科技，由于每个人学习计算机的年龄不一样，即使小学生的计算机常识比自己的父母强，也不让人意外，"闻道有先后，术业有专攻"而已。曾经有一个计算机的讨论区标语是这么写着："所谓闻道有先后，术业有专攻，我们挚盼经由这个讨论版的互动能为国内的Java发展贡献心力。"计算机专业是这样，其他专业何尝不是！因此，我们都有机会成为长江中超越前浪的后浪。

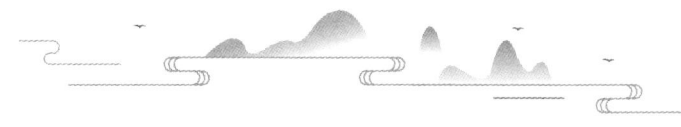

业精于勤，荒于嬉

名句的诞生

国子先生[1]晨入太学，召诸生立馆下，诲[2]之曰："业精于勤[3]，荒于嬉[4]。行成于思，毁于随[5]。"

——唐·韩愈《进学解》

完全读懂名句

1. 国子先生：就是国子博士，是韩愈的自称。唐代中央设国子监，为最高教育机构，下设六学：国子学、太学、四门学、律学、书学、算学等，国子学有两名国子博士。2. 诲：教诲。3. 勤：勤勉。4. 嬉：嬉戏。5. 随：放任之意。

国子先生一早进入太学，召集所有学生站在馆下，教训他们说："学业的精进在于勤奋努力，学业荒废是由于懈怠；德行的修成是因为慎思，德行的败坏是由于放任。"

文章背景小常识

唐献宗元和初年,韩愈被召为国子监的国子博士,元和四年就被迁都官员外郎,后来因为华阴令柳涧的事情,韩愈再度被贬。事实上从贞元十九年十二月,韩愈被贬为阳山县令后,韩愈的仕途就一直动荡不安,如果算到元和十四年被贬谪到潮州为止,韩愈在短短的十五年中,就已经四次遭到贬谪。终至元和十五年九月,唐穆宗召韩愈重新返回京城担任国子监祭酒。由于多次的起落,让韩愈深有怀才不遇、不被重用的感慨,他在唐宪宗元和八年写下《进学解》,此时韩愈已经四十五岁了。

韩愈凭着多年读书的经验告诫学生:"业精于勤,荒于嬉。行成于思,毁于随。"学问之所以能够专精是因为勤于吸收知识,而德行的修养在于能够慎思与明辨,例如朱熹说:"不奋发,则心目颓靡;不检束,则心目恣肆。"(朱熹《朱子语类》)可见得我们做学问、修养德行,都要时保警觉,不能随意放纵自己的心性,以免时间一久,就耽溺于游乐,日趋怠惰。

《进学解》完成之后,当时的宰相看到了,对于韩愈数次被罢黜,也深表同情,因此任命韩愈为五品上的刑部比部郎中、史馆修撰,后在元和十一年被调任为中书省中书舍人。只是在元和十四年,韩愈因为佛骨事件得罪唐献宗,又被贬谪到潮州当刺史。看来韩愈不是没有遇到贵人,只是他的直率、不谙政务,要同情他,还真是有点困难。

名句的故事

根据《文心雕龙》卷三记载,"杂文"的发展,到了韩昌黎的《进学解》,才是"此体之正宗也";洪迈也在《容斋随笔》中批评,东方朔的《答客难》自是文章中杰出者,而韩愈的《进学解》,则是"所谓青出于蓝而青于蓝矣"。

韩愈是中国古代文人中非常擅用语言的巨匠,他不仅能够将古代词语翻新使用,还能够吸收当代的语言,加以淬炼,创造出新的语词。所以遍读韩愈的文章,词藻丰沛外,他的用词不仅没有叠床架屋的疑虑,而且绝对是有"唯陈言之务去"(韩愈《答李翊书》)、"词必己出"(韩愈《南阳樊绍述墓志铭》)的创造力。也就是说,他的文章少有重复滥调之词,即使相同的字,他也能够做出不同的表现。

《进学解》所用到的成语非常多,我们后人也从这篇文章中提炼出一些成语,例如"焚膏油以继晷,恒兀兀以穷年"变成"焚膏继晷","力挽狂澜"就是"障百川而东之,回狂澜于既倒";而韩愈也从前人的经验中,精简出自己的语言,例如随后会提到的"跋前踬后"。真可见韩愈"青出于蓝而胜于蓝"的实力了。

历久弥新说名句

唐代的大书法家颜真卿也作有一首诗《劝学》:"黑发不知勤学早,白首方悔读书迟。"意思是说,我们一定要趁年少的时候勤快地吸收知识,如果我们总是"业荒于嬉"、"行毁于随",到白发满头时一定会后悔太晚读书。又例如唐代无名氏所作的《金缕衣》:"劝君莫惜金缕衣,劝君惜取少年时。有花堪折直须折,莫待无花空折枝。"这朗朗上口的名句,无非是勉励我们要珍惜光阴、把握时间,勤于学习。

知名的戏剧家梅兰芳就曾经说过:"我是个拙笨的学艺者,没有充分的天才,全凭苦学。"郭沫若也说:"形成天才的决定因素应该是勤奋。"由此见得"业精于勤"对一个人成就高低的影响。而韩愈这里所说的"业"也可以说是事业,或泛指我们生活中的事情。例如《左传》卷二十三记载:"民生在勤,勤则不匮。"民生在这里指农事,如果我们勤于农事,就会年年丰收、不虞匮乏。

"业精于勤,荒于嬉",就是说明一分耕耘、一分收获,只有努力耕耘的人,才能获得丰硕的果实;"行成于思,毁于随"的"行",可解释为执行、实践,意即思考是理论知识转化为实践能力的桥梁,也是创造力量的来源。西方大发明家爱迪生也说:"成功是靠一分的天才,加上九十九分的努力。"可见人的知识与德行都需要"聚沙成塔",有赖平日的累积与锻炼,方能通往罗马之途。

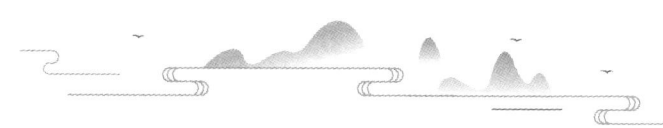

焚膏油以继晷,恒兀兀以穷年

名句的诞生

记事者必提其要[1],纂言者必钩其玄[2]。贪多务得,细大不捐[3]。焚膏油以继晷[4],恒兀兀[5]以穷年。先生之于业,可谓勤矣。

——唐·韩愈《进学解》

完全读懂名句

1. 提其要:摘录纲要。2. 钩其玄:钩是探求之意,玄是精深的道理,探求其中的深切道理。3. 捐:舍弃。4. 焚膏油以继晷:膏,油脂,指灯烛;晷,日影、日光;焚膏油就是点灯。夜晚点灯以继续白天的工作,形容勤勉不息。5. 兀兀:勤勉不息的样子。

凡是记事的书籍必定摘录书中的纲要,凡是立言的书籍必定探求内容中的深义。读书力求广泛而有收获,不论大小都不会舍弃。夜以继日，终年勤奋不倦的学习。先生对于学问的追求，可说是够勤勉的了。

名句的故事

韩愈的生活简单，吃饭时把书拿来提味，困了就把书当做枕头，时时刻刻都带着书；他曾描述自己："问我我不应，馈我我不餐。退坐西壁下，读诗尽数编。"（韩愈《秋怀诗十一首》）读书这件事情和韩愈的生活是完全融合在一起。他读到可以忘记时间："闭门读书史，窗户忽已凉。"（韩愈《此日足可惜赠张籍》）读到什么事情都不管："吾老着读书，余事不挂眼。"（韩愈《赠张籍》）此景就是"焚膏油以继晷，恒兀兀以穷年"的真实写照。

韩愈戮力学问，因为他总是秉持"读书患不多，思义患不明"（韩愈《赠别元十八协律六首》）的学习态度，因此他"贪多务得，细大不捐"，对书籍"地毯式"搜索、对学问大小通吃的"贪心"，也不令人意外了。就因为这样专注的功夫，让韩愈行文流畅、说理引经据典、举例左右逢源。这句名言表面上是学生对国子先生的讪笑，暗地里则是韩愈假借学生的笑语，表达他对于学问追求之锲而不舍的精神。

杜甫说："读书破万卷，下笔如有神。"（杜甫《奉赠韦左丞丈二十二韵》）以韩愈在学问上所下的工夫，他阅读书籍绝对超过一万卷，所谓"口不绝吟于六艺之文，手不停披于百家之编"，所以他运笔有神，论文述理总是不凡，这也勉励了我们后学对于追求知识当抱持非常的毅力，方能有所成。韩愈卒于唐穆宗长庆四年，享年五十七岁，谥号"文"，又称"韩文公"，"文"之于韩愈的成就，真是再适切不过了。

历久弥新说名句

"贪多务得，细大不捐，焚膏油以继晷，恒兀兀以穷年"，相较于孔老夫子的"发愤忘食，乐以忘忧"，两者都已经到达浑然忘我的境地。陆九渊曾经说过："人之知识，若登梯然，进一级，则所见愈广。"（陆九渊《陆象山集》）每多拓展一番知识，对世界的认识就更开阔一次，这或许就是韩愈夜以继日读书的目的，也是韩愈终生最大的收获。

后人则通常用这句话形容一个人的欲望大、贪得无厌，例如宋朝胡仔的《苕溪渔隐丛话后集》卷三十六记载："至贪多务得，晦而不出，幸人之不知，以成己之名者，此侯之所耻也。"当时有人多方援引，而不说明是别人的东西，只侥幸地希望别人没有发现，来累积自己的名声，这就是宋朝士大夫阶级浮夸的风气。

这句话还孕育出一个有名的成语，"焚膏继晷"，就是从"焚膏油以继晷"精炼出来。例如："今学者焚膏继晷，唯科举是务。"（《台湾文献丛刊·诸罗县志》）所谓"万般皆下品，唯有读书高"，学子们勤勉不懈，为的就是考上科举。只是韩愈未到四十岁就已经老态尽出；学问要作，但是身体也要顾好才行。

现在的教育通常会根据学生的能力范围，作适当的要求，

"贪多务得"可能反而造成消化不良的后果；当然读书"细大不捐"，对于了解事务的始末以及奠定学问的基础，会有很大的帮助，只是这往往必须"焚膏油以继晷"，否则是无法把书看完的！但毕竟这不是每一个人都能负荷的。对大部分人而言，读书的要领，应该是不仅要勤快，也要有休闲活动，阅读须持之以恒，"兀兀以穷年"，会日起有功，益臻精进。

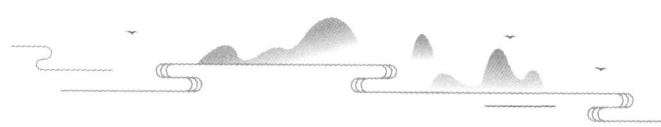

跋前踬后，动辄得咎

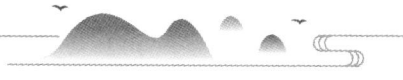

名句的诞生

然而公不见信于人，私不见助于友。跋前踬后[1]，动辄得咎。暂为御史，遂窜南夷[2]。三年博士[3]，冗不见治[4]。

——唐·韩愈《进学解》

完全读懂名句

1. 跋前踬后：跋是踩踏，踬（音至）是绊倒，比喻陷入困境。2. 南夷：指广东省一带，在当时被视为蛮荒之地。3. 三年博士：韩愈只在国子监担任三年的国子博士，就又被调职。4. 冗不见治：处于闲散之位，而不见任何治绩。

然而在公的方面不被人家信任，私的方面得不到朋友的帮助。进退失据，往往获罪。升任御史才不久，就被贬到南蛮荒远之地。担任三年的国子博士，职位闲散，没有任何政绩。

名句的故事

韩愈写过一首诗《从仕》："居闲食不足，从仕力难任。两事皆害性，一生恒苦心。黄昏归私室，惆怅起叹音。"当官对韩愈来说一直是力不从心。韩愈在《答崔立之书》说自己在十六岁时读圣人之书，以为当官都是为了服务大众。最后来到京城考科举时，他才发现当上进士后可以为别人所"贵之"，而且做官可以改善自己的生活与社会地位。

韩愈不仅考试考得辛苦，当官更是当得辛苦，岂止是"跋前踬后，动辄得咎"所能够形容。例如"王叔文党祸"，韩愈并不是直接关系人，却还是受到波及，最能让人接受的理由应该是，他在当时势必得罪权贵，让人作了殃及池鱼的牵连。后来韩愈回到朝廷，行文批评"永贞革新"的措施，可能是想与王叔文等人划清界线，保住官位。无论如何，韩愈的努力都没有让自己飞黄腾达，因为他不谙世务，连求官都做得不够漂亮。

韩愈让学生来嘲笑他。文中借由国子先生与学生的对话，特别是学生奚落国子先生的那一段，作为他自己的真情表白。就内容形式而言，本篇文章可视为自传文学。韩愈高明之处在于，写作手法上采取迂回曲折的方式，不直接从自己的口中夸耀自己的才干，而又适当地显现出自身的优越。这篇文章可看出韩愈多年遭遇所历练出的圆融，他采用"消遣"的方式，发出自己的不平之鸣。

历久弥新说名句

根据《诗经·豳风·狼跋》中记载:"狼跋其胡,载疐其尾。"疐音至,跌倒之意。这句话的意思是说,狼往前走的时候,便踩着颈下面的肉;往后走的时候,则会被尾巴绊倒。这是比喻陷入困境、进退两难的意思。韩愈的"跋前疐后"就是从《诗经》来的,也就是"跋胡疐尾",一有举动就会犯过,受到责难;形容人的处境困难,很容易遭到罪责。

《清史稿·徐继畬列传》记载:"现行之条,苦于太繁太密,不得大体。……左牵右掣,动辄得咎。且议处愈增愈密,规避亦愈出愈奇。"法律如果订得太过详细,实施起来便会让人觉得处处有所不合乎人常,很容易便让人触犯法规,而且细则越订越多,只会让人想更多的方法去规避。

李汝珍的《镜花缘》第七十八回中有一个有趣的段子:"小厮因动辄得咎,只得说道:'请问主人:前引也不好,后随也不好,并行也不好;究竟怎样才好哩?'"真是把这句名言活灵活现地说了个透彻。

又例如,现在当政治人物一定要有诚实为上的处世原则,否则"跋前疐后,动辄得咎",官可能当不好,选民也可能放弃你;当演艺人员也要有牺牲私生活的准备,否则被人跟拍的话,"跋前疐后,动辄得咎",很容易赔上自己的形象,甚至是演艺生命。

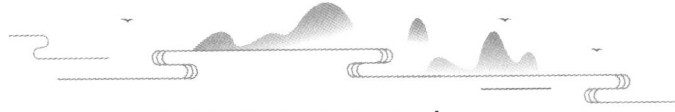

古之所谓豪杰之士者，
必有过人之节

名句的诞生

古之所谓豪杰之士者，必有过人之节[1]。人情有所不能忍者，匹夫见辱，拔剑而起，挺身而斗，此不足为勇也。天下有大勇者，卒然[2]临之而不惊，无故加之而不怒。

——宋·苏轼《留侯论》

 完全读懂名句

1. 过人之节：超过常人的气度操守。节，气度、操守。
2. 卒然："卒"与"猝"通，突然之意。

古代所谓的豪杰，一定有过人的操守。凡在人情上所不能忍耐的，一个平常人受了这种侮辱，拔着剑跳起来，挺身出来打架，这不能算是勇敢。天下有大勇的人，突然遇到事故不会惊

慌,无故加害他也不会生气。

文章背景小常识

留侯,也就是张良。张良因辅佐汉高祖刘邦击败项羽,定天下,封为留侯,和萧何、韩信,并称为汉初三杰。根据《史记·留侯世家》的记载,张良一生近乎传奇。其先五世相韩,皆为韩相。秦灭韩后,他便立志复仇,散尽家产求得勇士,在博浪沙狙击秦始皇,却误中副车,改名换姓逃亡至下邳,在圮上遇到一老者。老者故意把鞋掉落桥下,命令张良拾回为他穿上,张良最初不快,念其为老人,照办。老者认为张良"孺子可教",令他五天后早上桥上相会。第一次,老者已在桥上等候张良,老者除责备张良,命他五天后再来。第二次,旧事重演;到第三次,张良前晚便在桥上等候老者。当老者到桥上见到张良时,甚喜,赠张良一书——《太公兵法》。并告诉张良:"十三年孺子见我济北,榖城山下黄石即我矣。"十三年后,张良经过济北,果真见榖城山下有一黄石,取来供俸祭祀。

世人对张良的论断,太半环绕圮上老人授书,但苏轼却认为"忍"才是张良建功立业的关键。

名句的故事

苏轼写作《留侯论》,时年二十四岁,正当意气风发之时,一句"古之所谓豪杰之士者,必有过人之节",立意翻新,要写出他心中的豪杰张良是个忍者。

历史人物中,要说忍还有一人,当之无愧,即苏武。有歌歌颂苏武,说是:"苏武牧羊北海边,雪地又冰天,羁留十九年,渴饮雪,饥吞毡……"人人耳熟能详。在《汉书·李广建传》中,叙述苏建时,亦部分叙述到其子苏武。有段提到苏武为了不想投降于单于,举刀自尽,后康复后,单于又想用计胁降,"乃幽武置大窖中,绝不饮食。天雨雪,武卧啮雪与旃毛并咽之,数日不死,匈奴以为神。乃徙武北海上无人处,使牧羝:羝乳乃得归"。这样的苦刑要挟,还能数日不死,并在北海无人处放逐,还得"等公羊生小羊才能归",当然就是永不准归了。但他就这样在北海雪地中十九年,仍不变节,真是忍人所不能忍,就为爱国赤诚之心。

历久弥新说名句

苏轼长江大河似的行文风格,尽管本文是年少之作(写于二十四岁),但这篇《留侯论》,立论新奇,名句俯拾皆是。

起首就气势如虹,苏轼要把匹夫之勇和大勇一针见血的区隔开来:"古之所谓豪杰之士者,必有过人之节。人情有所不能忍者,匹夫见辱,拔剑而起,挺身而斗,此不足为勇也。天下有大勇者,卒然临之而不惊,无故加之而不怒。此其所挟持者甚大,而其志甚远也。""卒然临之而不惊,无故加之而不怒"、"忍小忿而就大谋"，苏轼通篇说张良的过人之节就在"忍"，忍人所不能忍，才得成为汉初三杰之一，帮助刘邦立下大业。

中国历史上，一向不乏勇士豪杰，区别只在大勇与小勇。勇士荆轲为报燕太子丹的礼遇，在地图中藏匕首欲刺秦始皇。唐朝李翱《题燕太子丹传后》，认为荆轲尽管是壮士、烈士，然而"惜其智谋不足以知变识机"，所以功败垂成是意料中事。甚至在结尾中说："轲不晓而当之，陋已。"荆轲不了解燕太子丹的心态，就承担这项行刺的责任，实在是见识鄙陋。荆轲之勇或许只是小勇，因此在李翱的心中，荆轲似乎是称不上豪杰吧！

倒是德国大文豪歌德，看待拿破仑完全把他视为不可多得的天才，在《歌德对话录》中如此形容拿破仑："无论什么时候，他心里总是明朗澄澈果断，无论什么时候，凡他认为有利而有必要的事情，他总有立时实行的充分勇气。他的一生是从战斗到战斗、从胜利到胜利的半神的阔步。"最重要的是，拿破仑是历来最富生产力的人，也是他心中的军事天才。而且在战争时，拿破仑带去埃及的书中，赫然有歌德的作品《少年维特的烦恼》。两人英雄惜英雄，公元1808年10月2日，拿破仑会见歌德，歌德因而写下《与拿破仑谈话》一文，可说是文豪和英雄对话的少数纪录。

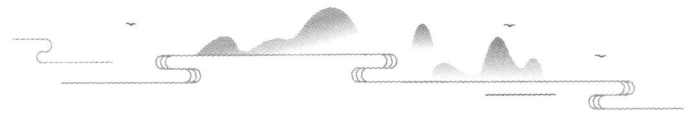

忿必争,争必败

> **名句的诞生**
>
> 今无故而取¹地于人,人不与²,而吾之忿³心必生;与之,则吾之骄心以起。忿必争,争必败;骄必傲,傲必亡。
>
> ——明·方孝孺《豫让论》

完全读懂名句

1. 取:侵夺。2. 与:给。3. 忿:怨恨。

现在无缘无故去侵夺别人的土地,若别人不给,我必定会产生怨恨的心;别人给了我,我就会产生骄纵的心。怨恨必然要争斗,争斗必然会失败;骄狂必然会傲慢,傲慢必然会亡国。

文章背景小常识

这一篇文章是选自《逊志斋集》,属于论辩类的古文。在司

马迁的《史记》中有豫让的传,收录在《刺客列传》中。豫让是智伯的臣子,因为智伯十分礼遇他,所以等到赵襄子将智伯杀了以后,豫让就把自己的身体涂生漆长癞,来改变自己的外貌,又吞炭来破坏声带,使自己变成哑巴,别人认不出他之后,才去行刺赵襄子,虽然最后失败身亡,却留下了忠名。

方孝孺认为,豫让如果真的是一个忠臣的话,为什么不在智伯纵欲荒淫的时候加以劝阻,而要等到他被消灭了,再去以身殉仇,沦为刺客。方孝孺认为,豫让的死虽算是忠义,但未能在乱前加以防患,不无遗憾。若豫让能在事前死谏,"则让虽死犹生,岂不胜于斩衣而死乎"?并因此认为豫让不能算是个"国士"。

方孝孺这篇《豫让论》可说是相当精彩的史论。宋代三苏以史论为多,如苏洵的《孙武论》、《项籍论》,苏轼的《留侯论》、《始皇论》,苏辙的《六国论》、《汉文帝论》等,都有其独特的见解。而方孝孺的《豫让论》谴责豫让身为"济国之士",却未能在智伯荒淫无道之时加以劝谏,其见解不同于世人,也算是别开生面,自成一家之言。只是方孝孺自己的下场也颇类似豫让;建文四年,燕王棣攻陷南京,即帝位,为明成祖。方孝孺被捕下狱,后成祖派使请方孝孺拟写诏诰,但却不从,方孝孺因此被杀,并株连十族。和豫让的"捐躯殒命于既败之后"颇有相似之处。

名句的故事

方孝孺说"忿必争,争必败;骄必傲,傲必亡",主要是要说明智伯在荒淫无度之后，自然会引起百姓的反对，最后也就必然会走向亡国之路了。有一句成语"骄兵必败"就是在说明这种情况，这句成语是出于《文子·卷上·道德》，里面有提到："恃其国家之大，矜其人民之众，欲见贤于敌国者，谓之骄。……骄兵灭，此天道也。"这句话是说：凡是自恃国家广大人民众多，想要向敌国炫耀贤能的，就是骄傲，而骄傲的一方会被消灭，是很自然的道理。这句成语后来常用来比喻自负强大而轻敌的人必会打败仗。

例如前秦王苻坚不顾王猛生前的忠告，也不理会众多臣子的反对，执意要攻打东晋，还夸口说："春秋时的吴王夫差和三国时的吴主孙皓，他们都据有长江天险，最后都不免于灭亡。现在朕有近百万大军，即使把马鞭都投进长江，也足以截断江流，还怕什么天险？"但是最后还是大败于淝水之战，苻坚自己中箭负伤，狼狈撤退。失魂落魄的前秦士卒日夜不敢停歇，听到风声鹤唳，都以为是晋军追来了，加上冻饿、逃散者，损失十之七八，几乎是全军覆没。这样的惨败，正是骄兵必败的最好见证。

历久弥新说名句

我们已经知道了"忿必争，争必败；骄必傲，傲必亡"，但是应该如何去做才是对的呢？骄傲的相反不就是谦虚吗？所以我们可以联想到一句话："满招损，谦受益。"这是说明自满会招致失败，谦虚会得到好处。《书经·大禹谟》："惟德动天，无远弗届，满招损，谦受益，时乃天道。"德能动天是没有距离限制的，满招损,谦受益,正是天道的表现。由被动的"满招损,谦受益"进一步,就是积极的"胜不骄,败不馁"了,而这也正是运动家的精神。

罗家伦有一篇文章《运动家的风度》。在这篇文章中,他提到:"有风度的运动家,不但有服输的精神,而且更有超越胜败的心胸。来竞争当然要求胜利,来比赛当然想创纪录。但是有修养的运动家,必定要达到得失无动于衷的境地。运动所重,乃在运动的精神。'胜固欣然,败亦可喜'。正是重要的运动精神之一。"并且举出罗斯福的例子:"这次罗斯福与威尔基竞选,在竞选的时候,虽然互相批评;但是选举揭晓以后,罗斯福收到第一个贺电,就是威尔基发的。这贺电的大意是:我们的政策,公诸国民之前,现在国民选择你的,我竭诚地贺你成功。这和网球结局以后,胜利者和失败者隔网握手的精神一样。"是啊,他们二人真正表现了运动家的风度了。这比起仅仅不骄傲,可以说还前进了一大步呢!

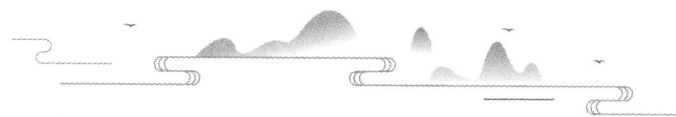

方一食，三吐其哺

名句的诞生

愈[1]闻周公之为辅相，其急于见贤也，方[2]一食，三吐其哺[3]；方一沐[4]，三握其发。

——唐·韩愈《后二十九日复上宰相书》

完全读懂名句

1. 愈：就是韩愈。2. 方："正当"的意思。3. 哺：在口中咀嚼的食物。4. 沐：洗发。

韩愈听说周公作为辅佐周成王的宰相时，他为了赶快接见贤才，吃一次饭就三次吐出正在咀嚼的食物而去接见客人；洗一次头就三次握着满头的湿发跑出去招待来客。

文章背景小常识

根据《旧唐书·韩愈列传》记载，韩愈这个人"发言真率，无所畏避，操行坚正，拙于世务"，他绝对是典型有理想、有抱负的读书人。唐宋时期举人于应试前，预先将自己的作品呈送给当时的显赫政要或有名文士，如蒙这些人的激赏，往往容易一夕成名而应考成功，这就是"温卷"的风气；韩愈虽然不喜欢这一套，但却也不免俗这样做。只是韩愈在二十五岁第四次应考时，才考中进士；不仅如此，三试礼部的博学鸿词科，也是同样的命运。唐德宗贞元十一年，韩愈时值二十八岁，他三上宰相书以求仕进。

第一次上宰相书，韩愈很热心地推荐自己，他说："其业则读书着文，歌颂尧舜之道……其所着皆约六经之旨而成文，抑邪与正，辨时俗之所惑。"他确实以儒家正统自居。第二次上宰相书，韩愈就直接多了；他强调自己"强学力行有年矣"，由于愚昧而不知道前途是有险阻的，还不断努力，以致把自己"蹈于穷饿之水火"当中，情况已经越来越危急，相信宰相也已经听到这样的呼救声了。他甚至暗喻，如果没有受到提拔，是因为时机不对，时机不对则是在上位者造成的。

第三次上宰相书，韩愈已经显得着急，对于无法获得拔擢，深感无奈，因此他期待有人像周公一样，"方一食，三吐其哺；方一沐，三握其发"，至少能够接见他。事实上，韩愈除了递书请托，还亲自登门拜访，只是被拒于门外。他诚惶诚恐，怕被拒绝，还很谦虚地说，山林是士人独善其身的地方，像他这样忧心天下的人，是无法在山林中处之泰然的。只是，韩愈举周公之德，多少暗贬宰相无法广纳贤才，恐怕已经得罪人了。

唐代在考试之所以会有温卷的风气，主要也在于科举考试时并没有把考生的名字糊起来，所以读书人要考上进士，就先得出名或让在上位者认识他。韩愈单凭自己出身官阶不高的家庭中，光是考试就够辛苦了，更何况想要通过宰相举荐、谋得一官半职，根本是希望渺茫。韩愈为了求取功名，必须离家、寄人篱下，以求自己衣食无缺，得以专心读书。对于一个花费将近十年光阴求取功名的人而言，"三上宰相书"的失败，打击很大。后来韩愈在二十九岁终于到汴州任职，虽然不是京官，他已经有机会为国家做事了。

名句的故事

"方一食，三吐其哺；方一沐，三握其发"的典故是周公勤奋问政的事迹。周公奉命辅佐周成王时，他不仅夙夜匪懈、勤于政事，更是求才若渴。当他的儿子伯禽要前往封地鲁国就任时，他便告诫说："我文王之子，武王之弟，成王之叔父，我于天下亦不贱矣。然我一沐三捉发，一饭三吐哺，起以待士，犹恐失天下之贤人。子之鲁，慎无以国骄人。"（司马迁《史记·鲁周公世家》）

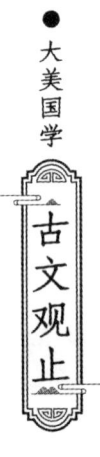

意思是说,周公我虽然是周文王的儿子、武王的弟弟、成王的叔父,有一个尊贵的身份,但是只要有人才求见,我曾经洗一次头,三次握着满头的湿发,去接见客人;我曾经吃一顿饭,三次吐出口中正在咀嚼的食物,出去接见客人,因为生怕一疏忽,就失去人才。周公用这个比喻鼓励儿子伯禽能够摒除骄奢之态,好好治理封地。

历久弥新说名句

北齐颜之推所撰《颜氏家训》中写道:"昔者,周公一沐三握发,一饭三吐餐,以接白屋之士,一日所见者七十余人。"原来周公认真到一天可以接见七十多位人才,怪不得韩愈会对于请托做官,感到无比挫折。另外还有跟这句名言相类似的说法。《淮南子·泛论》也有记载:"禹之时,以五音听治,……一馈十起,一沐而三捉发,以劳天下之民。"馈是进食之意。原来大禹为了治理天下,繁忙到不仅三过家门而不入,更是吃一顿饭要站起来十次,洗一次头,也得三次握着满头湿发,跑出去为天下人民服务。

"方一食,三吐其哺;方一沐,三握其发",不仅仅可用来形容求贤若渴,也是用来形容一个人勤于处理事务,甚至忙碌到连自己的日常生活都会必须放在最后。这二者通常是成就大事业的人物,在奋斗过程中所必须付出的代价。而这句话即是我们熟悉的成语"吐哺捉发"或"吐哺握发"。台湾有许多著名的大企业,对于企业人才的寻找与养成，从层层的面试到在职教育的提供，莫不深切希望给予人才最大的发挥空间，也鼓励员工能够为公司举荐人才，充分发挥周公"吐哺握发"的精神，不断选用人才，这也是企业迈向成功之途的关键。

以圣人观之，犹泰山之于冈陵

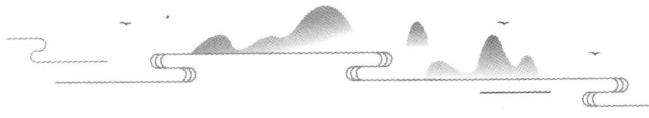

名句的诞生

贤者之事如此，则可谓备矣；而犹未足以钻圣人之坚，仰圣人之高[1]。以圣人观之，犹泰山之于冈陵，河海之于陂泽[2]。

——宋·王安石《三圣人论》

完全读懂名句

1. 钻圣人之坚，仰圣人之高：语出《论语·子罕》："颜渊喟然叹曰，仰之弥高，钻之弥坚。"这句话是赞美孔子之品格学识。2. 陂泽：陂，地；泽，低湿之地。

贤能的人若能做到这样也就称得上完备了，但这样还不足以钻研圣人坚实的内涵、仰望他高贵的品德。以圣人的角度来看这些事，就好比泰山和平缓的丘陵、浩瀚的河海和低湿沼泽的差别。

🌥 文章背景小常识 🌥

《三圣人论》源出《孟子·万章》下篇，指的是伊尹、伯夷和柳下惠三个不同时代，而其时代各有相承的圣人。三个人中时代最早的是伊尹，伊尹辅助商汤打败了夏桀建立周朝，于乱世中毅然出仕；伯夷是周朝建立后"不食周粟"而死的清高者；柳下惠处于春秋战国时代，"不羞污君，不辞小官……与乡人处，由由然不忍去也。"是个完全不摆架子的人。这三个人对于治乱进退各有不同的选择，却都被称为圣人。

文章的开头王安石先阐述圣贤之别，犹如泰山之于岗陵这样的观念，衬托圣人之宏大，将其为圣的原因作了十分精辟的论述，最后归结到圣人之所以为圣，是由于其亲身匡救时弊，且其作为往往与当代的风气相左。王安石欲为变法大业的神宗朝，其时守旧派一味强调静以安民，但宋朝就是因为这种苟且的想法一直积弱不振，《三圣人论》或许可以视为王安石自明心迹之作。

🌥 名句的故事 🌥

"泰山之于冈陵，河海之于陂泽"，可说是由《孟子·尽心》篇脱胎而来："孔子登东山而小鲁，登泰山而小天下。故观于海者难为水，游于圣人之门者难为言。"意思是说：孔子登上东山，就觉得鲁国小了，登上泰山后，就觉得天下也小了。对见过大海的人来说，天下的江河就不在话下，对曾经在圣人门下学习过的人来说，那些庸俗、浅近的话，就不屑一谈了。王安石以这番话来衬托圣人的宏伟，究竟是与何者相较？原来也是出于孔子和颜渊的问答。

颜渊向孔子问"仁"。孔子说："克制自己的行为，使其合乎礼就是仁。"颜渊进一步问："那么详细的项目是什么呢？"孔子回答："非礼勿视，非礼勿听，非礼勿言，非礼勿动。"颜渊回答："虽然我并不聪敏，但知道要照着这番话去做。"孔子所指出的四个项目，被王安石引述来表示这是贤者该达到的目标。

历久弥新说名句

"泰山之于冈陵，河海之于陂泽"，除了可回归到孟子的言论之外，最直接联想到的就是唐朝诗人元稹为悼念亡妻韦丛所作的诗《离思》："曾经沧海难为水，除却巫山不是云。取次花丛懒回顾，半缘修道半缘君。"这首《离思》可以说就是从孟子的句子变化延伸而来的；首先以"兴"引出诗的主题，再以譬喻点出诗中主角的心情，其中"花丛"更有"花"与"女子"的双重意义。无论是花还是美人，我都失去了兴趣，一方面是由于自我的修行，一方面也是因为你呀！原本是探讨圣人的严肃内容，到了元稹的笔下却成了表达深情与思念的缱绻文字，且其知名度远远地超过了《孟子·尽心》的原文。

现代多用来表示经历了一段刻骨铭心的恋情之后，难以再敞开心扉去接受另一段感情，或表示生命中一段难得的经验，难以为其他经验所取代。前者常出现于小说或是心情散文之中，多情的男女可用此句来表明心迹；后者运用的范围较广，举凡各种美好的人生经历都可以运用上此句。诸如：在饮食文学里或许会有作者因为吃了道地的意大利皮萨之后，对于其他皮萨再也不屑一顾，而有"曾经沧海难为水"之感；住过英国爱丁堡幽灵饭店可能再也看不上其他旅店，而产生"除却巫山不是云"的唏嘘；台北建城一百二十周年网站的投稿篇章里，亦有人以"曾经沧海难为水"为题，记载了台北市贵德街——曾经繁荣一时的老街风华。此句就好比古文中的玉贝，经历岁月的冲刷仍不减其光彩。

名句的诞生

故伯夷不清[1]，不足以救伊尹之弊；柳下惠不和[2]，不足以救伯夷之弊；圣人之所以能大过人者[3]，盖能以身救弊于天下[4]耳。

——宋·王安石《三圣人论》

完全读懂名句

1. 不清：不清高。2. 不和：不合于世俗。3. 大过人者：较常人伟大。4. 救弊于天下：挽救世俗的弊端。

伯夷若不清高，则无法挽救伊尹时代所产生的弊端；柳下惠若不合于世俗，则无法挽救伯夷时代所产生的弊端；圣人所以较常人伟大，就是因为他能亲身去挽救世俗的弊端。

名句的故事

王安石《三圣人论》通篇可说是出于《孟子·万章》下篇，里头探讨了伊尹、伯夷、柳下惠三位圣人的故事。

伊尹是辅佐商汤伐纣的功臣。当时夏王桀暴虐残忍，滥用民力，鱼肉百姓，田地荒芜，民不聊生。伊尹看出夏朝气数已尽，于是用自己高超的烹调手艺，接近商汤，劝他高举义旗取夏桀之位而代之。在伊尹的经营下，商汤的力量开始壮大，伊尹建议他停止向夏朝进贡，以探测夏的实力。夏桀果然非常愤怒，征调九夷的兵力来伐商。伊尹于是劝商汤说："夏桀还能调动兵力，我们讨伐他的时机还未成熟。"于是又向夏进贡，当伊尹看到时机成熟时，又一次停止向夏进贡，但因为夏桀已失人心，这次他未能调动军队了，于是伊尹就向商汤建议起兵。伊尹说过："何事非君，何使非民？"没有什么不可以待奉的国君，也没有什么不可以使用的人民，伊尹是属于治亦进，乱亦进的类型，以天下为己任。

伯夷是商朝末年孤竹国国君的长子，孤竹国国君想立叔齐为太子，他死后叔齐想把王位让给兄长伯夷，伯夷说："你当国君是父亲的遗命，怎么可以随便改动呢？"于是逃走了。孟子描述伯夷"当纣之时，居北海之滨，以待天下之清也"，是属于治则进、乱则退的类型。相较于伯夷对于国君道德的要求，柳下惠不因侍奉污君而感到羞辱，也不因官职小而推辞；在位不隐其贤能，一定尽力做好；不受重用也不会抱怨，困穷也不感到哀怜；跟庸俗的人在一起，怡然自得不忍离去。

这三位人物面对治乱进退虽然有不同的想法，但同样都是尽心尽性，因此孟子对他们的评价皆高，称他们三人"伯夷，圣之清者也；伊尹，圣之任者也；柳下惠，圣之和者也"。

历久弥新说名句

这句话是在说明圣人之所以较常人伟大，是因为在世局败坏的时候，他能挽救世人于水火之中。这句话看来是在赞扬圣人的伟大，不过如果反过来想，假如没有这败坏的时局，圣人又何以能成为圣人，而为世人所称颂呢？这让我们联想到一句话："时势造英雄，英雄造时势。"因为时势不好，所以需要有英雄出来拯救世人，又因为有英雄的出现，所以才能改善大环境而创造一个新的时势，那么究竟是时势造英雄，还是英雄造时势呢？

有路得，然后有新教的产生；有哥伦布，然后有新大陆；有华盛顿，然后有美国独立；有俾斯麦，然后有德国联邦。这些人都是英雄，或者当时所谓的圣人。如果把眼光放到今日的话，新加坡人或许会认为李光耀是一位"能以身救弊于天下"的英雄吧！在马来西亚把新加坡踢出门外之后，新加坡面临了前所未有的艰难情势，李光耀克服了邻国最初的敌意，弥合国内种族间的种种分歧。成年人平均收入从独立时期的一千美元激增至如今的三万美元。这个东南亚迄今最小的国家成了东南亚地区的商业枢纽、科研中心，在东南亚乃至区域以外的政治经济领域，都扮演着举足轻重的角色。所以如果以"圣人之所以能大过人者，盖能以身救弊于天下耳"这句话来形容这位让新加坡冒起成为新兴国家的建国之父，应该也不为过。

古之君子，未尝不以身化

名句的诞生

然古之君子，未尝不以身¹化也。故家人之义²归于反身³，二南⁴之业本于文王⁵，夫岂自外至哉？

——宋·曾巩《列女传目录序》

完全读懂名句

1. 身：自身。2. 家人：指《易经》里的家人卦，象曰："女正位乎内，男正位乎外，男女正，天地之大义也。"意思是说，男女若都能各正其位，便是天地之间的大义了，家道若正了，天下就可以平定。家人之义，家人卦里所言的道理。3. 反身：语出象传对家人卦辞的解释："威如之吉，反身之谓也。"反身，即修身。4. 二南：指《诗经·国风》的《周南》、《召南》。《周南》、《召南》的内容多为称颂周初圣贤之德，而周文王又是周人最为景仰的精神领袖，故曰"本于文王"。5. 文王：周文王，西周的开国君王。

然而古代的君子,没有不从自身修化起的。因此《易经·家人》卦所说的道理必须归本到修身,《诗经》里《周南》、《召南》所记载的功业必须追本到文王所留下的典范,这难道是向外求来的吗?

文章背景小常识

《列女传》为西汉刘向所作,传中记载多位值得后代称颂或警惕的女子事迹,是中国史上少有的专为女子作传的一本传记。曾巩为这本传记做的便是今日所说的校订工作,原来他不只文章写得好,对于整理古籍、编校史书也投入很大的心血,还召集各方贤士,一起完成这个艰巨的任务。历史上有名的《战国策》、《说苑》、《列女传》、《李太白集》和《陈书》等都曾经过他的校勘。《战国策》和《说苑》两书,更是多亏他四处访求采录,才免于散失。

曾巩每校完一本书便为该书作序,借以"辨章学术,镜考源流"。这篇《列女传目录序》自然是在校订完《列女传》之后所作。刘向认为《列女传》是为了教育妇女、为妇女树立典范而诞生的书,曾巩则更认为"古列女善恶所以兴亡者以戒天子",借由各个或善或恶的女子的故事,用来警惕天子必须记取历史的教训。曾巩的校订工作,使得《列女传》从浩瀚的古代作品中脱颖而出,被视为适合妇女阅读的"优良作品"。

名句的故事

"古之君子,未尝不以身化",这句话里头所指的君子,究竟是什么样的君子?"以身化"又是怎么样的化法?讨伐商纣,推翻暴政的周文王,自然是这句话的最佳批注。

文王原本受封于周,称西伯。当时商纣暴虐,文王仿效古公亶父、王季制定的法度,实行仁政。他先从自己做起,不但孝顺父母,早晚请安,下对妻子兄弟也严加要求,为整个家族做出表率。进而以自己的大家庭为核心,靠它的凝聚力来团结族人,巩固周的势力。终于,文王的仁政奏效了,《诗经·大雅》里头记载文王动员民众修筑灵台,百姓像是为自己的父亲工作一样争先恐后,灵台很快就修筑完成,更有许多远近贤士慕名而来。

于是纣王的亲信崇侯虎进言:"西伯文王行善积德,诸侯都争先恐后地归附他,这对您将是大大不利呀!"纣王因此囚禁文王,但文王没有因此丧志,却在这段被拘禁的时间里完成了史上有名的《周易》。后来周人向纣王晋献美女,文王被释放,商纣也因他的荒淫无道而渐至众叛亲离,最后周武王继承文王的遗志,推翻了商朝,建立了周朝。虽然实际建立周朝的是周武王,但周人认为是文王之德奠定了周朝开国的基础,因为有文王的榜样,才会有曾巩所言的"二南之业"。

历久弥新说名句

和"古之君子,未尝不以身化"同样起首的句子,如孟子:"古之君子,过则改之。今之君子,过则顺之。"及孔子:"古之君子,忠以为质,仁以为卫。"由此可见他们对所谓"古之君子"的推崇。到了后世,"古之君子"一词似乎也被应用在称赞一个人的品德上。《儒林外史》:"'……遇着舍下穷困的亲戚朋友,娄老伯便极力相助。先君知道也不问。有人欠先君钱的,娄老伯见他还不起,娄老伯把借券尽行烧去。到而今,他老人家两个儿子,四个孙子,家里仍然赤贫如洗,小侄所以过意不去。'韦四太爷叹道:'真可谓古之君子了!'"见这些贤人及文学家屡屡提出"古之君子"一句来劝慰赞誉,直可令人感叹是否"世风日下,人心不古",以前那些谨守礼教,行事得宜的君子都到哪里去了?

而"古之君子,未尝不以身化",意为仁人君子多半是由己身的修行开始做起,如同礼记大学所言:"古之欲明明德于天下者,先治其国;欲治其国者,先齐其家;欲齐其家者,先修其身;欲修其身者,先正其心……自天子以至于庶人,一是皆以修身为本。"这也是我们常言的修身、齐家、治国、平天下,唯有先从自身做起,才能往外推,一切都是由自身向内修来,才足以治理一家、一国。

所以,任何事先从自身做起,令人联想到今日仍常用的成语

"以身作则"。作家冰心于其作品中曾讨论成年人的身教对子女的重要:"……我们不晓得'以身作则',我们不爱劳动,不注意公共卫生,不爱护公共财物,我们吵架拌嘴,我们说谎骂人。小孩子的心眼,像明镜一样,一切都看在眼里,印在脑里,等到有一天,他们把我们的一些不好的言行,在他们的言行中反映出来的时候,我们却大吃一惊!种瓜得瓜,种豆得豆,痛苦是我们应得的还报。"由此可见身教的重要性,因此常说"身教重于言教",这句话对父母、师长来说,可以说是永恒不变的金科玉律。

忠臣名谏

名句的诞生

亲[1]贤臣,远[2]小人,此先汉[3]所以兴隆也。亲小人,远贤臣,此后汉[4]所以倾颓[5]也。先帝[6]在时,每与臣论[7]此事,未尝[8]不叹息痛恨[9]于桓、灵[10]也。

——三国·诸葛亮《前出师表》

完全读懂名句

1. 亲:接近。2. 远:离开、疏远。3. 先汉:指西汉。4. 后汉:指东汉。5. 倾颓:衰败,和兴隆相对。6. 先帝:此处指刘备。7. 论:谈起、议论。8. 未尝:未曾;此处"未曾不"连用表示肯定的意味。9. 痛恨:很不满意;痛,很、非常;恨,遗憾、不满意。10. 桓、灵:指东汉末的桓帝及灵帝,他们在位时宠幸宦官外戚,捕杀贤能,致使朝政腐败。

君王能亲近贤臣，疏远小人，这是先汉得以昌盛的原因；君王亲近小人，疏远贤臣，则是后汉落到衰败的原因。先帝在世时，每次和我谈论到这件事，没有一次不感到可惜，并对桓、灵二帝深感遗憾。

文章背景小常识

《出师表》是诸葛亮于公元227年准备率军北上征伐曹魏时，因感觉到刘禅的昏愚，国内颇有内顾之忧，所以特地上奏以示劝谏，希望刘禅能够记取"桓、灵"二帝"亲小人、远贤臣"的教训，而学会"亲贤臣，远小人"，如此才能使蜀国兴隆，汉室复兴。

当诸葛亮辅佐刘备建立蜀汉政权时，他的战略目标始终是联吴抗曹。在三足鼎立的局面形成后，他原来规划了两条进军路线：一条是"将荆州之军以向宛、洛"，另一条是"率益州之军出于秦川"。这个由两边夹击的"钳形攻势"的构想本来是可行的，但后来吴国在猇亭战役中夺走了荆州，益州郡的豪强和南方夷族统治者又乘机发动叛乱。这时魏国已牢牢地控制着全国的中心地区即黄河流域，在政治、经济、军事等方面拥有明显的优势；吴控制了长江中下游，经济力量也比较雄厚；只有蜀偏安于西南一角，处于不利地位。

这时，诸葛亮虽有好计，却失明主，在刘备死后，他实在看不惯刘禅的昏庸无能，只得上表规劝刘禅要执法公允公正、用人唯贤,并推荐了一批德才兼备的将吏。而在文章的最后,诸葛亮表示,自己受刘备"三顾之恩"、"托孤之重",所以一定会为"复兴汉室"竭忠尽智、至死不渝。表文言辞恳切,读后催人泪下。因此古代有"读《出师表》不落泪者不忠"之说,本文感人之深,可以想见。

名句的故事

刘禅小名"阿斗",是一位才智平庸、无所作为的皇帝。由于刘备比谁都明白自己的儿子并非是一个经世治国之才,因此临终时对丞相诸葛亮说:"若嗣子可辅,辅之;如其不才,君可自取。"这意思是,如果刘禅还值得辅佐,那就帮帮他吧,如果他真不是那个料,诸葛先生你就取而代之吧。

虽然刘备说的如此直接,但诸葛亮依然一如既往、像帮助刘备一样地帮助这个"扶不起的阿斗"。而年轻的阿斗虽无治国之才,但他即位之初,对诸葛亮还是非常信任和重用的,无论大小政事都交给诸葛亮去决策。

但待诸葛亮死后,蜀国渐露疲态,在魏军入川后,刘禅竟投了降,然后被送至洛阳。当时司马昭为安抚人心,便封他为安乐公,并赐他豪宅,每个月还给他家用以及僮婢百人。刘禅为了感谢司马昭对他的"厚爱",竟还特意登门致谢,司马昭于是设宴款待,并请出歌舞助兴。而当乐队演奏到蜀地乐曲时,蜀国的旧臣们莫不个个泪流满面,而刘禅却麻木不仁的依旧嬉笑自若。

司马昭见状，便问刘禅："你思念蜀吗？"刘禅答道："这个地方很快乐，我不思念蜀国。"他的旧臣谷正闻听此言，连忙找个机会悄悄对他说："陛下，如果等会儿司马昭再问您这话，您就哭着回答：'先人坟墓，远在蜀地，我没有一天不想念啊！'这样的话，司马昭就能让陛下回蜀了。"刘禅听完只点点头后又继续喝酒。

而当酒至半酣时，司马昭果然又问了同样的问题，这回刘禅赶忙把谷正教他的话学了一遍，只是欲哭无泪。司马昭听了，说道："咦，这话怎么像是谷正才会说的话？"而此时刘禅傻傻地说道："你说的一点不错，是他教我说的啊！"听到刘禅的话后，司马昭及左右大臣全笑开了，从此就再也不怀疑他，而刘禅就这样在洛阳安乐地度过了余生。

面对着这样一位"乐不思蜀"的"扶不起的阿斗"，恐怕诸葛亮在天之灵也只能摇头叹息了。

历久弥新说名句

诸葛亮的《出师表》（原文无此标题，篇名是后人加的）由于尽显他报国的至诚、情意的真切，不仅成为散文史上的名篇，更对后世有深远的影响。爱国诗人陆游在《书愤》中便热情颂扬道："出师一表真名世，千载谁堪伯仲间？"民族英雄文天祥在《正气歌》中更感慨道："或为出师表，鬼神泣壮烈。"文天祥在被元军俘虏后，更在《怀孔明》一诗中写道："斜谷事不济，将星陨营中。至今《出师表》，读之泪沾胸。"就以上数例，已足以看出《出师表》在中国文学史上的重要地位。诸葛亮作为一代名相，他的聪明机智令世人佩服不已，更令人景仰的是他忠贞不贰的报国之心。

而现在，在四川成都祭祀诸葛亮的"武侯祠"上仍留有一副对联：

亲贤臣，国乃兴，当年三顾频繁，始延得汉家正统

济大事，人为本，今日四方靡骋，愿佑兹蜀部遗黎

它的上联便是从"亲贤臣，远小人"这句名句而来的。直至今日，所谓的君臣、忠奸已不像古代那样分明，因此人们多将"贤臣"拿来比喻那些善良耿直、无私无畏的人；而将"小人"拿来比喻那些心怀叵测、口蜜腹剑的人，并以此来警惕自己千万不要成为"扶不起的阿斗"。

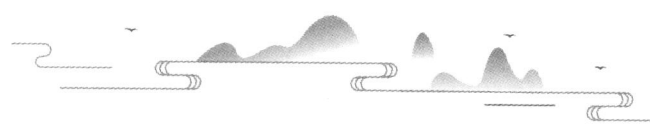

鞠躬尽力，死而后已

名句的诞生

凡事如是[1]，难可逆料[2]。臣鞠躬尽力[3]，死而后已[4]；至于成败利钝[5]，非臣之明[6]所能逆睹[7]也。

——三国·诸葛亮《后出师表》

完全读懂名句

1. 是：这样，是指前文诸葛亮所阐述的魏、蜀、吴三国争霸战争中的势力强弱多变，胜败难分的情况。2. 逆料：预料。3. 鞠躬尽力：鞠躬：弯腰，这里是指竭尽全力、谨慎勤勉的意思，或做：鞠躬尽"瘁"，死而后已。4. 已：停止。5. 利钝：此处用形容剑的锋利与否，也用来指战争事业的顺利与艰难。6. 明：智能。7. 逆睹：预见，预视。

所有的事都是这样，很难加以预料。臣下只有竭尽全力，至死方休罢了。至于讨伐魏国振兴汉业究竟是会成功还是失败、是顺利还是困难，那就不是臣下的智力所能预见的了。

文章背景小常识

诸葛亮（公元181—234年），字孔明，号卧龙，琅邪阳都（今山东沂南）人。他是三国时期蜀国杰出的政治家、思想家、军事家，而千百年来诸葛亮已成为智能的化身，其传奇性的故事也多被后人所传诵，像《三国演义》上便讲述很多，例如诸葛亮娴熟韬略、多谋善断、长于巧思，曾革新"连弩"，使弩可同时发射十箭；又作"木牛"、"流马"，便于山地军事运输；还推演兵法，作"八阵图"等等，几乎已到了将他"神化"的现象。

《后出师表》是《前出师表》的姊妹篇，均由诸葛亮所作。《前出师表》也称《出师表》，作于建兴五年（公元227年），《后出师表》则作于建兴六年（公元228年），是诸葛亮在第一次北伐魏国失败之后所做。

由于当时大臣们对再次北出征伐颇有异议，因此诸葛亮便向大家分析当前"汉贼不两立"以及"敌强我弱"的严峻事实，并向后主刘禅阐明北伐不仅是为实现先帝刘备的遗愿，也事关蜀汉的生死存亡，绝不能因群臣讨论时的不同看法而有所动摇。

正因为本篇文章涉及蜀汉的安危，因此文中的忠贞壮烈之气，又超过了前表，并且表中"鞠躬尽力，死而后已"的名句，是作者在当时形势下所表露的坚贞誓言，更可说是对诸葛亮一生

最恰当的评价。

"表"是古代一种特殊的文体,就内容而言,它是古代臣子向皇帝陈述事情的奏章或书信,是应用文的一种。关于这些文体的功能,刘勰的《文心雕龙·章表》篇中说:"表以陈情。"意思便是说表文最大的特点是用来陈述衷情,也就是类似于请示或情况报告一类的公文。而诸葛亮的这篇《后出师表》无疑具有表文的特点,同时更是一篇优秀的政治性抒怀散文。

名句的故事

诸葛亮是在汉末群雄角逐的乱世中走上政坛的。当时,他虽身在隆中"躬耕垄亩",却心系天下风云,声名在外。

而刘备屯住新野时,身边虽有关羽、张飞等猛将,但苦无出谋划策、运筹帷幄的谋士,便积极礼贤下士,寻求能人。而在司马徽和徐庶的荐举下,刘备得知了诸葛亮的存在,便与关羽、张飞一同便来到襄阳隆中,拜访诸葛亮。

刘备第一次来到茅庐时,适巧诸葛亮外出,三人只好择日再来。数日后,刘、关、张三兄弟顶风冒雪,第二次光顾诸葛亮的茅庐,但到达时,却只见到诸葛亮的弟弟诸葛均,这才知道诸葛亮又出门了,刘备无奈之余只好留下一封信笺,表达自己对诸葛亮的倾慕之情。

又过了一段时间,刘备与关羽、张飞三顾茅庐,这回诸葛亮终于在家了,只是还在睡觉,此时刘备不但不生气,还吩咐关羽与张飞在门外等候，自己则缓步进入，拱手立于门前，直到诸葛亮醒后，才终于相见。

正是刘备不辞辛苦的"三顾茅庐"，终于请出了诸葛亮。而诸葛亮在感佩刘备的知人之恩与大气度之后，更是极力地辅佐刘备，在历尽艰难坎坷、经过多年奋战后，终于建立了蜀国。

只可惜刘备病逝后，后主刘禅只有十六岁，再加上智能不高、暗昧懦弱，因此诸葛亮虽受遗诏辅佐刘禅，但却辛苦至极，但他依然以实际行动践履了自己在《后出师表》中立下的"鞠躬尽力，死而后已"的诺言。只是后来数次北伐都无功而返，最后终于积劳成疾，死在北伐途中，实在让后人无限惋惜，杜甫"出师未捷身先死，长使英雄泪满襟"，便道出了人们的心声。

历久弥新说名句

"鞠躬尽力，死而后已"的"死而后已"语自《论语·泰伯》中，曾子曰："士不可以不弘毅，任重而道远。仁以为己任，不亦重乎？死而后已，不亦远乎？"全句的意思是：士人不可以不弘扬毅志，身上的责任重大，而道路漫长。将仁义作为自己的责任，难道不重吗？直到死才停止，难道不是很遥远漫长吗？

其实忧国忧民的使命意识，一直贯穿在整个中国历史的长河中，构成了中国知识分子源远流长的忧患意识。或许在现今看来，"鞠躬尽力，死而后已"这种话有些流于"愚忠"，但这种忠诚与气节，却是今天的人怎么也无法比拟的。

由于现今是民主社会，因此今天再用到"鞠躬尽力，死而后已"的句子时，对象已不再是单一的对"在上者"，而是所有的百姓。例如在一篇名为《从历任港督看香港史》的论文中，作者便写及："港督尤德爵士直到最后一天仍在为香港的前途而尽力，何况他做出来的成绩是这么的响亮，令人赞佩中国古代的大政治家诸葛亮曾以'鞠躬尽瘁，死而后已'八字自相期许，相较之下港督尤德爵士所担任的工作虽然范围较少，但以这八个字来形容他在香港这四年半的作为，可说当之无愧。"

通常由甲的口中说出这个成语来赞颂乙时，大都是甲真心佩服乙，并且也对乙的所作所为持高度的肯定，但若这话是由乙自己口中说出来时，则我们就必须打点折扣了。因为在现今社会，通常只有政治人物会将这话挂在口边，至于这些政治人物是真的会去实现自己的诺言，还是只是当它作为一种口头禅，那我们就不得而知了。

不过，虽然我们不是古人，也不是政治人物，不必对任何人、任何事都要"鞠躬尽力，死而后已"，但是无论求学做事还是应该秉持着"尽力而为"的心态，如此一来，才能不愧对自己。

寝不安席，食不甘味

名句的诞生

臣受命之日，寝¹不安席²，食不甘³味，思惟⁴北征，宜先入南，故五月渡泸，深入不毛⁵，并日⁶而食。臣非不自惜也，顾王业不得偏全⁷于蜀都，故冒危难以奉先帝之遗意，而议者谓为非计⁸。

——三国·诸葛亮《后出师表》

完全读懂名句

1. 寝：睡觉。2. 安席：指睡得踏实。3. 甘：甜，此句指吃饭都吃不出任何美味来。4. 思惟：思考、考虑。5. 不毛：不毛之地，指荒凉没有人烟的地方。6. 并日：连着两天。7. 偏全：指为了自我保全而偏居一地，不做长远的打算，仅安于现状。8. 非计：错误的、不好的计策。

臣自接受任命以来，睡觉也不安稳，吃饭也没有滋味。但一想到要去北伐就必须先南征，所以五月里就渡过了泸水，深入到不毛的荒凉之地，两天才能吃上一餐。臣不是不爱惜自己呀，而是看到帝王之业不可能仅仅处在蜀地而得以保全，所以冒着危险，来执行先帝的遗愿，可是无奈争议的大臣们却说这不是上策。

名句的故事

"食不甘味"的意思是指吃东西不辨美味，"寝不安席"则是指睡也睡不好，而这两句话的典故其实都同源于战国时期的一个故事。

战国后期，有秦、楚、燕、齐、韩、赵、魏七国，而其中，秦国是最强大的。正因为秦国向来兵强马壮，因此他更是依恃着自己的强大，经常侵犯其他国家，让其余的几个小国日夜忐忑不安，害怕总有一天秦国会发兵来攻打自己。

而某日，秦惠文王果然派出使者去见楚威王，并要挟楚王说："如果楚国不服从秦国，我们绝对会不惜任何代价，立即出兵伐楚。"楚威王听完了使者的话后，当下怒意大发，二话不说地便下令将秦国使者驱逐出境。

但当秦国使者被驱逐出楚国后，楚威王不禁有些害怕及后悔，因为楚国的实力并不是太强，如果强大的秦国一气之下发兵来入侵的话，他该怎么办呢？

正当楚威王忧心忡忡之际,恰巧在这个时候,有名的说客苏秦(曾任赵国相国、武安侯)前来拜会。在楚威王的客宴之上,苏秦巧舌如簧地为楚威王分析当今七国的情势,还提出了一个完整的计划,劝楚威王应与赵、魏等国联合起来一起抗秦,如此方能在夹缝中求生存,保全住楚国。

楚威王一听,心中的大石终于落了地,掩不住喜色的对苏秦说:"非常感谢你的妙计,我正为这件事睡也睡不好、吃也吃不下呢,现在我就按你的计策去做。"

历久弥新说名句

"寝不安席,食不甘味"这样的句子其实在中国古代文学中相当常见,多是用来形容人心中存有忧虑之事,而因此心神不宁的状态。后来这个句子还慢慢地演变成"夜不能寐"、"食不遑味"、"食不知味"、"食不终味"、"寝食难安"等成语。

到了现今,这个句子的使用率更高,使用范围更广。在一篇报道中国围棋三星杯比赛的报道里,标题便大剌剌地定为:"众国手着急食不甘味——中国棋院三星杯观战侧记",光由这标题便可以知道中国队目前是处于落后局面。而在一篇讲述因屋外树木被砍以致老人每天再听不到清脆鸟叫声而引发忧郁症的社会报道中,记者所使用的标题是:"窗外不闻鸟鸣,老人食不甘味。"让人不禁同情那个失去陪伴他多年的鸟叫声的孤独老人。

而最常被安上这个标题的季节则是号称"考季"的夏季,主角则通常是那些考生及考生家长。因为几年的辛勤努力都将"毕其功于一役",怎能不让考生自己以及那些望子成龙、望女成凤的家长们"食不甘味,寝不安席"呢?

泰山不让土壤,故能成其大

名句的诞生

臣闻[1]地广者粟多,国大者人众,兵[2]强者士勇。是以[3]泰山不让[4]土壤,故[5]能成其大;河海不择[6]细流,故能就[7]其深;王者不却[8]众庶,故能明[9]其德。

——战国·李斯《谏逐客书》

完全读懂名句

1. 闻:听说。2. 兵:兵器。3. 是以:因此。4. 让:拒绝。5. 故:所以。6. 择:挑拣。7. 就:成就。8. 却:拒绝。9. 明:昭著。

臣曾听说:土地辽阔,粮食才会富足;国家强大,人民才会众多;武器精锐,士兵才会勇猛。正因泰山不舍弃看来不起眼的山石颗粒,才能变得如此高耸;河海不排除一条条细流,才能变得如此深广；君王不拒绝任何人物，方能显示他的功德昭著，并且成就其霸业。

文章背景小常识

春秋战国时期群雄四起，各地诸侯为了图霸天下或保疆拓土，多想尽办法广纳天下贤士为己效力，也因此，这个时期的能人志士比任何时期的读书人拥有更多的机会来彰显自己的才华，所以莫不四处游走；而李斯，便是其中的佼佼者。

李斯是楚国上蔡人，他才气纵横，在秦王未统一天下之前便抵达秦国，希望能发挥自己的才华、一展自己的抱负。秦始皇当政后，国家逐渐强大，韩国人名字叫郑国的为了削弱秦国的国力、遏阻秦国的扩张，便积极说服秦王修建水利（即后来的郑国渠），这就是有名的"疲秦计"。不料郑国渠修建至中期，"疲秦计"被识破了，秦王因此大怒。而为了实现统一天下的雄心，并防止他国渗透，秦王便有了"逐客"之意，也就是将所有不是秦国的人、特别是从六国投奔来的"游士"全部驱逐出境，而李斯也在驱逐之列。

《谏逐客书》，便是李斯在惶恐不安之余，想说服秦王收回成命所写成的一篇文章。在此文中，李斯一方面列举游士对于秦国的历史功绩，借此打动秦王；另一方面，则分析了"留客"、"逐客"二者之间的利弊，尽其所能的对秦王晓以其中的利害关系。而秦王读罢此文后，悚然动容，立即废除逐客之令，恢复李斯的官职，并且加以重用。

《谏逐客书》可说将说服辞令的运用表达得淋漓尽致，他一方面说之以理，二方面动之以情，是一篇极佳的政论文章。此文辞藻瑰丽、排比铺张、音节流畅、理气充足、逻辑缜密，挟战国纵横说辞之风，兼具汉代辞赋之丽，读来如行云流水，充分体现出李斯才华的洋溢和见解的独到，并也深刻地反映了当时的实际现状和历史轨迹。虽然李斯写这篇文章的最初用意是为了保全自己，但确实也为秦国留下了重要的人才。《谏逐客书》无论是在文学及史学上的地位，都是不容忽视的。

名句的故事

李斯二十六岁那年，只是楚国上蔡郡府里一个看守粮仓的小小文书，他每天的工作便是负责仓内存粮的登记，然后把每一笔粮食流通的情形，年复一年地做着这个乏味的工作，李斯从没有任何想法，但某一天，他偶然发现房舍厕所中的老鼠，不仅天天吃不干净的粪便，并且看到人及狗更是避之唯恐不及；但粮仓中的老鼠却吃着原本该属于人的食物，而且还居住在大房子里，一点也不担心人及狗可能带给它们的威胁。

同样是老鼠，却有着如此截然不同的生活和命运，这实在大大地震动了李斯的心灵，并且也让他得出了这样的结论：贤人与小人其实就像老鼠一样，端看你处在什么位置；达官贵人与一般贫民的本质区别，也仅在于所处的地位不同罢了。

因此，在这种人生哲学的鞭策下，李斯决定不再当那个没有任何人生追求的"厕鼠"，所以在上蔡守了八年的粮仓、在与老鼠们搏斗了八年之后，他毅然决然辞去官职来到兰陵，先是求见一代儒学大师荀况，然后再拜入吕不韦的门下，开始向自己的"仓鼠"生涯前进。

然而，正当李斯以为自己终将一展长才之际，却遇上了秦王因识破"疲秦计"而怒下"逐客"令的政治风暴中。此时，回想起自己当初离开上蔡的初衷，李斯心中确有不甘，因此考虑多时后，他决定冒死上策，绝不让自己再次回到"厕鼠"的行列。

而此举，不仅成就了李斯"泰山不让土壤，故能成其大；河海不择细流，故能就其深"的千古名句，也成就了他之后十余年的辉煌仕途。

历久弥新说名句

"泰山不让土壤，故能成其大；河海不择细流，故能就其深"，这个句子不仅形象生动、富有哲理性，又极容易记诵。它的本意是希望在上位者能广开引用人才之门，以作为成就霸业的基础，但后世却多将其意义加以引申，例如西汉文学家韩婴便曾将此句作为"泰山不让砾石，江海不辞小流，可以成其大"。而现在人们更以"泰山不让土壤"或"泰山不让砾石"，来告诫世人要虚怀若谷、容事容人，做一个胸怀广阔的谦谦君子。

但随着时代及社会的发展，这个句子不再被视为个人为人处事的准则，而是被引用到更多方面，甚至扩大到整个社会及国家。例如"九一一"事件之后，美国政府出于安全等方面的考虑，对中国留学生实行签证紧缩政策，结果使得大量优秀的中国留学生被拒于门外，反倒转而去了欧洲国家。此时，一篇名为《美国校长向白宫递"谏逐客书"》的文章便应运而生，要求美国政府应敞开胸怀、放开视野地接受任何学生，如此一来才能让美国的大学真正"成其大"、"就其深"。

如今，已有许多人将这个句子与"海纳百川，有容乃大"、"聚沙成塔"、"积少成多"等成语联想在一起，用以自勉。

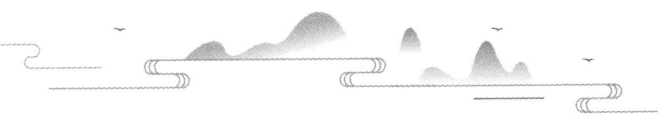

求木之长者，必固其根本

名句的诞生

臣[1]闻求[2]木之长[3]者，必固[4]其根本；欲流之远[5]者，必浚[6]其泉源；思国之安者，必积其德义[7]。

——唐·魏征《谏太宗十思疏》

完全读懂名句

1. 臣：我，古代臣下对君主的自称。2. 求：追求、想要。3. 长：茂盛。4. 固：加固、使……稳固。5. 远：长远。6. 浚：疏浚、疏通。7. 德义：道德与仁义。

臣听说想要树木长得茂盛，就必须稳固树的根部；想要河流流得长远，就必须疏通它的源头；希望国家安定，就必须积累仁义、实行德政。

文章背景小常识

在唐贞观年间，魏征曾先后上疏二百余道，《谏太宗十思疏》是他奏疏中的代表之作。此文论述富于哲理、辩锋无敌，是一篇绝妙的好文，与贞观十三年上疏的《十渐不克终疏》一起被被历代史家赞颂为"千古金鉴"、"万世师表"。

在贞观之初，唐太宗吸取了隋朝灭亡的教训，将人民比喻为水，将自己比为大船，谦虚地勉励自己说："水能载舟，亦能覆舟。"因此相当重视大臣们的劝谏，并且也非常勤政爱民，于是没过几年，唐朝在他的统治下，出现了今日所称"贞观之治"的全盛时局。

但正因陶醉于盛名之中，因此唐太宗逐渐骄奢、忘本，并且开始挥霍无度。他不仅大肆地修建庙宇宫殿，还四处游玩，做出了许多劳民又伤财的举措。而在魏征呈上此文的那年，太宗先是下令修飞仙宫，后来又诏令修建老君庙、宣尼庙，也因此，魏征在忧心之余，才会以此文劝戒唐太宗应该戒骄戒奢、实行德政、体恤百姓、取信于民，以保国家的长治久安。

"疏"，原意是逐条陈说之意，是古人对君王陈述意见的一种文体，旧属奏议类，后为应用文的上行公文。这篇《谏太宗十思疏》则是魏征于贞观十一年写给唐太宗，劝他戒骄戒奢的文章。之所以叫"十思"，是因为这篇文章从十个方面向太宗提出了作为一国之君应该具有的作为，那就是：勤俭戒奢、使百姓安居、居安思危、严戒自满骄傲、宽容仁慈、慎始善终、虚心纳言、拒绝邪恶、罢黜奸佞、赏罚分明。

名句的故事

魏征是一个相当"择善固执"的人,他的直言进谏常常气得唐太宗一肚子火,但却又对他所讲出来的大道理哑口无言。

有一回,唐太宗接到一封信,是他的老部下、现任濮洲刺史庞相寿写来的。庞相寿告诉太宗说,由于他最近因为贪污国家财物,所以被他的上级撤了职,因此希望唐太宗能看在以往的情分上,为他求求情,恢复他过去的职务。

唐太宗看完信后,心想:"庞相寿确实是自己的老部下,想当初他对朕真是忠心耿耿,而这回既然他都开口这么说了,那么就宽恕他一次吧,毕竟再怎么说他没有功劳也有苦劳啊。"之后,唐太宗便拟了一道圣旨想恢复庞相寿的官职。

而当魏征听到这个消息后,一点也不耽搁便立刻进宫去见唐太宗:"陛下,庞相寿犯了贪污罪,应该按照国法撤去他的官职,您为什么还要让他复职?"唐太宗说:"他好歹也是我的老部下,没有功劳也有苦劳啊!"

魏征听了后,语重心长地说道:"国法人人都该遵守。今天,庞相寿犯了国法不治罪,明天要是再有一个类似的人贪污,皇上您该怎么办?您难不成要一个个都赦免了吗?如果真的这样做,以后他们一定会全仗着您的情面去违法乱纪,要知道,您还是秦王时,跟在您身边的人有那么多,如果他们都依仗您的恩宠胡作非为,这不仅会使秉公执法的人再也不敢和您接近,并且也会让国家的根本开始动摇!您要知道,国家的根本一旦动摇,到时您就必须要花更大的心力来收拾这个残局,这样值得吗?"

唐太宗听魏征这么一说,虽无奈却也无法反驳,只好悄悄地将庞相寿叫至跟前,说:"我以前做秦王,只是一府之主,什么都好说,可现在当了皇帝,是一国之君,再不能独自偏袒老部下了。"而说完这些话后,唐太宗便赐给庞相寿一些布匹,然后挥挥手让他回家。

眼见唐太宗吃了秤砣铁了心,庞相寿也只能含泪离去,而自此后,再也没有人敢仗着以往与唐太宗的交情上书求情了。

历久弥新说名句

"求木之长者,必固其根本;欲流之远者,必浚其泉源"这句话,除了常常被人直接引用之外,并且由此生出"根深蒂固"、"源清流长"、"正本清源"等到了现在依然是人们使用率极高的成语。

但其实,除了成语,这整句名句在当今之世也屡见不鲜。官员常用此以自勉,勉励自己要以身作则,因为"源清"才能"流长","上梁正",下梁方能"不歪"。医学界及科学界也引用它来劝导研究人员应该重视学科的基础理论研究,因为这是"源",只有由基础研究发现的新成果,才可以为往后的研究提供新的思

路和方法，才能使学科得到"长"足的发展。

总之，当人们谈到基础的重要时，总不会忘记将魏征的这句话拿出来秀一下。这反映了魏征的这句话到现在还是多么的流行，真可谓"源清流长，千载融融。魏老之言，妙用无穷"。

而更有趣的是，最近中国正拟拍一部讲述台湾围棋名家吴清源的故事，有一篇报道是这么定标题的："田壮壮（导演）绞尽脑汁正本清源，《吴清源》移师日本拍摄。"记者巧妙地将吴清源大师的名字与"正本清源"并排，而吴大师最早又是在日本崛起的，回日本拍戏自然是"正本清源"，三重意思并列在一句话中，让人实在不得不佩服记者的巧思。

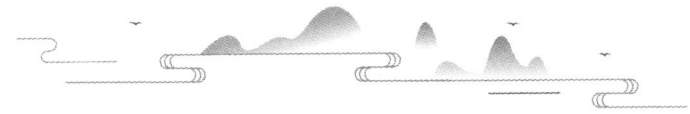

念高危,则思谦冲而自牧

名句的诞生

念高危[1],则思谦冲而自牧[2];惧满溢[3],则思江海而下百川[4];乐盘游[5],则思三驱[6]以为度;忧[7]懈怠,则思慎始而敬终[8]。

——唐·魏征《谏太宗十思疏》

完全读懂名句

1. 危:身居高位的危险。2. 谦冲:谦虚。自牧:自我修养。3. 惧:害怕。满溢:骄傲自满。4. 江海下百川:长江、大海居于百川之下。川,河流。5. 乐:以……为乐。盘游:打猎游玩。6. 三驱:古周文王打猎时从三个方向驱赶禽兽,而网开一面,以示好生之德。后用三驱比喻君主的仁慈与节制。7. 忧:忧虑。8. 慎始:谨慎的开始。敬终:恭敬的结束。

想到身居高位的危险,就要不忘谦虚加强道德修养;害怕骄傲自满，就要想到长江大海所以巨大，是因为能居于百川之下；游乐忘返地打猎时，就要想到圣人三驱为度的仁慈；忧虑松懈懒惰时，就要想到自始至终都要谨慎。

名句的故事

魏征给唐太宗写出"十思"的句子时，正当太宗因天下大治而洋洋自得之时，而且骄傲自满得听不进劝谏。魏征在同一时期内曾连上四道奏疏，都未被采纳。而他所上的这十思疏总共十项，仿佛教训青年恪遵十大守则，不太像对君主的进谏。"十思"的内容涉及与帝王治国兴邦有关的十个问题，从生活到政治，从个人欲望到品德修养，凡存在的主要问题作者全都考虑到。不但指出问题，而且提出解决问题的办法，真是面面俱到，煞费苦心。令太宗不得不服，以至于放在案头作为自己的座右铭。

"疏"是一种臣下上奏给君主的奏折。臣下给皇帝的奏折除了疏之外，还有表、奏、章、议。刘勰的《文心雕龙·章表》篇中说："章以谢恩，奏以按劾，表以陈情，议以执异。"章，是用来承谢帝王恩典用的；奏是用来弹劾当朝之事或其他官员的言行；表最大的特点是陈述衷情，类似于请示或情况报告一类的公文；议用来辨析不同的政治观点、主张等；而"疏"是用来议论朝政的。唐代奏疏习惯上都要用骈文写，就是后来反对骈文、提倡古文运动的韩愈也还用骈文来写奏章。

然而《十思疏》与当时流行的骈文不同。一方面它充分利用骈文对偶、排比的形式来表达真情，一方面又敢突破骈文的形式束缚，很少引用典故、古人事迹，也不咬文嚼字，这是同当时追求形式的文风背道而驰的。这种敢于冲破传统的束缚，不拘一格的创造精神，在骈俪风气占统治地位的初唐时代更显得难能可贵。

历久弥新说名句

"念高危，则思谦冲而自牧；惧满溢，则思江海而下百川"这句话自出魏征笔下后，成为历代学者文人的座右铭。时至今日，仍然盛行不衰。而从这句话演变出来的成语"居安思危"更是广泛地被人使用。著名学者刘墉在一篇名为《盈与虚》的文章中写道："余霞展现，当知夜幕将垂；繁花似锦，须记落英缤纷。"气象虽不如魏征的句子，但是修辞很美，居安思危的意思也很清楚。他在一次演讲中也说："享富贵，当思济困顿贫穷；掌权势，则忆助黎庶百姓。"气象虽然仍不及魏征，但立意胸怀倒是颇为感人。

昔取之而有余，今守之而不足

名句的诞生

岂其取之易而守之难乎？昔¹取之²而有余，今守之而不足。何也？夫³在殷忧⁴，必竭诚⁵以待下，既⁶得志，则纵情⁷以傲物⁸。竭诚，则胡越⁹为一体；傲物，则骨肉为行路¹⁰。

——唐·魏征《谏太宗十思疏》

完全读懂名句

1. 昔：当初。2. 之：代词，指天下。3. 夫：那。4. 殷忧：深忧。5. 竭诚：竭尽诚意。6. 既：等到，已经。7. 纵情：放纵情欲。8. 傲物：傲视他人。9. 胡：北方民族，越：南方民族。10. 行路：路上的陌生人。

难道是取得天下容易，守住天下就困难吗？那是因为他们在忧患深重的时候，必然竭尽诚意对待属下，等到得志以后，便放纵情欲、傲视他人。若能竭尽真诚，即使北胡、南越那样疏远的人也能合为一体、休戚与共；若是傲慢待人，那么就算是骨肉至亲，也将成为漠不相关的路人。

名句的故事

魏征之前，人们对于创业与守成的论述已经很多，如汉代名相萧何就有"马上得天下，安能马上治天下之问？"就是说用武力取得天下，难道还能用武力来治理天下吗？

历代开国之君因为体认前朝灭亡的教训，都能励精图治、体恤下民、为王朝的全盛打下根基，但其后继者往往就不能守住先祖创下的江山，骄奢淫逸，终导致国家的灭亡。魏征只用了"昔取之而有余，今守之而不足"这十二个浅显易懂的字就总结出了经验与教训，并且还找出了其根本原因。

正因为魏征劝谏工作做得太出色了，因此有时皇上也会派给他额外的"工作"，只是工作内容也与"劝谏"相去不远。

有一回，唐太宗正为一事伤透脑筋，因为他底下的一帮"侯王"，也就是唐太宗的弟弟和儿子，仗恃自己身家富贵便骄奢好逸，不能亲君子、远小人，让他实在烦不胜烦。但后来，他突然灵机一动，想到魏征天天劝谏他，不仅责任心强，劝谏功力也不错，因此便将他找来，并命他收集古来帝王子弟成败故事，编成一本《诸王善恶录》，赐给诸王让他们好好反省反省。

而除此之外，唐太宗还亲自写序："欲使见善思齐；足以扬名不朽；闻恶能改，庶得免乎大过。"意思就是说要那帮皇子皇孙见贤思齐、知错能改，这样才能扬名天下，被人所看重。

此书一出，那帮"侯王"的气焰也确实缓和了些，让唐太宗志得意满之余，不得不更佩服魏征的"劝诫"功力了。

历久弥新说名句

唐人李百药在总结北齐灭亡的教训时，就是直接套用了魏征的说法，他说："前王用之而有余，后主守之而不足。"宋人王应麟也有类似的说法："东都之季，清议扶之而有余；强秦之末，壮士守之而不足。"意思是说在魏晋全盛时期，士大夫们随便谈谈修身养性之道，辅佐国家就能绰绰有余，秦朝末年，有无数士兵守护还是不足以改变灭亡的命运，这都是因为秦始皇不能发扬统一六国之初时的那种精神，功成之后就开始追求安逸享乐，为满足自己的私欲，不惜大兴土木，营建宫室陵墓，最后造成劳民伤财、亡国灭家的结果。

今天，在竞争极其激烈的商业行业中，好多企业家也常常引用"昔取之而有余，今守之而不足"这句话来警戒自己不要小看守业之难，成功之后仍然不能松懈，要不然，很有可能功亏一篑。

但其实，后世对魏征用过的这个"……有余，……不足"句式，确实是情有独钟的。例如"成事有余，败事不足"、"勇猛有余，智谋不足"、"激烈有余，精彩不足"、"热闹有余，严肃不足"、"阴柔有余，阳刚不足"等等，真是无法胜数，而其中最有名、几乎成为人们口头禅的，自然就是"心有余而力不足"了。

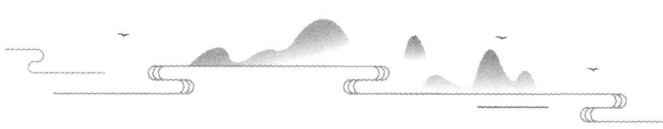

名句的诞生

臣闻[1]物有同类而殊[2]能者,故力[3]称乌获[4],捷[5]言庆忌[6],勇期贲、育[7]。臣之愚[8],窃[9]以为人诚[10]有之,兽亦宜然[11]。

——西汉·司马相如《上书谏猎》

完全读懂名句

1. 闻:听说。 2. 殊:特殊的。 3. 力:力气。 4. 乌获:战国时秦国的大力士。5. 捷:速度快。6. 庆忌:吴王僚之子,传说他有万夫莫当之勇,奔跑速度极快,能够追奔兽、接飞鸟、射快箭。7. 贲、育:孟贲、夏育,都是战国人,著名的勇士。8. 愚:愚笨,对自己的谦称。9. 窃:私下。10. 诚:确实。11. 宜然:一样。

臣子听说同类的事物而能力却不一样,所以人类中要称誉力气大就有乌获，要谈起速度快就有庆忌，要论勇敢就有孟贲、夏育。臣子愚蠢，私自以为人里头确实有这种有特殊能力的人，兽里头也应该是同样的。

文章背景小常识

《上书谏猎》的作者为西汉时期著名作家司马相如，题目为后人所加，原名仅为《谏猎书》。司马相如可说是历史上一位非常具有传奇色彩的人物，因为他既是一位著名的作家，而他个人的故事又常被后人写入文学及戏剧作品之中，其中他与卓文君的爱情故事更是传为千古佳话，家喻户晓。他的一篇《长门赋》曾令失宠幽居于长门宫的王皇后重新受宠，以至于人们将他所患的"渴饮病"——实际上就是现在的糖尿病，称为"相如病"。

《上书谏猎》一文的时代背景，是西汉在汉武帝的统治之下社会稳定，与匈奴战争的胜利也让边防得到了巩固，整个王朝几乎达到全盛的时期。但正因为如此，所以汉武帝也逐渐松懈了下来，日日醉心于访仙求道、游玩打猎之中，对政事已不像从前那样用心，对此，司马相如的心中已有些许担忧。

当时司马相如虽担任郎官，但由于他不喜欢参与公卿国家等事，并且对加官晋爵一点也不感兴趣，因此经常称病闲居。一次，司马相如随汉武帝去狩猎，发现武帝在打猎，因为所骑乘的马是千里良驹，所以随从往往追赶不及、不能随侍左右，所以常常看到武帝丢下侍从独自驰骋，追击熊、野猪猛兽的景象。由于

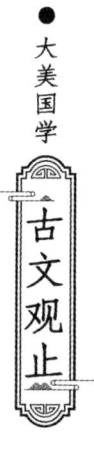

担心武帝随时有可能发生危险，再加上先前对武帝不专心于朝政的忧虑，司马相如回去后便上奏了《谏猎书》，一方面劝谏天子应该珍视自己的身体，一方面暗谏武帝该收收心了。

中国自古有所谓"讽谏文学"，但讽谏者常常以华丽夸张的笔法，行讽刺建议之实，司马相如为了规劝汉武帝不要亲自打猎，不惜一唱三叹地渲染铺陈，以求达到"于悚然可畏之中，复委婉易听"之奇效。因此这篇谏书写得非常委婉，并且词语也相当中肯，故成为劝谏文章中的名篇，与《邹忌讽齐王纳谏》一起作为讽谏文学的代表作，被收入清初康熙年间吴楚材、吴调侯编选的《古文观止》中。

名句的故事

当司马相如谈及"物有同类而殊能者"时，他提及的例子是乌获、庆忌、贲、育，而我们现在便来看看这些人物是如何的"殊能"，又有什么样的事迹。

乌获是战国时的大力士，传说他能够力举千钧之鼎而面不改色，并以此取悦了秦武王而获得了一官半职，自此民间便有"乌获扛鼎，千斤若羽"的流行话，并且还将他的故事改编成戏曲《乌获扛鼎》，真可说是现今举重选手的鼻祖。

庆忌则是春秋时吴王僚的儿子，传说他跑起来连马都赶不上，是当时人们口耳相传的英雄人物，但他让后世人念念不忘的，却是在著名"三十六计·苦肉计"中的悲剧配角。春秋时，吴王阖闾杀了原吴王僚而夺得了王位。但他十分惧怕吴王僚的儿子庆忌为父亲报仇，所以整夜提心吊胆而导致神经衰弱。而这个时候庆忌也确实正在卫国招兵买马扩大势力，准备攻打齐国夺回王位。阖闾让大臣伍子胥替他想办法除去庆忌，于是伍子胥向阖闾推荐了一个名叫"要离"的勇士。要离为了接近庆忌，不惜让人砍断他的右臂、杀掉他的妻子，最后终于借由这个"苦肉计"如愿以偿地接近庆忌，完成刺杀之举。

贲、育其实是两个人，也就是指战国时的武士孟贲和夏育。传说孟贲水行时不避蛟龙、陆行时不避虎狼、发怒吐气时声响动天，并且还敢生拔牛角。而夏育的记载虽比较少，但也足够惊人，史籍记载他一声猛喝便可吓退敌军，确实不同凡响。

历久弥新说名句

"物有同类而殊能者"这句话的主旨是指就算是同类，但因为个体的不同，也会有能力上的差异。举个例来说，同样是人，但有些人天生力气大、记忆力强、跳得高、跑得快；同样是马，有的能日行千里，有的却只能缓步拖车。司马相如的这句话点出了所谓的"同中之异"的精要，也就是清楚地明白物与物也会有所差异，因而不该将一切事物都齐平看待，而是该学会去尊重，并且相信同类事物中是存在不同之处的。

其实司马相如这句话很值得大家去深思，并且也成为现代企业经理人不断用以砥砺自己千万要能"慧眼识英雄"的话语。因为只有以开放性的眼光去看待每一个事物、尊重每一个个体的独特性，这样一来，我们才能不被既有的框架局限住，并且也更能够发掘出他人的潜力并善用之。

虽然天生万物，能力不齐，不过，我们千万不要因此自卑，以为自己就是那个差劲的人。上天也很公平，头上长角的就不会飞，天上飞的头上就没有角，上天关了一扇窗，一定会打开一扇门，每个人都有他的长处，只是看如何发掘罢了。韩信从市井无赖的袴下穿过的时候，谁相信他会是一位纵横沙场、叱咤风云的大将军呢！

祸固多藏于隐微

> **名句的诞生**
>
> 祸固[1]多藏于隐微[2],而发于人之所忽者[3]也。
>
> ——西汉·司马相如《上书谏猎》

完全读懂名句

1. 固:即痼,经久不愈的病症。 2. 隐微:隐蔽、微小的。 3. 所……者:所……的地方。

那些经久不愈的祸患常常隐藏在隐蔽而细微的地方,而且常常在人们忽视的地方猛然爆发。

名句的故事

司马相如很擅长写"赋",所谓的"赋"是汉朝产生的一种极尽华丽、铺陈的文体。

据记载，武帝在天下安定后沉迷于神仙方术，司马相如便曾进《子虚赋》加以劝谏，结果因为赋体铺排、华丽、夸张的特点，使得他在文中将神仙世界渲染得极其美妙，反而引起了武帝对于神仙世界的无限向往。

有一回，武帝想要大兴土木，修建上林宫，司马相如又上《上林赋》，劝谏天子当以民生为重，不要奢侈浪费，结果又因为他对还未建成的上林宫描写的实在太让人神往，再度引起了完全相反的效果。

司马相如回家反省过后，汲取了这两回的教训，因此在《谏猎书》中，一改自己擅长的华丽赋体文，而采用了论述极其平易的书表形式。语言平实、说理充分，并且还在结尾处采用了"俗话说"的方式，表示连普通人都知道要"坐不垂堂"，何况圣哲英明的大汉天子呢！

当然，相如的初衷是要藉劝谏天子不要身涉有可能发生危险的地方，进一步劝其应该在施政方面也要如此般的防患于未然。虽然武帝没能接受后者，但却真的老老实实地在皇宫里待了一段时间，修身养性，没再做独身追击猛兽的危险事。

至于"祸固多藏于隐微，而发于人之所忽者也"这句话的思想渊源则是来自老子，因为老子曾经说过一句非常有名的话，"福兮，祸之所伏；祸兮，福之所倚"，意思是说幸福里面多隐藏着祸患，灾祸里面也隐蔽着幸福，因此劝诫人们应该居安而思危，"未雨"之时就应"绸缪"。

历久弥新说名句

"祸固多藏于隐微，而发于人之所忽者也"这句劝人居安思危、防微杜渐的话语，现在仍然作为无数人的人生信条而广泛流传着。与此同意的则是"祸生于忽"这句成语，而这句成语最早则出自汉·刘向《说苑·卷十六·谈丛》："福生于微，祸生于忽。"

而其实最常用这句话的人是医界人士，因为人常常忽略身上小小的病痛，却不明白有许多大病便是由于小病慢慢所引发，终至无法收拾，因此医界人士总喜欢告诫大家有空就得多做健康检查，千万不能等到真的感到很不舒服时才着急得上医院。

另一个经常爱说这类话的则是消防工作人员，因为"星星之火可以燎原"，真的等到火舌窜升之时，所有人的生命与财产都会受到威胁，因此消防人员也喜欢宣导大家在天干物燥之时更要小心防火，烟蒂必须捻熄，千万不能轻忽任何的细小火苗。

而在一篇讨论非洲国家"金巴布维"总统提新议案，欲举行全民公投却失败的文章中，更是直接引用了"祸固多藏于隐微，而发于人之所忽者也"，来说明"金"国总统穆加贝之所以失败的原因，正是长期不体察"民意"却不自知的后果。

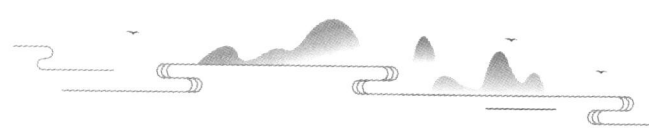

家累千金,坐不垂堂

名句的诞生

故鄙谚[1]曰:家累[2]千金。坐不垂堂[3]。此言虽小,可以喻大。

——西汉·司马相如《上书谏猎》

完全读懂名句

1. 鄙谚:俗语。2. 累:积累。3. 垂堂:靠着堂边。形容富家子弟,力求安全,怕檐瓦坠下伤人,不敢坐在堂边。

所以俗语说:"拥有千金之家的人,不坐在堂下屋檐边,以免瓦片落下砸伤自己。"这话虽然讲的是小事,却可以说明大道理。

名句的故事

《史记·袁盎传》中记载着一个"千金之子,坐不垂堂"的故事，故事内容说有一回汉文帝从霸陵经过时，想要骑马从一个陡坡上奔驰而下，他的随侍大将军袁盎立即阻止他做这种危险的举动，但文帝却故意挑衅说："大将军，难道你怕了吗？"

听了文帝的话后，袁盎严肃地回答说："皇上，这不是怕不怕的问题。臣听说千金之子从不坐在堂前檐下，因为他们怕屋瓦坠落砸伤自己；而百金之子从不倚栏杆，就怕不小心坠落；可您却骑着骏马向陡坡冲去，万一惊动了其他车乘马骑，发生了意外，纵使贵为九五之尊的皇上您不爱惜自己，但也得顾虑这个国家的未来，以及太后啊！"

而文帝听了袁盎的话后，也自觉自己的行为太过鲁莽，因此便听从袁盎的话，乖乖地策马慢步往前行去。

"家累千金，坐不垂堂"也作"千金之子，坐不垂堂"，甚至直接简化为"坐不垂堂"，都是同一个意义：也就是要人学会谨慎保身。而能说出此道理的人，必是对这个道理有很深的体会的人。司马相如平生做事也是小心谨慎，做官从不求飞黄腾达，只求没有祸患，这既是洁身自好，也是一种自我保护。因此司马相如的这句"家累千金，坐不垂堂"，以及他的文章中上两句"明者远见于未萌，而知者避危于无形"恰恰说明了这一点。因此可以这么说，司马相如本人就是"坐不垂堂"这种哲学的实践者。

历久弥新说名句

中国自古以来，一向是注重明哲保身的，除了"千金之子，

坐不垂堂"之外，还有"知命者不立于岩墙之下"，"乱邦不居，危邦不入"等，甚至孟浩然的《经七里滩》一诗中更是开宗明义便写道："余奉垂堂诫，千金非所轻。"虽然今天看起来，这些警语不免有些夸张，但却还是不得不令人佩服古人的谨慎以及小心。

到了现代，人们依然使用这种"垂堂诫"来作为警惕，不过此时是否是"千金之家"、"千金之子"已不再重要，重要的是每个人得要懂得自我保护之道。

只是，说归说，但总有人会"明知不该为而为之"，比如在台风警报发布后去海边钓鱼、去管制区登山的人；比如明明看到红灯，但为了赶时间却硬闯红灯的人。遇到这种置自己与他人生死于不顾的人，我们真的也只能叹息说："千金之子，坐不垂堂；台湾之子，勇立危栏。"

当然，过与不及都不是中庸之道，在一篇名为《过度保护的伤害》一文中，便这样写道："在中国传统社会中有这样的现象，一方面是'穷人的孩子早当家'，社会化过程过早过快，一方面是富人的孩子'千金之子，坐不垂堂'，于是'一代不如一代'、'富不过三代'。前者是贫困条件下的不得已，后者则是文化习俗和亲情短视化的结果。应该说，两种模式均不是青少年健全人格的成长模式。"说得也很有道理。

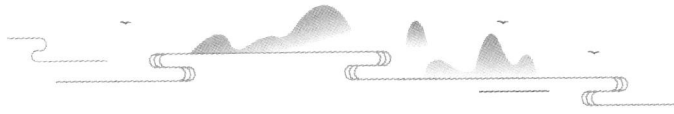

民贫,则奸邪生

名句的诞生

民贫,则奸邪生。贫生于不足,不足生于不农[1],不农则不地著[2],不地著则离乡轻家,民如鸟兽[3],虽有高城深池[4],严法重刑,犹不能禁也[5]。

——西汉·晁错《论贵粟疏》

完全读懂名句

1. 不农:不从事农业生产。农,此处用作动词。2. 地著(音同拙):又叫"土著",指在一个地方定居下来。著,附着、固定意。3. 民如鸟兽:老百姓像鸟兽那样四散、远走高飞。4. 池:指护城河。5. 虽……犹……:表示让步关系的固定格式,也就是"即使……还是……"之意。

当百姓贫困的时候,就容易产生出奸邪的念头。人民的贫困

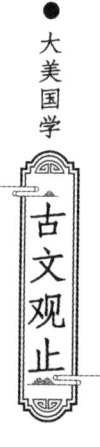

是因为不富足;而不富足的原因则是因为人民都不从事农业生产;不从事农业劳动,就不会长久定居在一个地方;不定居的话,人民就容易背井离乡;不重视自己的家乡,老百姓便会像鸟兽一样四散离去,即使有很高的城墙和很深的护城河,有很严厉的法律和刑法制度,也无法限制住百姓们离去的脚步。

文章背景小常识

晁错(公元前200—前154年),颍川(今河南禹县)人,是西汉时著名的学者、散文家、政治家及政论家,曾经跟随张恢研究申不害、商鞅的法治学说。汉文帝的时候,担任太常掌故,曾奉命跟秦朝博士伏生学习《尚书》。后来担任太子家令,深得太子(即后来的汉景帝)的信任,被人们称为"智囊",景帝即位以后,晁错则担任御史大夫。

晁错具有相当敏锐的政治洞察力,他敏感地察觉到了汉初商富民贱、边塞不足的现象,并预见到了这些现象背后隐藏的问题,以及国家统治的危机。于是在汉文帝十一年(公元前169年)便给文帝呈上了这篇著名的《论贵粟疏》,阐明他反对商人兼并农人,主张募民充实边塞、防备匈奴于未然的观点。

由于晁错继承了先秦法家"重本抑末"的思想,因此对当时商人兼并农人的社会乱像相当反感。汉文帝之时,社会比较稳定,经济也有了一定的发展,所以出现了一些商人兼并农人、农人不地着而流亡的现象,因而引发了许多社会问题。有鉴于这种频生的乱象,晁错提出了"贵粟"的主张,认为无论是为了减轻农民的负担、提高农民的生活水平,还是为了备战备荒,国家都应该要积极地发展农业。而刺激农业发展最简单的方法,就是提倡"入粟拜爵",也就是只要交纳粮食的人都可以封爵、可以免罪。

虽然晁错所提出的"买官卖官"论点脱离了选拔人才应考虑其"才",而非考虑其"财"的基本面,但汉文帝思考良久,最终还是采纳了他的建议,并且在具体施行之后也确实达到了成效。

《论贵粟疏》通篇说理透彻、条理分明、逻辑严密,不仅具有极强的说服力,并且文笔也相当的流畅,历来皆被认为是篇极为优美的政论文章。

名句的故事

西汉之时,匈奴扰边,而晁错认为面对这个情况最该做的事便是"移民戍边"。他认为把内地的居民迁往边地,既可以对他们进行训练,有利于抗击匈奴、巩固边防,又可以节约朝廷开支,及早解决国内百姓因贫苦而有可能作乱的迹象,也就是所谓的"防患于未然"。

为了使内地的居民愿意到边地去,去后又能安身立命,他认为以下几点工作是一定要做好的:

一、移民的目的地,应该选择水味甘甜、土质适宜并且草木丰饶的地方；并且在百姓移民去之前，政府便应先为他们建好房屋、修好通向田间的道路、备好器具。

二、对于新移民，官府应该给予粮食和衣服，一直到他们能自给自足为止；而没有配偶的，官府应设法予以婚配，以免他们因寂寞而待不长久。此外，还要设置医巫，以解决他们对疾病的恐慌。

三、在移民居住区要修建防护设施，准备好雷石，布好铁蒺藜；在对外的交通要道之处，要有计划地建立城镇，并且每个城镇不少于一千户，而城镇周围还要设置篱笆，以免移民受到匈奴侵袭。

四、对于愿意前去的百姓，都应给予较高的爵等，并且免除他们家中的劳役。但有一个大前提是，这些人必须健康，否则去了也是白去。

在晁错以前，移民戍边大多是由政府采取强迫命令的办法，而他不但第一次提出以"经济"措施来鼓励移民，同时对移民的物质生活条件和生命安全更是考虑得相当周到而且具体，在中国古代思想家中是颇为难得的。

历久弥新说名句

晁错说"民贫则奸邪生"，想想这句话的确是不无道理。毕竟民以食为天，当老百姓都处于吃不饱、穿不暖的境地时，有谁还能老老实实、顺顺从从地服从统治者的统治？所以有远见的统治者都该深谙"民贫则奸邪生"的道理。

其实早在战国时代,管子就已经认识到了百姓的生活状况与统治阶级"治"与"不治"之间的联系。在《管子·牧民》篇中有"仓廪实,则知礼节;衣食足,则知荣辱",并且自此以后,成为中国历朝历代统治者奉为圭臬的"定海神针"。像是在公元前54年,也就是汉宣帝时,发现民间百姓因为粮食问题而显得有些不安定,因此汉宣帝连忙采纳大臣耿寿昌的建议,创设由政府直接管理的粮仓,粮食便宜时便大量购进储存,粮食贵的时候就压低价格出售,以此来调节粮价,以备在荒年时有余粮可以开仓赈灾,保持社会的稳定。

纵观当今,由于失业率偏高,社会似乎也处在一种"蠢蠢欲动"的诡异状况中,有人为了领取保险金,不惜铤而走险,杀了前后几任妻子、孩子以及女友,着实令人发指,真是"民贫则奸邪生"的最好写照。而在一篇社论中,更是以"民贫则奸邪生,民富则天下平"来对为政者做最强烈的呼吁及点醒。

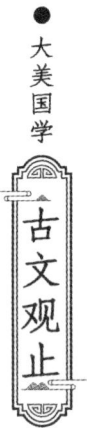

饥寒至身，不顾廉耻

名句的诞生

夫寒之于衣，不待轻暖[1]；饥之于食，不待甘旨[2]；饥寒至身，不顾廉耻。人情，一日不再食则饥[3]，终岁不制衣则寒[4]。夫腹饥不得食，肤寒不得衣，虽慈母不能保其子，君安能以有其民[5]哉！

——西汉·晁错《论贵粟疏》

完全读懂名句

1. 轻暖：用丝绵或皮做成的又轻又暖和的衣服。2. 甘旨：美味、甘美的食物。3. 再食：吃两餐饭。4. 终岁：一年到头，整年。5. 有其民：拥有自己的人民。封建时代的君主都把老百姓看做自己的私有财产。

人在寒冷的时候，是不会先讲究衣服是否又轻又暖和的；人在饥饿的时候，也不会等到有美味可口的食物才吃，因为饥寒交迫之时,是顾不上什么廉耻的。人之常情是,一天里不吃两餐饭就会感觉到饿,一整年都不添制衣服的话就会寒冷。肚子饿时没饭吃,天气冷时没衣服穿,即使是慈爱的母亲也保不住她的孩子,君主又怎么能保有他的百姓呢!

名句的故事

晁错在景帝时非常显贵,由于他所提出的观点及看法都很有独到之处,因此深受皇帝的宠爱,甚至超过了九卿。晁错被提升为御史大夫后,看到诸侯国势力的强大对中央统治造成严重的威胁,于是在思考良久之后,明知自己的想法有可能引起人们的非议,但仍择善固执地拟章上奏:请求皇上相应地削减那些诸侯的封地,并且收回各诸侯国边境的郡城。

晁错的奏章呈送上去后,皇上立即命令公卿、列侯和皇族一起讨论这个议题,虽然许多人都对晁错所修改的三十三法令有意见,但碍于皇帝,因此在场没有一个人敢非难晁错的建议,只有窦婴努力地与他争辩,并因此与晁错产生了摩擦。

晁错的父亲听到了这个消息后,立即从家乡颍川赶来,对晁错说:"皇上刚刚即位,你也才刚执掌政权,你提出要削弱诸侯的力量,就等于是要疏远人家的骨肉,也难怪所有人都议论纷纷,并且私底下怨恨你。你究竟为什么一定要这样做呢?"听了父亲的话后,晁错说:"事情本来就应该这样,不这样的话,天子就不会受到应有的尊崇,国家也就不会得到安宁。"

晁错的父亲又说:"照这样下去,刘家的天下安宁了,而我们晁家却危险了,我要离开你回去了。"说完这些话后,晁错的父亲很快就回到家乡,之后果真服毒药而死,并在死前说:"我不忍心看到祸患连累自己。"

果然,晁错的父亲死后十几天,以吴王刘濞为首的七个诸侯便开始反叛,并以"诛杀晁错以清君侧"为名发动内乱。于是先前和晁错积怨已久的窦婴、袁盎便乘机向景帝进言,将诸侯反叛的罪过全都推到了晁错身上。

皇上为了平息叛乱,竟不辨是非,真的下了命令,将晁错腰斩于东市,完全应验了当初晁父的担忧。

历久弥新说名句

"夫寒之于衣,不待轻暖;饥之于食,不待甘旨;饥寒至身,不顾廉耻"这句话,正好说明了人们的最低需求不过是维系生命,如果命都没了,一般人是顾不到其他的。于是,它的源头又回到了"仓廪实然后知礼节"这个命题。人们要生存的最基本条件是要吃饱、穿暖。只有解决温饱之后,人们才会去考虑更多的内容。"食必求饱,然后求美;衣必常暖,然后求丽"。不仅仅是我们的古人有这样的认识,其他国家的人们也同样明白这个道理。比如英语中有一个"Beggars can't be choosers"(饥不择食)的谚语,字面上的意思则是"乞丐永远无法成为有选择权力的人"。贫穷便能让人丧失掉一切的选择权力,而社会又怎能期望这样的人会乖乖坐在家中独自体会饥饿之感呢？

南亚海啸之后，我们看到有些灾区的人民，在饥寒多日之后，一旦看到救济物资来到，竟然有人会动手抢劫，甚至于伤害同胞，对这些灾民，我们已经不能要求什么道德了，他们只有一个要求，那就是：活下去！人们只有活下去之后，才能进一步要求活得好。这也就是各个国家都提出一个"最低生活保障"的缘由了吧。

"饥寒至身，不顾廉耻"，而"治国之道，必先富民。民富则易治也"这一点，是古代政治家对其君主提出的建议，也是我们现在的领导人应该参考的最基本准则。

珠玉金银，饥不可食，寒不可衣

名句的诞生

夫珠玉金银，饥不可食，寒不可衣，然而为贵之¹者，以²上用之故也。其为物³轻微易臧⁴，在于把握⁵，可以周海内⁶而亡饥寒之患。此令臣轻背其主⁷，而民易去⁸其乡，盗贼有所劝⁹，亡逃者得轻资也¹⁰。

——西汉·晁错《论贵粟疏》

完全读懂名句

1. 贵之：以之为贵。贵，形容词用作动词。2. 以：连词，因为。3. 其为物：珠玉金银作为物品。4. 臧：保藏。这个意义后世多写作"藏"。5. 在于把握：意思是可以拿在手里。6. 周海内：走遍全国。7. 令：使。轻：轻易。背：背叛。8. 去：离开。9. 有所劝：有诱惑的东西。这里是指珠玉金银有诱惑力。劝：诱惑。10. 轻资：便于携带，这里还是指珠玉金银。

珠玉金银，在饥饿的时候不能用来食用，在寒冷的时候无法当做衣服穿，但是人民都以之为贵，这是因为国君很重视它的缘故啊。珠玉金银作为物品，可以拿在手里，带着它走遍全国而不用担心有饥饿或受冻的忧患。正因如此才会使得臣子很轻易便背叛自己的主人，人民可以很轻易地离开自己的家乡，并且盗贼也极易受到珠玉金银的诱惑，而逃亡的人也可轻便地携带。

∽名句的故事∽

汉景帝继位后，极为宠信晁错，而晁错多次请求皇帝单独与他谈论政事，景帝每每都听从，并因此修改了不少的法令。丞相申屠嘉对此心中很不满意，但是又苦于找不到借口来诋毁他。

当时，内史府是建在太上庙围墙里的空地上，门朝东，出入很不方便，晁错便凿开了太上庙的围墙，向南边开了两个门以供出入。丞相申屠嘉听到了这件事以后，认为这是一个极好的机会，立即将晁错这次行动的前因后果以及损坏太上庙的事实写成奏章，请求皇上诛杀晁错。

而晁错由于提前听到了这个消息，因此也立刻连夜请求单独进谏皇上，并具体且详细地向皇上说明这件事情的来龙去脉。第二天一早，丞相申屠嘉上朝奏事时，趁机就禀告了晁错擅自凿开太上庙的围墙做门的事，请求皇上把他交给廷尉处死。而早与晁错沟通过的皇上便说："晁错所凿的墙不是太上庙的墙，而是庙外空地上的围墙，还不至于触犯法令。"

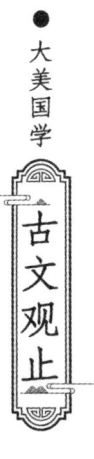

听了皇上的话后,丞相申屠嘉只能无奈地谢罪,但退朝之后,他生气地对长史说:"我本当先杀了他再报告皇上,却先奏请,反而被这小子给出卖,实在是大错特错。"这件事后,申屠嘉因为生病死去,而晁错则因为这件事情,变得更加显贵了。

虽然晁错没有恃宠而骄,然而在七国之乱的事件中,皇帝因为采用了晁错的意见,而导致诸侯造反,最后只得以杀晁错来安抚诸侯,皇帝对他的宠信最终导致了他的死亡,真可谓是"成也萧何,败也萧何"。

历久弥新说名句

"珠玉金银,饥不可食,寒不可衣"这个道理是很明显的,但是长久以来,大多数人都为所谓的"阿堵物"折腰、为之努力。这究竟是为什么呢?其实这个答案很简单,因为珠玉金银是一种财富的象征,而自古以来,大多数人对于财富都是趋之若鹜的。

在《晋书》中收录了一篇奇文,叫做《钱神论》,内容主要便是讲述金钱的作用,认为"凡今之人,惟钱而已"。一个人只要有了金钱,就可以消除一切忧愁、解除一切烦恼。不仅如此,这篇文章中还认为,一旦拥有了金银财富,就可以"无德而尊,无势而热",甚至"危可使安,死可使活,贵可使贱,生可使杀",简直将金钱的作用提升到了无以复加的地步。

《晋书》中收录这篇文章,当然不是要宣扬这种拜金主义。

但它却清清楚楚地告诉我们,人们对于财富的追求是古来即有的。尽管大家都明白"珠玉金银,饥不可食,寒不可衣",可是,作为财富,人们仍旧喜爱它,迷恋它,追逐它。这倒也是无可厚非的,关键是,应该怎样正确的看待它,毕竟,金钱不是人民生存的根本,而只是我们获得生活必需的一个媒介而已。所以,在迷恋它的时候,一定别忘了时时提醒自己,金钱,不过是身外之物罢了。

但就像现在大家最喜欢在开玩笑时说的一句话:"钱不是万能的,但没有钱却是万万不能。"所以,中国的中庸之道还是有一定的道理的。

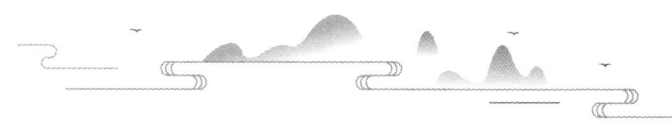

盖有非常之功，必待非常之人

名句的诞生

盖有非常¹之功，必待²非常之人，故马或³奔踶⁴而致⁵千里，士或有负俗之累而立功名。夫泛驾⁶之马，跅弛⁷之士，亦在御之而已。其令州郡察吏民有茂材⁸异等，可为⁹将相及使绝国¹⁰者。

——西汉·汉武帝《武帝求茂材异等诏》

完全读懂名句

1. 非常：不同寻常的、非凡的。2. 待：依靠。3. 或：……的。4. 踶：蹄子。5. 致：达到。6. 泛驾：泛，通"泛"，翻覆之意。而泛驾则是指不受驾驭、四处奔跑的马。7. 跅弛：指不受拘束、不遵礼法。8. 茂材：优秀的材质。9. 为：当做，称为。10. 绝国：指极为遥远的国家。

凡是要建立非常的功勋，就必须依靠非常的人才。所以有狂奔踢人、但却可以跑千里路的马，有力排争议、受世俗嘲讽却能建功立业的人。那些不受驾驭的马，以及不受约束的人，不过是看怎么驾驭罢了。现在下令各州郡立即寻找有才能，以及可以为将军、宰相或者出使远方国家的人。

文章背景小常识

汉武帝刘彻（公元前156—前87年），是一位富有雄才大略、又能善用人的盛世君主。汉武帝当初即位之时，所面临的情势相当地严峻，不仅要面对身旁垂涎于他皇位的人，更对匈奴的不断进犯而感到头痛。

刘彻深深明白以一己之力是难以解决眼前之急，因此他即位后"求贤若渴"，立即对汉初的用人政策做了大刀阔斧的调整，而《武帝求茂才异等诏》便是他对选拔人才的主张。他认为对于人才的认定不必局限于资历与德性，只要有特长就该使用，由这篇文章的末尾，刘彻将出使远国的使者与将相并提这一部分来看，便可知他的一片雄心壮志。

刘彻"唯才即用"的观点，实是与当时的社会背景有些关联。因为汉初用人极看重资历，并且任一定的官职还得要有相应的资产标准，凡是两千石以上的高级官吏，才可以保举自己的子弟做官。

这种唯"财"即用的制度，不仅造成了人才的退化，也使得

贫穷但优秀的人才无法有出头天。因此元朔元年,汉武帝便下了一道"兴廉举孝"的诏书,宣布不讲出身门第,"唯才是举",并且还把它制度化,哪级官吏"不举孝、不察廉"就免职罢官。

尽管这种举贤法也存在一定的弊病,但至少当时确实有不少人才因此得以施展自己的长材。并且刘彻之所以敢说"要驾之马,跅弛之士,亦在御之而已",也并非是大言不惭,因为事实上,他确实有过人的洞察力,以及高超的驾驭人才技巧。除此之外,他还敢不拘一格地提拔用人才,像卫青、张骞等人便是破格提升的,并由此造就了汉代版图辽阔的盛世。

名句的故事

其实"唯才即用"、"唯才是举"的主张并不是刘彻的独创,因为三国时的魏武帝曹操表现得比他更为突出。

当时曹操也是求才若渴,更是颁布了三道"求贤令",要文武百官不拘品德,登用人才。甚至他还要寻求"负污辱之名,见笑之行,或不仁不孝,而有治国用兵之术"之人,也就是无论此人是否德性不彰、不仁不孝,只要他在治国用兵上有独特的见解,都应该由地方官吏保举出来,使他"得而用之"。

曹操此言一出,自然引起了轩然大波,但他也同时被奉为爱才君主的典范,使后世怀才不遇者更加自叹生不逢时,不得其主。曹操对主动投靠者不仅给予高薪、礼遇有加,并且对敌营中的人才也喜爱备至,例如在见到"威风凛凛"的许褚时心中暗喜，见到"应对如流"的贾诩难掩喜色，并且之后想方设法将他们请至自己的麾下，而事实证明，这些投靠的能人志士确实都为曹魏集团立下了不少的丰功伟业。

由于曹操的形象，既有雄才大略的一面，又有奸诈的一面，有时很难分清这是他的英雄本色，还是奸雄的特性使然，因此人们对他的评价也不尽相同，不过无论如何，他的"求贤"之举还是为他博得了许多好评。

由这个例子或许正可以看出，当一个国家处在百废俱兴的时刻，在上位者由于对"才"的需求，有时甚至可以牺牲一点对"德"的要求。

历久弥新说名句

"盖有非常之功，必待非常之人"这句话涉及人才选拔的问题，无论古今中外，人才的选拔则一直是关系到一个国家兴衰成败的大事，因为只有任人唯"德"，国家可以持久，但是难以强大；任人唯"才"，国家可以强盛，但是难以持久；如果任人唯"亲"，国家就会什么都没有了。"盖有非常之功，必待非常之人"，强调了对人才的肯定。

司马相如也曾经说过："世必有非常之人，然后有非常之事；有非常之事，然后有非常之功。"意思便是由非常之人才能做出非常之事，而做出非常之事后才会成就非常之功，语意显得更为透彻，并且也更有层次。

不过，非常之人也未必能创立非常之功，也许还有弄巧成拙的危险。在一篇题为《"朗讯事件"的后遗症》的文章里，作者就写到"夫盖有非常之功，必待非常之人。朗讯中国什么时候能够找到自己的'非常之人'，来扭转局面，恢复朗讯中国的形象，建立'非常之功'，只有朗讯自己最清楚。"

所谓的"朗讯事件"，起因于朗讯中国分公司的贿赂丑闻，"朗讯"是家国际公司，到了中国开分公司之后，为了开拓市场，因此中国分公司"入乡随俗"地做了一些无法摊在阳光下的"暗盘"动作，俗称"贿赂"。事情曝光后，总公司大为震怒，大刀阔斧地将一群涉嫌在内的高阶官员革职察办，导致朗讯中国分公司在信誉、人事与管理方面面临了空前的危机。

由此可见，就算有"非常之人"做出"非常之事"，但若没有循规蹈矩、按部就班，反而有可能会弄巧成拙，反倒让"非常之功"功亏一篑。当今世界中，寻求"非常之人"做出"非常之事"以成就"非常之功"，虽已成为企业与国家最迫切需要解决的问题，而一切的竞争虽然也都是人才的竞争，但每个人在尽力发挥自己的潜能之前，仍不能忘了最基本的"诚信"准则，这样才能让自己成为一个真正的、可爱的、名副其实的"非常之人"。

而最有趣的是，在中国内地，"盖有非常之功，必待非常之人"竟也被拿来当为一个谜面供人猜字，而这个字谜的正解是"彻"。你想通这其中的所以然了吗？

强毋攘弱，毋暴寡

名句的诞生

朕[1]亲[2]耕，后[3]亲桑，以奉宗庙粢盛[4]祭服[5]，为天下先。不受献[6]，减[7]太官[8]，省繇赋[9]，欲天下务农蚕，素[10]有畜积，以备[11]灾害。强毋攘[12]弱，毋暴[13]寡，老耆[14]以寿终，幼孤得遂长。

——西汉·汉景帝《景帝令二千石修职诏》

完全读懂名句

1. 朕：古代君王的自称。2. 亲：亲自。3. 后：这里指皇后。4. 粢盛：古代盛在祭器内以供祭祀用的谷物。5. 祭服：古代祭祀时所使用、穿着的衣裳。6. 献：汉代所规定的赋税中的一种。百姓除了每天向政府交人头税、户税之外，还必须上缴若干钱给皇帝，这就叫献费。7. 减：消减、减少。8. 太官：也称为"大官"，是专门管宫廷膳食的官员。9. 繇赋：徭役赋税。10. 素：一向。11. 备：防备。12. 攘：扰乱、侵夺。13. 暴：欺凌、损

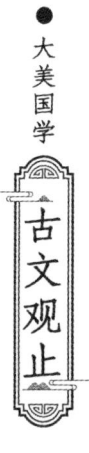

害。14. 老耆：古代称六十岁者为耆，这里泛指老年人。

我亲自耕地，皇后亲自种桑养蚕，并且全拿来为提供祭祀祖宗及宗庙之用的谷物、衣服，给天下的人都做个榜样。我不接受供奉，并且还消减太官的俸禄、减少徭役等赋税，让天下百姓都能勤于农务、积蓄一些余粮，以防备灾害时用。使强者不欺凌弱者，使人多的不欺凌人少的，使老者能够善终，使幼者能够茁壮成长。

文章背景小常识

汉景帝刘启（公元前188—前141年），字开，是高祖刘邦的孙子、汉文帝刘恒的儿子。母亲窦氏，生他时父亲还在做代王。他原来并不是长子，但父亲的四个儿子相继病死之后，他便成了长子。

当初汉景帝即位后，先是提拔了晁错做内史，然后又将他升为御史大夫，相当地信赖他。而晁错经过缜密分析后，告诉景帝即位之初要特别提防的，便是刘邦的侄子——吴王刘濞。因为早先刘邦曾封刘濞做吴王，但之后不久就后悔了，而刘濞到达吴后，便野心勃勃地开始准备攫取皇位。等景帝正式即位后，刘濞已经暗中准备了四十来年，他不仅私自铸钱、又煮盐贩卖，为了壮大自己的力量，还招纳逃犯，谋反之心路人皆知，因此晁错才会极力主张景帝削夺各王的封地，而这便是历史上有名的"削藩"。

而听从了晁错建议的景帝,决定先削夺吴的会稽和豫章两郡,刘濞眼见朝廷开始动手,自然不愿束手就擒,便联合各地诸侯王打着诛杀晁错、安定国家的旗号反叛作乱。由于这次叛乱共有七个诸侯王参加,史称"七国之乱"。

"七国之乱"平定之后,景帝趁机将王权收回中央,又大量裁撤王国的官吏数量。以后,各王国的诸侯王就成了只享受当地租税的贵族阶层,不再有行政权和司法特权。

《景帝令二千石修职诏》便是汉景帝刘启写给封国的国相,以及郡的太守们的一道诏令,在此篇文章中,汉景帝苦口婆心,并且身体力行地告诫诸位大臣切莫滥用职权、伤害百姓,如此一来国家方能安定、百姓才能和乐。

所谓的"诏书"是古代应用文的一种,是以皇帝名义所发的政府文件,但若国家有什么大事,皇帝并不可以随便叫身边的尚书起草个圣旨,就诏告天下,而是要谨慎为之。而一旦诏书下达后,具体的技术性操作是必须由政府首脑"宰相"来负责,因为如此一来皇帝和宰相之间便有制衡,诏书也就不至于胡乱来。当然,也有皇帝独裁的、也有宰相专权的,那多是个人原因或个别现象,并且是有悖制度或法理的。

名句的故事

在汉代的历史上,"文景之治"的盛世是有目共睹的,而其

中的"文"指的是汉文帝,而"景"便是本文的作者汉景帝刘启。

刘启是个正直贤明的皇帝,"善用人"是相当出名的,并且对于外戚的任用也非常的谨慎。例如窦婴原是外戚,在七国之乱时,被封为大将军,而窦太后几次让想让景帝封窦婴做丞相,但景帝总觉得窦婴不太稳重,因此不惜得罪太后,最后还是让更合适的卫绾做了丞相。

景帝为人也很宽厚仁慈,更不记旧仇,"张释之"就是个很典型的例子。张释之在景帝做太子时曾经阻止他的车进入殿门,因为他在进宫门时没有下车,违反了当时的法令。后来这事让文帝的母亲薄太后知道了,文帝不得不摘下帽子认错,承认自己教子不严。这使当时的景帝很没面子,但景帝并没有像很多昏君那样,一即位便报私仇,反而还让张释之做了廷尉。

就是这样的景帝写出了"强毋攘弱,毋暴寡,老耆以寿终,幼孤得遂长"这句子。而这不禁让我们想起了《礼运·大同》篇中描绘出的大同世界,以及其中的千古名句:"……人不独亲其亲,不独子其子。使老有所终,壮有所用,幼有所长,矜寡孤独废疾者皆有所养……"

历久弥新说名句

"强凌弱、众暴寡"是造成中国古代许多国家分裂的一个主因,更是一种虽不正常但却普遍存在的社会现象,也因此汉景帝才会提出"强毋攘弱,毋暴寡,老耆以寿终,幼孤得遂长",为我们描绘了一个美好的世界。虽然这未必能够真正的完全实现,但是它始终应该是人类社会的一个目标。

像唐白居易于《养老》一诗中说:"使生有所养,老有所终,死有所终也。"更比如电视剧《还珠格格》中,紫薇曾为乾隆写过一段祝寿歌:"巍巍中华,天下为公,普天同庆,歌我乾隆。幼有所养,老有所终,鳏寡孤独,有我乾隆。泽被苍生,谷不生虫,四海归心,国有乾隆。仁慈宽大,恩威并用,舍我其谁,唯有乾隆……"虽然这文词看来肉麻有余、深度不足,但至少侧面表明了由古至今,不恃强凌弱、老幼各有归属的"大同世界",一直都是人们心中的"理想国"。

中国自古以来就倡导"老有所终,幼有所养",形成了尊老爱幼的良好家庭道德传统。谁不孝敬父母、善待子女,谁就会被世人唾弃为"缺德",情节严重的还会受到法律的制裁。因此,尊老爱幼,不仅是每个公民必须遵守的道德准则,也是应尽的社会责任和法律义务。

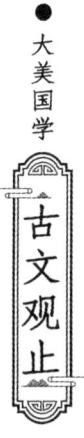

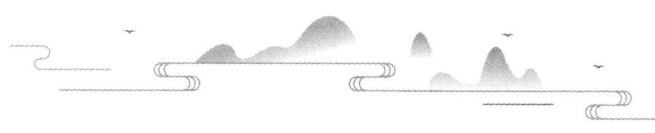

同心而共济,始终如一

名句的诞生

君子则不然¹:所守者道义²,所行者忠信³,所惜者名节⁴。以之修身⁵,则同道⁶而相益⁷;以之事国⁸,则同心⁹而共济¹⁰,始终如一。此君子之朋¹¹也。

——宋·欧阳修《朋党论》

完全读懂名句

1. 不然:不是这样。2. 道义:道德、义理。3. 忠信:忠诚、信用。4. 名节:名誉、气节。5. 修身:修养自己。6. 同道:志同道合。7. 相益:互相帮助。8. 事国:服务国家。9. 同心:团结一心。10. 共济:同舟共济。11. 朋:朋党。

君子却不是这样的:他们信守的是要有道德和义理,实行的是要有忠诚和守信用,爱惜的是要有名誉和气节。君子都是用这些来修养自己的身心，所以就会志同道合，互相帮助；君子都是用这些来服务国家，所以就会团结一心、同舟共济，而且始终如一了。这就是君子的朋党啊！

文章背景小常识

什么是朋党呢？在中国历史上，抱有同一政见而互相结合的从政者，都会被敌对的一方指为"朋党"，但是他们只是志同道合而已，所以和现今所说的有纪律、组织的政党是不同的。而封建社会的君王，为了能驾驭群臣，都不喜欢臣子私下结成朋党，所以朋党就成了敌对双方互相攻讦陷害的政争手段。

宋仁宗庆历三年（公元1043年），保守派的吕夷简、夏竦等人被罢免，仁宗进用杜衍、韩琦、范仲淹、富弼等一代名臣，于是得罪了吕夷简、夏竦等人，他们就诬陷杜衍、韩琦、范仲淹、富弼等，都是结为"朋党"的人，使得他们四人都相继被贬。

当时欧阳修正在谏院担任谏官，正直敢言，并要求政治改革，他是站在以范仲淹为首的这群革新派的一边。他看到这种情形，就写了这篇《朋党论》进呈给仁宗。文中除了列举了各个朝代兴亡的事例外，主要在阐述：朋党是有正邪之分的，君子是"以同道为朋"；小人是"以同利为朋"。而且身为一个圣明的君王，在治理国家时，应该"用君子的真朋，而退小人的伪朋"，希望君王在进用贤能的人时，不要再让范仲淹等这般名臣被小人所诬陷而遭贬。仁宗看了这篇反复论证、平易近人的《朋党论》

后，就感悟了。

名句的故事

欧阳修是北宋文坛的领袖，他在诗、词、散文、书表等都卓然有成就，也是"唐宋八大家"之一，他一生之中写过的不少文章中都留下了名句，"同心而共济，始终如一"就是其中一句。

"同心而共济，始终如一"光看字面上的意思就可以知道，无论是"同心"、"共济"，它的意思都是同心协力一起做事，而且"始终如一"，不会改变。这种坚定的信心、信念，与做法，实在值得现代一些做事常常"三心二意"的人所仿效学习。而且这也是欧阳修在劝谏仁宗时所提出的君王治理国家时应该擢用的"君子之朋"。

推及到历代，皆有这种"同心而共济，始终如一"精神的君子之朋政争，例如舜时，进用皋陶、稷、契等二十二人为朋党，使舜的天下大治。纣王时，因为他的暴虐，纵使有亿万个人民都有异心，所以纣亡国了；周武王时，臣三千人为一朋党，反而使周兴盛。所以《尚书》曾说："纣有臣亿万，惟亿万心，周有臣三千，惟一心。"这也是与"同心而共济，始终如一"精神相同的句子，但不像欧阳修所写的这么契合、简约，由此也可看出欧阳修写作语法的功力。

历久弥新说名句

在 2003 年全台蔓延 SARS 期间，处处都是风声鹤唳，不论是政府、医院、慈济等宗教团体，都无时不在呼吁民众注意防范，如果不幸染上症状，也先别惊慌，做好居家隔离，于是就在新闻标题里有"同心共济度灾疫"字句，期使大家在 SARS 期间人人都平安。

2004 年末，面对人类最大灾难的南亚海啸悲剧，全世界都不约而同地发起慈善义卖、义演活动来募款，台湾、香港的影视明星也不落人后地举办慈善义演，"四海同心送关怀"，众星一起慈善赈灾，名歌手许冠杰还呼吁每个人要有"同舟共济"的感觉。

当然，防灾、救济，这都是一时的事情，要同心共济还算容易；像古人遇到艰险困厄，仍然能坚持到底，始终而如一，那可是不容易的，这才叫"时穷节乃见，一一垂丹青"。

真情流露

人之相知,贵相知心

嗟乎!子卿[1]!人之相知,贵相知心。前书仓卒[2],未尽所怀[3],故复略而言之。

——西汉·李陵《答苏武书》

完全读懂名句

1. 子卿:苏武的字。李陵和苏武是同辈,以字相称,表示尊敬。2. 仓卒:仓促。3. 怀:心怀,指心里想说的话。

哎呀!子卿!人与人相交往,最可贵的就是以心相交啊。前一封书信写得仓促,没有能够完全表达我的心情,所以在这封信中又一次和你说起我的感受。

文章背景小常识

李陵,字少卿,西汉陇西人,是著名的"飞将军"李广之孙。年轻时曾担任过侍中(皇帝身边的侍从官)、建章监(督工修缮柏梁台)等职。

李陵善于骑射,懂得礼贤下士,所以深受军士的爱戴。公元前99年,李陵随李广利出击匈奴,被围,粮尽援绝,不得已之下只能投降匈奴,并受到匈奴单于的厚待。而苏武是在天汉元年,即公元前100年出使匈奴时被扣。当时李陵和苏武同在汉朝做侍中,有很深的交情,李陵投降匈奴之后,匈奴单于曾多次派遣李陵去劝说苏武,都没有成功,而李陵最后则是病死于匈奴之地,终生再也没有回到中原。

《答苏武书》是李陵在接到苏武写给他劝他回汉朝的信件后,所写的回信。他在这封信中对苏武倾诉了自己战败投降的经过、身处异乡的孤独,并且还谴责了汉朝对功臣的不义,以及自己为何不愿归汉的原因。

全篇语言流畅、情感丰富,读来让人觉得如同亲面李将军,听他含冤忍辱的诉说,真可说是字字泣血、句句传情、声声动人。

由于这篇《答苏武书》,班固的《汉书·李陵传》中并没有收录,加上该书中有一部分内容类似于司马迁的《报任少卿书》,所以有人怀疑《答苏武书》其实是后人的伪作。自唐朝刘知几在他的著作《史通》中提出疑问以来,《答苏武书》的真伪问题一直是史学家和古文学家讨论的一个热点。而且直到现在,关于这个问题的讨论还没有得出一个定论。

但是,不管《答苏武书》是真出自李陵之手,还是后人假托李陵之名所做的伪作,都不会影响它是一篇绝好的文章。

名句的故事

苏武和李陵都曾做皇帝的侍从,二个人一直都是好朋友。苏武出使匈奴的第二年,李陵投降了匈奴,由于他心中有愧,因此一直不敢求访苏武。

过了很久,单于派李陵到北海去劝说苏武,李陵只好前去,然后为苏武准备了酒宴和歌舞,在酒席间趁机劝他,说:"单于听说我和你友谊一向深厚,所以让我来劝劝你。我知道你一直在等待机会回汉朝,但却至今无法回去,白白地在这荒无人烟的地方受苦,根本没有一个人知道你的一片冰心,这是何苦呢?前些时候,你大哥因小过错被皇帝处死,你的弟弟因无法完成皇上交付的任务而服毒自杀。我来匈奴时,你的母亲也已不幸去世,夫人改嫁了,家中只剩下你的两个妹妹和你的孩子们,现在过去了十多年了,他们的生死存亡尚不可知。人生短促得好像早晨的露水一样,你何必这样自找苦吃呢!况且皇帝年纪老了,神志不清,大臣无罪而被灭族的就有好几十家,你究竟是为谁保留着气节呢?听我的话投奔匈奴吧!"

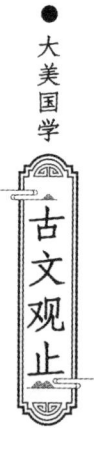

而一直在一旁默默听李陵说话的苏武终于开口了,他说:"我们家父子都没有什么功德,是靠皇上的提拔,才能成为皇帝的近臣,我常希望能为国献身。现在能有牺牲自己以效忠国家的机会。即使受到极残酷的刑罚,我也心甘情愿,你就不要再劝我了。"

李陵眼见游说不成,不死心地又陪苏武喝了好几天的酒,并不断地劝说着,但苏武仍旧不为所动地说:"我自己早是该死之人了,如果你一定要叫我投降,就请让我今天和你尽情欢乐一天,然后我就死在你面前。"见到苏武这样忠诚,李陵也只能叹息道:"唉,你真是一位忠义之士啊,我和卫律真是罪恶滔天,我再也不劝你了。"然后哭着与苏武告别。

几年后,李陵再度到了北海,他告诉苏武说:"匈奴在边境捉到了云中郡的汉人,那被捉来的汉人说,郡里从太守以下,吏民都穿白衣戴孝,据说是皇帝死了。"苏武听了这话以后,便向着南方号啕大哭,直哭得吐出血来。他早晚哭吊,连续好几个月。

历久弥新说名句

交友应交心,历来是人们的共识。所以,像"人之相知,贵相知心"这一类的话语,在中国古代的诗歌文章中可以说是俯拾皆是。比如,在成书于战国初的《国语》中就有"同心则同志"的句子,而白居易认为交朋友应是"交心不交面";王安石也说

"人生乐在相知心",而其他比较有名的还有"人生贵知己"、"结交贵知心"等,都是认为朋友间交往时互相交心是人生一大乐事,是非常可贵的。

美国总统林肯曾经说过:"人生最美丽的回忆就是他同别人的友谊。"亚里士多德的话则更是精要:"友谊就是栖于两个身体中的同一个灵魂。"而法国的罗曼·罗兰在他的名著《约翰·克利斯朵夫》中更是提及:"忠诚的朋友是千金难买的。"可见,无论古今中外对知己都是同样重视的。

回过头来打量我们现在所处的社会。在我们现在生活的空间里,大家都是忙忙碌碌,都在努力为自己奋斗。然而,再忙碌的时候也无法遮盖住内心的孤独和寂寞,人人都希望自己能有个肝胆相照的朋友。但是,更多的人似乎只明白"交疏自古戒言深",却不懂得只有"腹心相结者"才可能成为知己。试问,如果每一个人都紧闭着自己的心门,不肯主动显出自己的真心,走出第一步,只是等着别人将心捧过来,那么,即便是"一人知己足平生"的愿望,恐怕也是不可能实现的了。

> 外无期功强近之亲，
> 内无应门五尺之僮

名句的诞生

外无期功强近[1]之亲，内无应门五尺[2]之童，茕茕[3]独立，形影相吊[4]。而刘[5]夙婴[6]疾病，常在床蓐[7]，臣侍[8]汤药，未尝废离[9]。

——西晋·李密《陈情表》

完全读懂名句

1. 功强近：指关系亲近的亲戚友人。2. 应门五尺：指侍奉的童子仆人。3. 茕茕：孤独的样子。4. 吊：慰问，陪伴。5. 刘：此处指作者的祖母刘氏。6. 婴：围绕、缠绕，此处指疾病缠身。7. 床蓐：即床褥。8. 侍：侍奉。9. 废离：停止，离开。

我在外面没有比较亲近的亲戚，在家里又没有照管门户的僮仆,自己孤孤单单地一个人生活,每天只有与自己的影子相互安慰。而祖母很早就疾病缠身,常年卧床不起,因此我时时侍奉她吃饭喝药,从来没有离开过她。

文章背景小常识

"陈"是陈述的意思,"情"则有多层意义:首先指情况(事实);当然也有衷情(孝情、苦情、忠情);另外还有情理(忠孝之道),正所谓"情以动人";表是古代一种重要的议论文体,议论文是指以议论说理为主的文章,包括论点、论据、论证三要素。李密的这篇《陈情表》便是结合这三者而成的千古名篇。

李密字令伯,一名虔,今四川彭山人,自幼丧父,母改嫁,全赖祖母刘氏抚养成人。他原是蜀汉后主刘禅的一名郎官,但司马昭灭蜀汉后,李密成了亡国之臣,便在家专心供养祖母刘氏,而他的"孝"名,早闻名于乡里之间,就算被地方推荐为"孝廉"和"秀才",但为了侍奉祖母,他一直都未曾去应诏。

公元265年司马炎即帝位,改国号为晋,是为晋武帝。此时晋武帝为了想稳定局势、笼络西蜀人士,便打起了"以孝治天下"的旗号,大力征召西蜀名贤到朝中做官,而以"孝"闻名的李密自然是不二人选。但李密原是蜀汉的旧臣,国家灭亡才三四年,难免感伤未逝,再加上司马氏阴险多疑,对前朝臣子改事新朝之事难免会带有戒心,所以他深思之后决定辞退晋武帝的任命,因此才会写下了《陈情表》这篇表文,再次以祖母年高无人奉养为理由婉言辞谢。

李密的作品大都佚失，流传至今的只有《陈情表》及《赐钱东堂诏令赋诗》。《陈情表》一文则以"孝"为中心点，本着宗法人伦的纲常为主骨，通篇措词委婉，无一字虚言藻饰，情真意切、感人至深，一向被人所传诵。有人曾说：读《出师表》不落泪者其人必不忠，读《陈情表》不落泪者其人必不孝。足见此篇文章的强烈感染力。

名句的故事

其实由于李密早有孝名，因此入晋后，蜀地先后两名地方官都曾推荐他做官，可李密却不肯出仕而借故谢绝。但由于司马炎求才若渴，再加上格外看重他的"孝名"，因此特地下了一道诏书，要李密做供职于宫廷的郎中，可李密依然没有答应。甚至，晋武帝又改诏他为显要的太子官属洗马，只是李密仍借口推辞。

而李密此举终于惹恼了晋武帝，因此他亲自下令，指责李密傲慢，并让地方官日夜进逼，声称如再迟缓，就要逮捕他下狱，甚至按律问斩了。晋武帝此举使李密左右为难：出去做官吧，仍怀恋故国，而且这么出去，也将大丢颜面；不出去吧，又是会被杀头的。经过深思之后，他特意迎合晋武帝"以孝治天下"为主旨，说他幼时"伶仃孤苦……茕茕孑立，形影相吊"，多亏了老祖母把他抚养长大，若没有老祖母，就没有今天的他。而今，老祖母已九十六岁，又长年卧病在床，没有他，祖母怎么度过晚年?他才四十四岁,报效国家的日子还长,而孝敬祖母的时间已不多了,所以恳请司马炎体谅他的苦衷。

武帝读了这篇文章后,深深被李密的孝心所感动,不仅赞叹不已地说道:"士之有名,不虚然哉!"更下诏李密留养祖母,并赐奴婢二人,使郡县供其祖母奉膳。而李密便如此照顾着祖母,直到祖母百年之后,才以洗马征召入京,忠孝两全。

历久弥新说名句

"外无期功强近之亲,内无应门五尺之僮,茕茕独立,形影相吊"这句话其实经常分开使用;"茕茕独立"是形容人孤苦伶仃,没有依靠的样子,有时也写成"茕茕孑立",而"形影相吊"早在三国时曹植的《上责躬应诏诗表》一文中出现过:"形影相吊,五情愧赧。"也同样是指孤单、孤苦的意思,有时也写成"形影相顾"、"形影相依"。

后来文人们在形容自己的孤单身世,或者是不被人理解、不被人重用时,也多会使用这些词句,甚至时至今日,都依然还有人在使用。

不过现今有许多学生在写作文时,常常不多假思索句子的原意而照本宣科,曾有人在写及"我的家庭"时直接将"外无期功强近之亲,内无应门五尺之僮,茕茕独立,形影相吊"之句放入文章中,不但与自身的家庭情况不相符合,显得有些不伦不类,并且也让老师们哭笑不得。

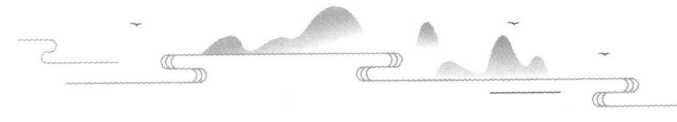

生当陨首,死当结草

名句的诞生

臣生当陨首[1],死当结草[2]。臣不胜犬马怖惧之情,谨[3]拜[4]表以闻!

——西晋·李密《陈情表》

完全读懂名句

1. 陨首:指牺牲生命。2. 结草:指结草衔环。3. 谨:恭敬的。4. 拜:呈递。

我活着当为陛下献出生命,死了来世也要结草衔环报答陛下的恩情。臣下我怀着牛马在主人面前一样不胜恐惧的心情,恭敬地呈上此表,让圣上听听我内心的想法。

名句的故事

"结草"的典故始出于《左传·宣公十五年》,讲述一段关于报恩的故事。

春秋时,有一位名大夫魏武子初生病之时,特地将儿子魏颗召至床前并对他说:"我死后,你可将我的宠妾嫁出去。"但当魏武子真正病危时,却又对儿子说:"我死后你一定要让我的宠妾殉葬。"等到魏武子真的死后,魏颗于心不忍,于是便没有遵从父亲的遗言让她殉葬,而是将这个宠妾嫁了出去,并对她说:"人病危时往往会神志不清,而只有神智清楚时说的话才可听从。"

后来在秦晋辅氏之战的时候,魏颗奉命要将秦国的勇力杜回抓获,但却怎么也逮不着他。正当此时,突然见一个老人将地上的草打了结,使得在逃跑中的杜回因此而绊倒,让魏颗得以顺利抓获杜回。

捉获杜回的那个晚上,魏颗在睡梦中,忽然梦到有个老人告诉他:"其实我是你父亲那名宠妾之父,当初只因你的仁心使然,让我的女儿没有陪着你父亲殉葬,而能有一个好的归宿,因此我今天是特地来报君子对我女儿的不杀之恩的。"

而与"结草"相类似的,还有一个"衔环"。"衔环"的典故是出自南朝梁吴均《续齐谐记》。汉时,有一人名为杨宝,他曾救治过一只遭鸱枭袭击的黄雀,黄雀伤愈飞走了。某夜,突然有一个黄衣童子赠杨宝白环四枚,杨宝想了许久之后,才明白这个黄衣童子原来就是黄雀的化身。

自此以后,人们就多以"结草",或"结草衔环"来比喻有恩必报,而李密在本文中便是使用了这个典故。

历久弥新说名句

"结草"一词在中国历代文学中经常被人频繁地使用着,如晋代薛莹的《献诗》中就有"死唯结草,生誓杀身"的句子,表达的也是无论生死都要报答恩情的意思。北宋著名的文人苏轼在《送蔡冠卿知饶州》中也有"知君决狱有阴功,他日老人酬魏颗",更是直接套用了"结草"的典故。

虽然随着时代的发展,已较少人知道并使用"结草"的典故,大多是在开玩笑时会说到:"你对我的大恩大德,来生我一定结草相报。"而有趣的是,"结草"其实并非只用在人对人,或动物对人的报恩之时。因为在象棋之中,也有一个格局叫"结草"。

象棋中的"结草"是指一方利用抽将的战术手段,将对方的主帅逼到绝路,然后让双马连环做成炮架,将死对方而后得到胜利的方式。之所以叫"结草"的原因,是因为其中双马连环相扣,在最危机关头反败为胜,挽回了整个局面,正寓意着"结草衔环"拯救了己方的主帅。

皇天后土,实所共鉴

名句的诞生

臣之辛苦¹,非独²蜀之人士,及二州³牧伯⁴,所见明知;皇天后土,实所共鉴⁵。愿陛下矜愍⁶愚诚⁷,听臣微志⁸。庶⁹刘侥幸,卒保余年。

——西晋·李密《陈情表》

完全读懂名句

1. 辛苦:辛酸苦楚。2. 独:仅有。3. 二州:指蜀地的益州和梁州。4. 牧伯:州属长官。5. 鉴:亲眼目睹。6. 矜愍:怜悯。7. 愚诚:愚昧至诚。8. 微志:小小的心愿。9. 庶:表达期望。

我的辛酸苦楚,并不仅仅是蜀地的百姓及益州、梁州的长官所亲眼目睹、内心明白,连天地神明也都看得清清楚楚。希望陛下能怜悯我愚昧至诚的心,满足臣下我一点小小的心愿,使祖母刘氏能够侥幸地保全她的余生。

名句的故事

在中国的民俗传统中,"皇天后土"被置于崇高无上的地位,它是人们信仰和祭祀的中心,"皇天"是天阳男神之别称,"后土"则是土地女神。

不过在早期,"后土"曾是专指由历史产生的神明名字,而且"后土"是一位男神的名字。这位男神有个在中国神话中有名的父亲,即是与黄帝争帝、怒触不周山的共工氏,更有一个神话中有名的孙子,就是那位曾锲而不舍追太阳的理想家"夸父"。

从商周到明清,国家祭祀的神明为"社稷",社是"土神",而稷则是"谷神"。商周时代特别重视对社稷的祭祀,并把它看成是统治天下的象征。

汉代以后,"后土"也被归入国家祭祀之列,民间开始建立后土祠,再往后,后土的性别也由男转女,人们都称其为"后土娘娘",与天帝合称,则叫"皇天后土"。

不管"后土"是男是女,自此后"皇天后土"成为中国古代民间祭拜的主要神灵,传说炎帝还作了一首有名的《蜡祭歌》,表达了希冀得到天神与土神的庇佑,以及风调雨顺、五谷丰登的愿望。

在民间文化中"皇天后土"也占有很重要的地位,在许多的轶闻、小说之中,我们常可看到主角在发誓时总喜欢说:"皇天后土，天地共鉴。"至今都还有人这样使用哦！

历久弥新说名句

"皇天后土，实所共鉴"这一句在李密用过后即成了表明自己赤诚之心的名句，被后代广泛使用，特别是在武侠小说中，角色人物经常将这句话挂在嘴边以显示自己的江湖义气。

例如有名的金庸小说《天龙八部》，当乔峰在被丐帮弟兄诬为杀害副帮主马大元的凶手时，曾在杏子林丐帮大会上有一段自白："我和马副帮主交情虽不甚深，言谈虽不甚投机，但从来没存过害他的念头。皇天后土，实所共鉴！"这几句话说得这么的诚恳并且铿锵有力，着实显示出主角莽莽苍苍的英雄气概，任谁都不能再对他有丝毫怀疑。除此之外，书中还多处使用"皇天后土，实所共鉴"之语，来表达主角们义结金兰时的决心和坦然心胸。

"日月光辉，恩泽苍生；皇天后土，孕育华夏。"皇天后土孕育了中华民族，崇拜"皇天后土"的思想至今在中国人心中仍是很重要的一个部分，甚至已经融入了民族的遗传基因。像现代作家周同宾的散文集便叫《皇天后心土》，而很多年以前，著名的邵氏电影公司也拍过一部叫《皇天后土》的电影。

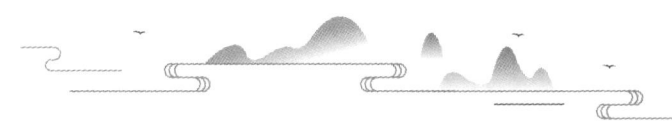

视茫茫,发苍苍,齿牙动摇

名句的诞生

吾年未四十,而视茫茫¹,而发苍苍²,而齿牙动摇。念诸父与诸兄,皆康强³而早世,如吾之衰者,其能久存乎?

——唐·韩愈《祭十二郎文》

完全读懂名句

1. 茫茫:不明的样子。2. 苍苍:斑白的样子。3. 强:壮盛、健壮的意思。

我还不到四十岁,却视力已经模糊,头发已经灰白,牙齿都有点松脱。想到父亲、叔父以及哥哥们,身体都很强壮,但却都很早就离开人世,像我这样衰弱的身子,还能够活多久呢?

文章背景小常识

祭文就是祭祀时所诵读的文辞，表达人们对逝者的哀悼之情。祭文的内容通常包括逝者的辈分、与生者的关系、过逝的原因、逝者的生平与事迹、生者的哀痛，以及对逝者的哀赞等等。古人撰写祭文时，有一套固定的格式，多骈文或四言韵文。但是韩愈写祭文，则一如他提倡古文运动作风，又从古文中创新出自己的风格，《祭十二郎文》就是"去传统"的又一证明。

《祭十二郎文》并没有称颂文中的主角十二郎，反倒是看见韩愈一滴又一滴的泪水，透过日常生活琐事的描述与回顾，倾诉自己痛失亲人的悲伤，字里行间都是刻骨铭心的骨肉真情，后人方有"读韩愈《祭十二郎文》不落泪者不慈"的脚注。本文在写作形式上采用散文风格，不拘常规，用词或长或短，情之所至而文思亦至，因此有"祭文中千年绝调"之赞。

韩愈的母亲生下他后两个月便过世了，而父亲在韩愈三岁时也离开人世，实际上是长兄、长嫂把韩愈抚养长大。韩愈的长兄膝下无子，次兄则有一个儿子，名为老成；韩老成在家族同辈中排行第十二，故称十二郎。十二郎依照礼法过继给韩愈的长兄为子，因此韩愈与十二郎自幼相守，两人虽然是叔侄，却情同手足。只是韩愈的仕途并不顺遂，多次遭到贬谪，四处漂泊、居所无定，所以很少与十二郎见面。等到韩愈的仕途有起色时，却突然传来十二郎病亡的噩耗，致使韩愈悲痛不已，提笔写下《祭十二郎文》。

名句的故事

"视茫茫，发苍苍，齿牙动摇"，这是韩愈年未四十的自我写照。韩愈对于学问可说是日以继夜地下功夫，他自己也说："饮啄惟所便，文章倚豪横。尔来曾几时，白发忽满镜。"（韩愈《东都遇春》）读书倒真的深深影响他的健康问题。且韩愈诗《落齿》也写道："去年落一牙，今年落一齿。俄然落六七，落势殊未已。余存皆动摇，尽落应始止。"韩愈的齿牙动摇已经这么严重了。用医学的角度来看，韩愈的身体至少有两种疾病。

首先，韩愈吃槟榔是真的，这件事情也深深影响到他的健康。从《祭十二郎文》来看，韩愈患有牙周病，可能就是吃槟榔引起的，因此他才壮年就已经"齿牙动摇"。另外从医学角度来看，韩愈也可能有肾虚弱的问题；肾虚弱的人会有四肢寒冷、头晕视茫、发脱齿摇等症状。套一句颜元说的话："终日兀坐书房中，萎惰人精神，使筋骨皆疲软，以至天下无不弱之书生，无不病之书生。"好学不倦诚然值得钦佩与学习，但是整天把时间花在书房中，却没有去锻炼自己的身体，长久下来健康势必会受到影响。

韩愈会提起自己此番形状，想必对身体状况也感到无奈吧！与其说这句话是韩愈的自我写照，也可以用来形容这是他接到十二郎过世的噩耗，一时之间觉得自己老了很多岁的心情。在这短短的文中，韩愈一连用三个"而"字，说明自己身体的病弱，"而视茫茫，而发苍苍，而齿牙动摇"，不仅加重了语气，读起来铿锵有力，更加强了作者的伤痛感。

历久弥新说名句

在众多诗人中，也有几位与韩愈同样有年未四十的忧虑与颓丧的心情。白居易在《隐几》说："百体如槁木……方寸如死灰……行年三十九，岁暮日斜时。"苏轼在《除夜病中蒇屯田》也说："龙钟三十九，劳生已强半。"三十九岁在现代人的标准中，方值青壮时期，却没想到这些人都有已过半生、槁木死灰的感受了。

庄永明先生在写《台湾谚语浅释》第四集的自序中消遣自己，他说："想不到，年龄距半百，还有一段距离，竟然在一年内衰老得如此神速：'视茫茫，发苍苍，齿牙动摇。'我已'享受'了两项，唯有头发尚未苍苍。"知名作家夏丏尊也在《中年人的寂寞》一文中，起头便说："一到中年，就有许多不愉快的现象，眼睛昏花了，记忆力减退了，头发开始秃脱而且变白了，意兴、体力什么都不如年轻的时候。"这些人与韩愈都有共鸣之处，看来岁月真的不会饶人，少壮岂能不努力！

一在天之涯,一在地之角

吾行负¹神明而使汝夭,不孝不慈,而不得与汝相养以生,相守以死;一在天之涯,一在地之角,生而影不与吾形相依,死而魂不与吾梦相接。

——唐·韩愈《祭十二郎文》

完全读懂名句

1. 负:违背。

我的行为违背了神明所以才使你早死,我不孝顺、不慈爱,所以才无法和你相互照顾生活在一起,守护到死;一个在天涯,一个在地角。你活着的时候身影无法和我的形体相依靠,死后灵魂也不到我的梦中来相会。

名句的故事

对于韩愈而言,无论十二郎是因何而死,他都是万分自责,自责自己一定不孝顺、不慈爱,自责到认为自己的行为一定触犯了神明,才会导致十二郎年纪轻轻就离开人世。因为他到京城之后,第一个四年才回去探望十二郎,第二个四年时,就是他的大嫂、十二郎的母亲过世;再过两年,是十二郎来探望他。之后都因为时机不对,一直都没有见面,等到韩愈仕途不遂,有心要回去与十二郎生活时,噩耗就传来了。

韩愈在《河之水二首寄子侄老成》便说:"我有孤侄在海陬,三年不见兮使我生忧……我有孤侄在海浦,三年不见兮使我心苦。"看来韩愈早就心生"一在天之涯,一在地之角"的惆怅、遗憾,为了求得官禄,他必须远离自己的亲人,此时此刻,"死亡"更加深了这个空间的距离。从这首诗其实看得出来,即使有空间上的距离,叔侄心灵之间,究竟还是相守相依的。而韩愈更难过的应该是,如果死后,十二郎没有到他的梦里与他相会,对他而言,这恐怕是一个更大的处罚。

历久弥新说名句

最早用"天涯"一词来形容天的尽头的是三国时期曹植《升天行二首》的诗句:"中心陵苍昊,布叶盖天涯。"而最早同时提出天涯、地角两个词的是南朝陈徐陵,他在《武皇帝作相时与岭南酋豪书》中这样写到:"天涯藐藐,地角悠悠,言面无由,但以情企。"而从古代的诗句中,我们似乎也可以找到"天涯地角",不过那恐怕是真正的地名,晚唐诗人雍陶有一首诗《再经天涯地角山》:"每忆云山养短才,悔缘名利入尘埃。十年马力行多少,两度天涯地角来。"有人花了十年的马力,离开天涯地角山这个地方,追求名利;"天涯地角"显然是指真正的地名。

后人常用的成语"天涯地角",其实就是从"一在天之涯,一在地之角"精炼出来,原本指偏僻遥远的地方,后来被比喻为无法到达的遥远地方,代表着人们追寻的梦想的终点,是一种象征。例如宋朝的晏殊作有《玉楼春》一词,就写道:"天涯地角有穷时,只有相思无尽处。"天有尽头、地也有尽头,只有我的相思没有尽头。多么感人的句子!

死而有知,其几何离

名句的诞生

毛血¹日益衰,志气²日益微,几何不从汝而死也!死而有知,其几何离;其无知,悲不几时,而不悲者无穷期矣!

——唐·韩愈《祭十二郎文》

完全读懂名句

1. 毛血:指体力。2. 志气:指精神。

体力一天比一天更加衰弱,精神一天比一天更加萎靡,不也即将跟着你死去吗?死后如果有知觉,那么分离的日子也不会久了;死后如果没有知觉,那么悲伤的日子虽然不多,但是不悲伤的日子却没有尽头呀!

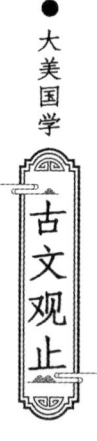

名句的故事

"日复日,夜复夜。三年不见汝,使我鬓发未老而先化。"(韩愈《河之水二首寄子侄老成》)这是韩愈对于十二郎思念的写照。思念呀催人老,韩愈开始算起自己何时可以与死去的十二郎相见,在计算悲伤到底还有多久的日子。

韩愈在贬谪潮州、路经蓝关的时候,遇到十二郎的孩子韩湘,韩湘也是我们熟悉的八仙之一的韩湘子。他写了一首诗《左迁至蓝关示侄孙湘》,诗是这样说的:"一封朝奏九重天,夕贬潮州路八千。欲为圣朝除弊事,肯将衰朽惜残年。云横秦岭家何在,雪拥蓝关马不前。知汝远来应有意,好收吾骨瘴江边。"韩愈此次被贬可是晴天霹雳,他认为侄孙韩湘老远来送他,一定是怕他死在瘴气笼罩的江边,而特地赶来为他收拾尸骨。

就如同韩愈自己说的"不悲者无穷期矣",十二郎死后多年,韩愈仍旧飘荡不定,不悲伤的日子确实没有尽头。而侄孙韩湘从小由他自己抚养长大,天性不喜欢读书,喜欢学习仙道,所以也没有陪伴在韩愈的身边。他们在蓝关遇到时,随即煮酒论诗,彻夜长谈,韩愈隔天醒来,韩湘也早已离去。

历久弥新说名句

韩愈说"死而有知,其几何离;其无知,悲不几时,而不悲者无穷期矣",带着无尽的遗憾。那么死后到底有没有知觉呢?死后人的灵魂到哪里去了?

封伦原本是隋朝大臣,负责修缮宫殿,出手穷极奢华。后来隋朝灭亡,封伦归顺唐朝。一天,唐高祖李渊向他感慨道:"古代的君主耗尽百姓的人力、财力,大兴宫庙、坟墓,到底有什么用处?"封伦一听,立刻了解李渊是讲求节俭的,所以他马上说:"古代坟墓,凡是里面埋藏有众多珍宝的,都很快被人盗掘。若是人死而无知,厚葬全都是白白地浪费;若人死而有知,被人挖掘,难道不痛心吗?"李渊因而下令以后葬礼的施行一切从简。只是,丧礼虽然从简,修墓的事情还是会继续进行,因为传统上中国人是相信死后有知的。

又例如,中国传统上会为死者立下神主牌,并供奉、祭祀神主牌位,因为我们相信死后的先灵在另一个世界是有知的,所以会常常上香,还会烧纸钱给往生者,就是认为他们的世界也是有这些需要。我们遇到欣喜的事情或困难的事情,都会向祖先禀告,常常会说"祖先庇佑"。从这一个角度来看,中国人相信死后是有知的,也据此勉励人人行善,以免死后无颜面对先人。

反之,东汉的王充被视为中国主张无鬼论的第一人。王充在《论衡·论死篇》说:"世人谓人死为鬼,有知,能害人。试以物类验之,人死不为鬼,无知,不能害人。"可见王充坚决反对人死为鬼的立场。他又提出"精气聚散"的说法:"人死血脉竭,竭而精气灭,灭而形体朽,朽而成灰土,何用为鬼？"他认为人死了之后，血脉将会枯竭，精气自然会涣散，当精气涣散殆尽后，则形体朽灭化为灰土，精神也将无所寄托，怎么会有鬼的出现呢？这就是死后无知的见解了。只是这些属于宗教、科学的论述，仍然消除不了我们对亲人的思念，这才是文学的可贵呀！

言有穷而情不可终

名句的诞生

呜呼！言有穷而情不可终，汝其知也邪？其不知也邪？呜呼哀哉！尚飨[1]！

——唐·韩愈《祭十二郎文》

完全读懂名句

1. 尚飨：希望死者享用祭品，是祭文中常用的结语。

唉，话有说完的时候，悲痛之情却无法终止。你究竟知道呢？还是不知道呢？真是令人悲伤呀！希望你来享用这些祭品吧！

名句的故事

这篇祭文最突出的特色就是由一个"情"字所贯穿，如同作者自己在最后所下的结语："言有穷而情不可终。"韩愈从自己的身世、仕途的不遂，说到与十二郎之间的关切情谊，说到日后他们儿女的抚养、嫁娶，韩愈行文没有修饰、渲染，骨肉至情深切，也让读者更加地感受到他的哀痛。

"呜呼"、"呜呼哀哉"，韩愈巧妙地运用这一短、一长的文字，让读者从字里行间看到他的感情起伏变化，甚至可以感受他呼天抢地的哭声。韩愈非常擅用语助词，通过"而"、"也"、"矣"、"邪"、"于"等等字词的协助，语气抑扬顿挫，整篇文章非常具备感染力。不仅仅表现出"言有穷而情不可终"，更表达出"字有数而义不可限"的张力。

历久弥新说名句

写文章时说"言有穷而情不可终"，就像我们常常说的"纸短情长"，深长的情意，非笔墨所能尽述；我们也可以说"一切尽在不言中"，满腹的辛酸泪水，都不是言语所能表达，因为言语有用尽的时候，感情却是没有尽头的。这个情除了是悲伤之情，也可能是男女之情，也可能是愤恨之情。

最近网络上流传一篇《红楼梦诗词鉴赏》（北京出版社出版）的序文，序文的主题是："怎一个痴字了得"。其中形容曹雪芹之于富贵功名种种的感想，笔者写道："言有穷而愤不可终，汝其知耶？汝其不知耶？"这个情便带有愤恨之情，一种对于疲于人世的情怀。

有篇文章《祭华航空难罹难者》，是一位署名彭士彦的作品，文章中有句似乎是模仿韩愈这句名言的写法，他说："一字一痛，言有穷而情不可终。愿生者安，亡者息。呜呼哀哉！尚飨！"又例如，章孝严先生在1991年7月31日时曾于《联合报》发表过一篇文章，是追悼蒋孝武先生的过世，他引用了韩愈这句话。章先生这样写道："我在这里追念你，使我想起韩愈《祭十二郎文》里最后的一句话：'言有穷而情不可终，汝其知也耶？其不知也耶？'而我相信，孝武兄你天上有知，一定能体察到，我们对你的追思，是深切而久远的。"这句名言用在追念上，很容易挑起我们心中无限的沉思与哀悼，确实非常成功。

大凡物不得其平则鸣

名句的诞生

大凡物不得其平则鸣。草木之无声,风挠[1]之鸣;水之无声,风荡[2]之鸣,其跃也,或激[3]之;其趋也,或梗[4]之;其沸也,或炙[5]之;金石之无声,或击之鸣。

——唐·韩愈《送孟东野序》

完全读懂名句

1. 挠:吹动。2. 荡:摇动、摆动。3. 激:阻遏水势。4. 梗:堵塞。5. 炙:烧煮。

大抵各种事物处在不平衡的时候,就会发出声音。草木本来没有声音,风吹动它就发出声响。水本来没有声音,风摆荡它就发出声响,水的跳动是因为有东西阻碍它;水流奔急是因为有东西阻塞了它;水会沸腾是因为有火在烧煮它。金属石器本来没有声音，有东西敲击它就发出音响。

文章背景小常识

"序"是古文文体之一，分为"书序"与"赠序"。书序是用来说明自己或他人著作的撰述旨趣、写作经过或者内容纲要，例如《史记》的《太史公自序》、许慎的《说文解字序》。请别人为自己的书写序，起于晋朝时期的文学家左思。相传左思花了将近十年的时间完成《三都赋》，他自认为名气不够，所以请当时有名的学者皇甫谧为他写序，这篇序文让《三都赋》受到重视，加上左思文采不凡，一时人人争相传抄，造成"洛阳纸贵"的盛况。

由书序逐渐延伸出一专为饮宴、饯别赋诗而作的"诗序"，例如晋朝王羲之的《兰亭集序》，再由"诗序"发展出"赠序"，专为送行而写，不一定有诗，旨在叙述情谊、劝慰告别、相互勉励等等临别赠言，"赠序"在唐宋非常盛行。韩愈的《送孟东野序》即是其一。

孟郊字东野，中唐著名诗人，屡试不第，四十六岁才考上进士，五十岁时才被授官为溧阳县尉。孟郊赴任前，韩愈为他撰文送行，整篇文章运用比兴手法，从"物不平则鸣"，写到"人不平则鸣"。我们很少看到韩愈在文中直陈孟郊的遭遇，但是不经意流露出对朝廷用人的不满，全文充满言在此而意在彼的手法。

名句的故事

韩愈直接发言："大凡物不得其平则鸣。"开门见山，直接有力。然而这与传统中国人"息事宁人"、以"和"为贵的传统作风，似乎有段距离，《幼学琼林·讼岳类》记载："世人惟不平则鸣，圣人以无讼为贵。"所以即使如韩愈之狂狷，他于文中仍旧是采取迂回之术而鸣。

孟郊究竟有多少不平之事，可以让韩愈这样公开说"物不平则鸣"？孟郊第一次入京考试，韩愈登第、他落第；第二次应考，柳宗元、刘禹锡登第了，他却还是落第；他第三次应试时，已经是四十六岁的中年人，这次他终于榜上有名。遗憾的是，孟郊一直到五十岁，才被分发去做一个小小的溧阳尉。怪不得东野先生的诗作，始终充满作为寒族士子不得志伸张的悲鸣之声。

韩愈认为孟郊是一个"善鸣"的诗人，但是在"鸣国家之盛"与"自鸣其不幸"之间，孟郊选择了后者，韩愈自然给予深厚的同情，所以在文章中劝孟郊不必因为处顺境或逆境，感到欢喜或悲伤。孟郊的诗当世人将他定格为"苦吟"，元好问甚至嘲笑他是"诗囚"，苏东坡则有"郊寒岛瘦"的评语，倒是明朝人钟惺有不同的见解："孟东野诗有孤峰峻壑之气，高则寒，深则寒，勿作贫寒一例看。"无论如何，透过孟郊诗中的"寒"、"贫"、"苦"，我们才能看到唐朝社会更深沉的另外一面。

历久弥新说名句

历史上文人会发出不平之鸣者,大有人在。《介存斋论词杂著》有所谓:"稼轩不平之鸣,随处辄发,有英雄语,无学问语,故往往锋颖太露。"稼轩就是南宋有名的爱国诗人辛弃疾。辛弃疾出生时北方已经沦陷,他积极从事抗金事业,洋洋洒洒写出许多文章上奏朝廷,陈述抗金大计,但是却遭受小人排挤,终究被革职罢官,抑郁而终,所以词中充满了不平之鸣。

另外,又例如曹雪芹在《红楼梦》第五十八回也这样描述,宝玉道:"怨不得芳官。自古说:'物不平则鸣'。她少亲失眷的,在这里没人照看,赚了她的钱,又作践她,如何怪得。"这样的抗议方式当然不像之前文人用文、用诗、用书等来表达不平,这里是直接发声抗议了。

古人的不平则鸣,通常是关涉个人的遭遇罢了,所以往往只是发之为文,传诵千古,引起后人无限的感伤;千百年之后,我们社会也有"不平则鸣",只是人们选择的是静坐、游行、抗议、示威、丢鸡蛋、泼油漆……看来"不平"依旧,"则鸣"是越来越进步了。只是这样鸣完之后,在文学史上能否留下什么不朽之作,供后人凭吊呢?

与其有誉于前，孰若无毁于其后

名句的诞生

与其有誉于前，孰若[1]无毁于其后；与其有乐于身，孰若无忧于其心。

——唐·韩愈《送李愿归盘谷序》

完全读懂名句

1. 孰若：何如、不如。

与其现在享有美誉，不如往后不会遭受毁谤；与其现在享受形体上的快乐，倒不如以后心里没有任何担忧。

文章背景小常识

本篇文章写于韩愈三十四岁时，是属于"赠序"，也是一篇抒情的散文名作，描写上多用排比对偶句，透过咏叹对话的形式，淋漓尽致表达出对现实的不平。这篇文章是唐宋八大家古文运动的代表作，宋代文豪苏轼曾经在《跋退之送李愿序》中赞美韩愈："唐无文章，唯韩退之《送李愿盘谷》一篇而已。"可见此文所受到的重视程度。

李愿是韩愈的朋友，虽然有志于功名，却不得志，因此在唐贞元十七年毅然告别同乡，隐居盘谷，号盘谷子。韩愈在当时是担任监察御史，他作了《送李愿归盘谷序》一文为朋友送行，文中巧妙地运用李愿的话而还之于李愿。在韩愈文章中的李愿，道出做官有三种人。第一种就是人称"大丈夫者"，属于做官得志的人，在朝廷里面受到重用，出外时前呼后拥，非常威风；第二种是出仕不遇而选择退隐者，这种人因为怀抱着"与其有誉于前，孰若无毁于其后；与其有乐于身，孰若无忧于其心"的心态，所以怡然自得，而且指出自己就是选择这条路；第三种人是投机者，属于趋炎附势、为权势奔走的人。

韩愈在文末作结语，透露出"清者自清，浊者自浊"之意，他充分呼应李愿，实也是借李愿之口，讽刺当时的政治生态，有怀才不遇的感慨。时至今日，这样一个属于隐士的地方有个盘谷寺，这座寺庙不仅拥有清朝乾隆皇帝亲书的韩愈《送李愿归盘谷序》，还有乾隆亲笔书写的《盘谷考证》及"名山胜"四个大字。盘谷寺可真得因韩愈、李愿而声名远播。

名句的故事

"与其有誉于前,孰若无毁于其后;与其有乐于身,孰若无忧于其心",这句话充分显示出韩愈与李愿怀才不遇后自我安慰的心态,却也对官场"风水轮流转"的了然异常深刻。事实上,韩愈借着赞美退隐者的清高,对那些奔走于权势显赫之门的小人给予斥责,文章写得锐利,却又不动声色,这正是韩愈高明之处。

换句话来说,这篇文章的根基应该是"穷则独善其身,达则兼济天下",也就是出自孟子的理想。李愿因为"不能遇知于天子,用力于当世",所以他选择成为第二种人,也就是独善其身,这种人虽然不能有誉于前,但至少能无毁于后;虽不能有乐于身,但至少能无忧于心,俯仰不愧,无怼于人。

历久弥新说名句

在日本侵华时期,有位彰化人王敏川先生,是当时所称的抗日志士之一,他因为"治警事件"遭到逮捕入狱。时人蒋渭水在《送王君入监狱序》中援引王敏川曾说的一句话:"与其有誉于官,孰若无毁于其民;与其有财于身,孰若无害于其心。"意思是说,与其在统治阶层享有声誉,不如不被他的人民所毁弃;与其身边可攫取许多财物,不如心灵不会被箝害。以上的用词显然是从本句名言蜕变出来，但相较于韩愈、李愿的自我安慰，王敏川则更进一步，充满刚直不屈的精神。

其他类似的用法还有明朝洪应明的《菜根谭》中提到："与人者，与其易疏于终，不若难亲于始；御事者，与其巧持于后，不若拙守于前。"意思是说，和人相处，与其到最后草草结束，不如一开始就保持距离；处理事情，与其到最后要取巧，不如一开始就保守起步。

士穷乃见节义

名句的诞生

呜呼！士穷乃见节义。今夫平居里巷相慕悦，酒食游戏相征逐¹，诩诩²强笑语，以相取下，握手出于肺肝相示，指天日涕泣，誓生死不相背负，真若可信。一旦临小利害，仅如毛发比，反眼若不相识。

——唐·韩愈《柳子厚墓志铭》

完全读懂名句

1. 征逐：追随、追求。 2. 诩诩：夸大的样子。

唉！读书人在穷困时才更显得出节操与道义。现在一些人在日常中彼此表示欣赏友好，常互相设置酒食或玩乐，夸言奉承，强作笑，争相表示谦恭卑下，拉着手表示愿意掏出肺肝给对方看，流着眼泪指着青天与太阳发誓：生死与共，永不背叛，真好像可以信赖的样子；一旦遇到小小的利害冲突，即使是头发丝般的小事，也会翻脸如素不相识。

文章背景小常识

古人在埋葬逝去的人，为了防止陵墓变迁，有存放在陵墓中以备查核的石刻文字。文字内容分为墓志与墓铭两种，墓志是散文，记死者姓名、籍贯、官阶、事迹等；墓铭是韵文，是对死者的称颂、安慰或悼念。前些年河南洛阳出土的东汉延平三年的《贾武仲妻马姜墓志》，根据考证是中国最早的墓志。有人称墓志是地下档案，资料最原始、最真实，对于研究历代政治、军事、经济、文化均有较重要的价值。

墓志铭的艺术价值很为后人称颂，因为撰写墓志铭的作者，很多是历代著名文史学家、书法家，或在历史上有一定地位者，韩愈的《柳子厚墓志铭》就是其一。有人认为《柳子厚墓志铭》是墓志铭中的"变格"。因为韩愈不仅省略了主角柳宗元的官爵头衔，也一改歌功颂德的滥调，时而叙述、时而议论，公允地烘托出柳宗元的人格价值，也充分显示韩愈与柳宗元之间的真挚友情。

《柳子厚墓志铭》是韩愈晚年作品中非常脍炙人口的一篇文章，有学者称赞为"昌黎墓志第一，亦古今墓志第一"。柳宗元字子厚，生于唐代宗大历八年，卒于唐宪宗元和十四年，进士及第，历任校书郎、礼部员外郎，永贞元年因新政改革失败，被贬

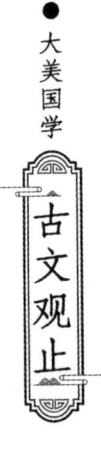

永州司马,元和十年徙柳州(今广西马平)刺史,过四年即辞世。隔年,元和十五年七月,韩愈为他的好友柳宗元献上墓志铭。

名句的故事

柳宗元的"穷"是始自家道中落。柳宗元的祖先皆历任朝廷官员,到了唐朝以后,单就高宗一朝,柳家同时居官尚书省职务者就多达二十二人,但后来柳氏遭受迫害,他的曾祖父、祖父、父亲官秩皆平平。柳宗元出生在安史之乱后,家道已然不若往时,后又历经藩镇割据之乱,他的成长过程饱尝艰难与战乱。

柳宗元虽然年纪轻轻就考中进士、博学鸿辞科,但有十年的做官期间是在远离京城的永州。前往永州的途中,柳宗元的老母不堪旅途的劳累,到永州半年后便过世了,柳宗元非常的自责与哀痛。十年后他回到京城,却旋即又遭围剿,他这次是到更加偏僻荒凉的柳州。贬官柳州是因为他体谅自己的好朋友刘禹锡必须照顾年迈的老母,因此他自愿与刘禹锡交换。他在柳州任职四年,因病辞世。

由于柳宗元在柳州的四年当中,宣扬教化、破除陋习、奖励农桑,解决当地穷人用子女抵押借钱的问题,并帮助要考进士的文人,对柳州当地文化的开展有实质的贡献。柳宗元在仅四十七岁时,便积劳成疾、撒手人寰,柳州人民追悼他的德业,在罗池建了一座庙,以为纪念,后世又称他"柳柳州"。

韩愈撰文为柳宗元疾呼："士穷乃见节义。"柳宗元在贬谪的岁月中，曾托付友人向朝廷重新表明自己的抱负与志向，无奈党争的阴影，朋友们纷纷走避。世道兴衰、人情冷暖，谁是有情有义之人，柳宗元终于认清。只是有情有义者，都跟他是一样的下场。

历久弥新说名句

"士穷乃见节义"中的"穷"，是指穷困时、奥援无助时、孤军奋斗时，此时可以看出一个人真正的节操与性格，它也是人格面临的严苛淬炼；"节义"意即严守节操，坚守正义，为人廉洁，明察秋毫。例如文天祥作《正气歌》，其中有一句话是："时穷节乃见，一一垂丹青。"文天祥强调天地之间有一种正气，表现在人身上的就是浩然之气，而往往到了危急的关头，才会表现出他的气节，这些人的事迹都将留在历史上。

"士穷"的表现历来不一，不见得都是以"节义"自许，却都有勇往直前的风范，所以常被后人所推崇。例如《史记·游侠列传》记载："千里诵义，为死不顾世。"这就是一例。另外，唐朝大诗人杜甫游历成都武侯祠时，曾作诗："出师未捷身先死，长使英雄泪满襟。"（杜甫《蜀相》）诸葛亮最后也是落得"穷"的境地，他未竟蜀汉志业的悲愤，是这样的响亮，对照柳宗元无法在当世施展抱负，在贫穷时却仍能谨守士大夫的道义并乐善好施；面对不一样的世道、际遇，却有着一样感人的节操，真是可敬可佩。

　　"士穷乃见节义"，这是一个人通过考验的写照，但是现代社会却充斥许多高知识分子的智能型经济犯罪，这真是"士穷乃见贪婪"；也有出现惯性而累犯的强暴罪犯，犹如"士穷乃见兽欲"；当然在信用卡普遍的今天，也有许多人"士穷乃见债台高筑"的。当然，我们应该说，这些人已经不配被称为"士"了。人能够在"穷"的境地而依然像周敦颐所说的"出污泥而不染，濯清涟而不妖"，保有志节与操守，世上可说是屈指可数。

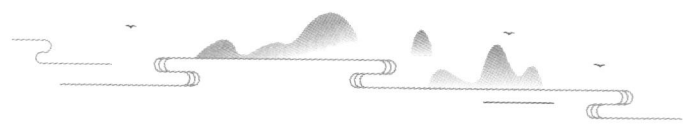

妖韶女，老自有余态

名句的诞生

喜作书，笔意奔放如其诗，苍劲[1]中，姿媚[2]跃出；欧阳公[3]所谓"妖韶[4]女，老自有余态"者也。间以其余，旁溢为花鸟[5]，皆超逸有致。

——清·袁宏道《徐文长传》

完全读懂名句

1. 苍劲：古老而强劲。2. 姿媚：妩媚的姿态。3. 欧阳公：欧阳修在《水谷夜行寄子美圣俞》诗中说道："譬如妖韶女，老自有余态。"4. 妖韶：妍媚的样子。5. 花鸟：只绘画花卉禽鸟之类。

他喜欢写字，笔意奔放如他的诗，苍老劲健中，跃出妩媚的姿态；如同欧阳修所说的："妖冶的女子老了，也自有风韵呢！"

名句的故事

在这边妩韶是形容妍媚的样子，但是"韶"这个字一般都是指韶乐，而这个印象多半是由孔子来的。

在临淄区齐都镇韶院村，有一处规模不大的淡灰色仿古建筑。门内北墙正中镶嵌着一方石碑，隶书大字题曰"孔子闻韶处"，是清朝宣统三年（公元1911年）所立。石碑的左右分嵌两方石刻，比碑略小。左边一块为"舞乐图"，上刻二人席地而坐，一人执管横吹，另一人居右，端坐正视，似乎全部心神沉入美妙的艺术境界中，当是孔子在欣赏音乐。下刻两个美女，长袖飘带，翩翩起舞；右边的石刻为"韶乐及孔子在齐闻韶"简介。相传这是孔子在齐国听韶乐的地方。

韶乐是距今四千多年前舜时的音乐，是远古时代非常高雅的乐曲，春秋时期仍能演奏的国家已经很少，如今，韶乐内容早已失传，但孔子闻韶处依然存在。齐国故城内外，历年多次出土石磬、编钟等古乐器，若用锤击奏几下，声音确也悠扬悦耳。

孔子来齐闻韶的记载见于《史记·孔子世家》。公元前517年，孔子三十五岁时，鲁国上卿季平子与邱昭伯因为斗鸡发生了争执，得罪了鲁昭公，昭公率师攻打季平子。季平子便约同鲁国的另外两个大家族孟氏和叔孙氏，三家共同攻击鲁昭公，结果，鲁昭公师败，逃奔齐国，被安置在干侯。鲁国发生了内乱，也就在这个时候，孔子也投奔了齐国，在高昭子家做了家臣，想通过高昭子的关系去见齐景公。这期间，孔子"与齐太师语乐，闻韶音，学之，三月不知肉味"，并称赞韶乐"尽美矣，又尽善也"！在《论语·述而》中也有提到："子在齐闻韶，三月不知肉味。"这是形容孔子相当欣赏韶乐的美妙，听到之后，就陶醉得三个月都吃不出肉的滋味来。

历久弥新说名句

"妖韶女，老自有余态"这句话是形容妖冶的女子即使是老了，也还是自有风韵，这让我们联想到"徐娘半老，风韵犹存"这句话。但是"徐娘"究竟指的是谁？原来"徐娘半老，风韵犹存"的典故是出字南朝梁武帝第七个儿子萧绎的偏妃徐昭佩的身上。

萧绎自幼爱好文学，对政治了无兴趣，身着布衣，饮食唯豆羹粗粒而已，时常与文人雅士谈玄说道。徐昭佩美丽，聪明，长于诗词，正值花样年华，加上热情如火的禀性，正是需要爱怜的时候，虽然每天打扮得花枝招展，然而却始终撩不起萧绎的情欲，为此她抑郁寡欢，不知如何自处。她曾经故意在化妆时只化半边脸庞，时人称之为"半面装"，糟蹋了自己的美貌，更是有意虐待别人的视觉，借此宣泄她心头的愤怒与不平，甚至用以来羞辱萧绎。谁知萧绎竟然装做什么事都没有发生过一样。

等到萧绎在江陵即位为梁元帝后，徐昭佩被册封为贵妃。萧绎仍旧习不改，依旧以读书和讲授老庄为乐。徐昭佩仍然是深宫寂寞，芳华虚度，这时她已经年近不惑了。萧绎对后宫佳丽均不屑一顾，于是宫人们纷纷找寻情感出路，徐昭佩终于按捺不住，找到一位眉目俊秀、举止风雅的美少年暨季江，初时还遮遮掩掩，后来居然公开来往。每当萧绎在龙光殿上与群臣大谈老庄之道时，也正是徐贵妃与暨季江在深宫内苑中尽情欢乐的时候。有人曾开玩笑地问暨季江："滋味如何？"暨季江毫无隐讳地回答："徐娘老矣，犹尚多情。"或者回答："徐娘虽老，风韵犹存。"看来徐娘也就是妖韶女了。后世形容中年妇人的风情不减，常用"徐娘半老，风韵犹存"，便是由此而来。

有一位作家尤今曾说道："情怀女人的一生，有四个阶段。少女、少妇、徐娘、老妪。"在此处徐娘半老是用来形容年龄到了中年，所以"徐娘"在今日的用法中已经可以用来单指年龄了。

故其为诗，如嗔如笑

名句的诞生

其胸中又有勃然不可磨灭之气，英雄失路、托足无门之悲；故其为诗，如嗔¹如笑，如水鸣峡，如种出土，如寡妇之夜哭，羁人²之寒起。

——清·袁宏道《徐文长传》

完全读懂名句

1. 嗔：生气。2. 羁人：客居异地的人。

他的胸中又有蓬勃不可磨灭的气概，以及英雄失意，没有地方可以容身的悲哀；所以他写的诗，好像发怒，又好像嘲笑，好比激流鸣于山峡，好比种子暴出泥土，好比寡妇夜晚哭泣，羁旅的人寒夜披衣而起。

文章背景小常识

在明代后期，文坛沉寂之际，突然诞生了一个新的文学派别，给文坛带来了生机，这就是中国文学史上有名的"公安"派。这个文学派以提倡"性灵"著称，其领袖是出生于今公安县的袁宗道、袁宏道、袁中道三兄弟，史称"公安三袁"。袁宏道（公元1568—1610年），字中郎，十六岁中秀才，二十五岁中进士，累官稽勋郎中。袁宏道之诗文以清新轻俊风格为主，反对"后七子"王世贞等人的仿真抄袭文风，认为文学是进化的，并重视小说戏曲等作品。

在中国文学史上，像三袁这样一母所生的三兄弟能在同时期跃登大雅之林，又在哲学思想、政治倾向、文学观点、创作风格以及性情、气质方面高度的和谐一致，并且能够互相配合实现文学革新的目标，是绝无仅有的。这不但是文学史上的佳话，更是一个奇迹。

这一篇文章是作者袁宏道对于天才极高而又命运坎坷的悲剧艺术家徐文长发出的赞叹惋惜之感。袁宏道写徐文长的一生，以"奇"为主题，说其诗奇、文奇、字奇、画奇、行为也奇，这样奇特的才华与个性，致使他不见容于人世，而坎坷一生。袁宏道文笔如掷地有声，写徐文长的形貌绘声绘影，如亲眼所见，跃然纸上。写人物能写得如此传神，让读者阅后也不禁为这癫狂奇才掬一把同情之泪。

名句的故事

这句名句是作者认为徐文长将自己坎坷的遭遇，以及内心深处最沉痛的悲凉，化为文字，在字里行间中表现出各种各样的情绪，以及流露出壮阔激情的生命情操。

在中国历史上，文人命运中最为惨烈的，莫过于16世纪末的艺术奇才徐渭。他是一个孤儿，一直过着"居穷巷，蹴数椽，储瓶粟者十年"的清贫生活。他虽然自负才略、性绝警敏，但是先后八次参加乡试都落第，从而无缘仕途，以天下为己任的梦想彻底幻灭。而他的个人生活更是灾难深重，万劫不复。离异、再婚、自杀、杀人、入狱……人生的种种不幸和苦难一一袭来，使他一生穷困潦倒、苟且偷生。

徐渭虽曾侥幸得到时任东南七省督帅胡宗宪的赏识，这是他命运中唯一的亮点，但是好运不长，胡督帅因事锒铛入狱。作为文人的徐渭，胆小怕事，恐受连累，便在极度的惊惧、惶恐中疯狂自戕。他先用利斧砍击头部，以致"血流满面，头骨皆折"，可听头骨揉捏时发出的摩擦声，不死；又抓起一把三寸长的柱钉刺入左耳，深入寸余，又不死；后又用锤子击碎自己的肾囊，仍不死。据袁宗道的说法，是因为天赋的奇才不受世用，才佯狂若此。

命运之坎坷、之悲惨，与徐渭内心蓬勃的艺术激情，形成了强烈而又巨大的冲突。正是这极度的人生磨难，造就了一个东方艺术奇才。他把艺术作为生命的唯一寄托,在瑰丽的艺术世界中找到了弘扬生命个性、再现人生理想的新天地。他的书、诗、文、画,无不精警奇绝、独具个性,在中国文化艺术史上特立独行、影响深远。郑板桥、齐白石等艺术大师均对徐渭推崇不已。袁宏道在《徐文长传》里曾经深深感叹:"徐渭文长,无之而不奇者也。"

历久弥新说名句

徐文长这样怪异行径的艺术家,让我们不禁联想到荷兰画家凡·高。他与徐渭一样,一生都在命运的波峰浪谷间沉浮。

仅仅因为艺术见解的不同,凡·高在与另一个大师级画家高更的争吵中,失去了理智。在这场被称之为艺术的伟大争吵中,以凡·高动武、高更逃走而终止。可是,凡·高已经疯狂了。在他的幻觉中,似乎是为了拒绝高更的狂妄叫骂,又似乎是为了倾听那个体贴的妓女久违了的呼吸与咳嗽,凡·高残忍地用一把陈旧的剃刀,艰难而又固执地锯下自己的耳朵。两年以后,37岁的凡·高终因难以忍受贫困与疾病的痛苦折磨,而饮弹自尽。

也许,命运对于凡·高这样一个天才的艺术家,过于晦暗和残酷,然而,令人惊奇的是,凡·高的心灵世界却一派辉煌。灿烂的火红、鲜艳的金黄,是他最为钟爱的色彩,是他对于人生和自然的纵情礼赞与热烈讴歌。他以一个天才对色彩独一无二的感觉和不同凡响的表现,为我们留下了那如同火焰般燃烧着的永远的向日葵。

  这是贫病交加的凡·高生命的绝唱,也是人类文化艺术史上一笔巨大的精神财富。虽然凡·高不是一个文学家,不曾写过诗,但也许我们也一样可以用"如嗔如笑,如水鸣峡,如种出土,如寡妇之夜哭,羁人之寒起"来形容他伟大的画作,因为他们都是直探生命的艺术家。

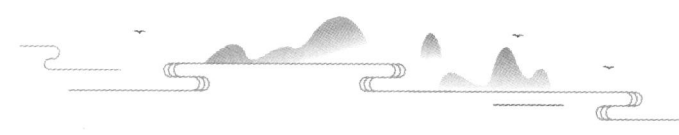

放其言之文，君子以兴焉

名句的诞生

放¹其言之文²，君子以兴³焉；循⁴其道之序⁵，圣人以成焉。然以孔子之门人，赐也商也⁶，有得于一言，则孔子悦而进之，盖其说之难名⁷如此。

——宋·王安石《诗义序》

完全读懂名句

1. 放：扩展。2. 文：文采。3. 兴：感兴。4. 循：遵循。5. 序：次序。6. 赐也商也：赐，端木赐，字子贡。商，卜商，字子夏，二人都是孔子的学生。7. 名：名状。

扩展它议论的文采，君子就能触发感兴；依照它指引的次序，圣人就能获得成功。然而以孔子的学生子贡和子夏这样的贤者，对其中的一句有心得，孔子就高兴地称誉他，可见诗经的意义是如何难以解说。

文章背景小常识

《诗义序》，诗即诗经，本文即是王安石为《诗义》所写的序文。《诗义序》与《周礼序》、《书义序》同为王安石后期散文的代表作，主要说明《诗经》的价值极其难以训释。

王安石由于变法推行新政新学，受到朝中守旧势力巨大的反对。当时，首先起来反对的代表人物是司马光，而在宋仁宗时做过两任宰相的文彦博，则以反对派的发言人自居，只要有一项新法颁布，他总提出一些理由来阻挠。有一次宋神宗也觉得这班人太过保守，便向文彦博说道："更改法令，施行新法，对于一般士大夫或许不便，对于百姓有何不便？"文彦博居然回答："臣等是和士大夫共治天下，不是和老百姓共治天下的。"

王安石在这个情势之中，不断地对守旧派予以驳斥，他认为为百姓兴利除害是政府应该做的事。王安石大量精辟的辩论文，就是在这一时期产生的。

名句的故事

这段话背后，其实还有两个小典故。子贡有次问孔子："虽然贫穷但是不谄媚，虽然富有但是不骄傲，老师觉得这样如何？"孔子回答："这样也就可以了，但这还不如贫穷但是快乐，富有但是爱好礼义。"子贡此时突然领悟了《诗经》中的话语"如切如磋,如琢如磨",指的就是像现在这样和老师讨论学问一般,因而得到孔子的赞赏。现在常说的"切磋"、"琢磨",其实就是从《诗经》里出来的。

子夏也有一段小插曲,有次他问孔子《诗经·卫风·硕人》文句的意义:"美好的一笑,面颊展露美的笑容。美目转动,黑白分明而灵活。有美好的面目才有笑情盼动之美。这段话是什么意思?"孔子用了比喻回答他:"就好像要画画之前要先准备一块素净的布一般。"子夏借由这个比喻领悟了要做到"礼"一定要先有忠信的本质,孔子很高兴地称赞子夏能够将他的言语阐扬出去。"巧笑倩兮,美目盼兮"也是《诗经》中的名句,后世用来比喻天生丽质的美人。

子贡和子夏都是孔子门下非常有成就的弟子,连这么有成就的弟子对《诗经》有所领悟,孔子都高兴得不得了,可见《诗经》确实是不能小看的,王安石不直接说《诗经》之难解,而用故事来衬托,这样是不是比直接说《诗经》难解更有说服力呢?

历久弥新说名句

"放其言之文,君子以兴焉"其实语出《论语·泰伯》:"兴于诗,立于礼,成于乐。"孔子不但对学生这样说,对自己的儿子也是这样教导。他的学生陈亢曾经问孔鲤:"老师有没有特别传授你什么?"孔鲤说:"没有。有一次他独自一个人站在中庭,我快步经过,他便问我:'学诗了没?'我说没有,他说:'不学诗就无法掌握说话的技巧。'所以我就回去学诗。有一次他又一个人站在庭院,我快步经过。他问我:'学礼了吗?'我说没有。他说:'不学礼,就不能立足于社会。'我就回去学礼。就听过这两次。"陈亢回去后高兴地说:"我今天问了一件事,却得到三方面的收获:知道了诗的作用,知道了礼的作用,也知道君子并不偏爱自己的儿子。"

"成于乐"则是指音乐可以陶冶人的性情,《诗经》原本就是周初至周末的歌谣,在古时候是可以唱的。孔子曾经赞美过曾点的志向——暮春时候带领众人到郊外旅行,游泳,吟诗,载歌载舞,然后归来。现代人常说"学音乐的小孩不会变坏",原来孔子早就已经告诉过我们这个道理了呢!

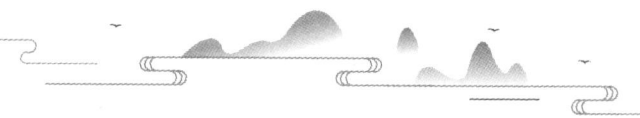

非诗之能穷人，殆穷者而后工也

名句的诞生

内¹有忧思²感愤³之郁积⁴，其兴⁵于怨刺⁶，以道⁷羁臣⁸寡妇之所叹，而写人情之难；盖愈穷⁹则愈工¹⁰。然则非诗之能穷人，殆¹¹穷者而后工也。

——宋·欧阳修《梅圣俞诗集序》

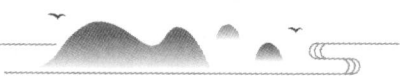

完全读懂名句

1. 内：内心。2. 忧思：忧郁。3. 愤：愤慨。4. 积：累积。5. 兴：产生。6. 怨刺：怨恨和讽刺。7. 道：倾诉。8. 羁臣：贬谪到外地的官吏。9. 穷：穷迫。10. 愈工：愈好。11. 殆：大概。

他们的内心充满了忧郁和愤慨的情绪，还产生了怨恨和讽刺的念头，并倾诉着被贬谪到外地的官员和寡妇的哀叹，从而可以写出人们都难以说出的情感。诗人愈穷迫，诗就会写得愈好。这样看来,并不是说诗能使人穷困,实在是穷困的诗人才能写出好诗。

文章背景小常识

梅圣俞(公元1002—1060年),名尧臣,宣城(今安徽宣城)人,生于宋真宗咸平五年,卒于宋仁宗嘉祐五年,年五十九岁。他是北宋时杰出的现实主义诗人。他用自己的创作反对宋初盛行的西昆体台阁诗,并和欧阳修一见如故,还配合欧阳修领导的古文运动进行倡导。他早年不得志,困于州县达十余年之久,直到嘉祐元年,经过欧阳修等人的推荐,才被朝廷用为国子监直讲,后迁尚书都官员外郎。当时他的诗名满东京,许多达官显贵都很喜欢他的诗,每个人都以自己能得到他的一篇文或一首诗引以为荣,可见他对当时的宋诗影响很大。他去世后,欧阳修曾哭之以诗、祭之以文,铭其墓,抚恤其后代,他的诗因此而更流行于当世。

欧阳修于梅圣俞死后,代为整理其诗集,并写了这篇序文。在《梅圣俞诗集序》里,欧阳修极力称赞了梅圣俞的写诗才能,又感念他的怀才不遇,对他终生的潦倒失意惋惜不已。而且他还在这篇序里提出了"穷而后工"的文学见解,说明了生活和创作的关系。因为只有生活潦倒、穷困的文人,才能接近人民,了解人民的痛苦和愿望,因而能写出最贴近人民心声的优秀文学作品。

欧阳修在文学上的造诣可说几近是个"全才",诗、词、文都会,又是推动古文运动的大家。后人罗大经曾说他的文字是:"韩柳犹用奇字重字。欧阳修唯用平常轻虚字,而妙丽古雅,自不可及。"

名句的故事

"非诗之能穷人,殆穷者而后工也",这是欧阳修所写的许多名句之一,其中的"穷而后工"四字也为后人所肯定、推崇。在封建社会里,"怀才不遇"的例子比比皆是,所以梅尧臣在"怀才不遇"时,作诗寄情于山水,过着隐居生活。欧阳修一方面是悼念故人,一方面也点出当时封建士人的大多数心声,即使是在文明进步的现代社会读起来,仍会有种心有戚戚焉的感觉。这也是本文最重要的成就。如吴楚材说的:"穷而后工四字是欧公独创之言,实为千古不易之论。通篇写来,低昂顿折,一往情深。若使其幸得用于朝廷一段尤突兀争奇。"文学为苦闷的象征,欧阳修这句千古流传的感叹,说尽多少文人的怀才不遇,以及他们在山穷水尽时激发出来的灵气。

在中国历史上,文人"穷而后工"的例子不胜枚举。唐朝"诗仙"李白个性浪荡不羁,作品豪气干云,然而在现实生活中,他亦是个落魄诗人。李白曾于唐玄宗时任官,安禄山之乱后,他担任永王李璘的幕僚,看出永王意图趁乱拥兵割据的意图,但未能及时劝阻,而受牵累下狱;要不是郭子仪挺身相救,李白恐怕会以叛乱罪留名历史。李白从"死斩"改为"长流夜郎",一路流放至边陲,晚景凄凉,然而李白却仍写出历经动乱后沉淀心情的诗作。时代遽变、人生遭遇带给李白不满与挫折,却也激发出其才气与力量,"穷而后工"确实是李白一生的写照,也是天才艺术家的宿命。而李白去世时,不仅自身穷困潦倒,其后人也脆弱无助,真可印证了诗人杜甫在李白被放逐夜郎时所写的:"千秋万岁名,寂寞身后事。"

历久弥新说名句

"诗穷而后工",意指诗人并非总是贫困,而多半是要经历过贫困、潦倒、愁思后,才能理解一般人刻苦的生活与心境,写出来的诗文更能深入人心。一篇文章中写道:"古诗读多了,就发现自己有这么一种倾向:喜欢那些充满人生失意情绪的诗篇,如渲染、伤感、悲痛、无奈等。本来作为艺术家,'穷而后工',困苦未必是坏事。越是挫折重重,逆境处处,越能激发艺术之光。"这句话点出了"非诗之能穷人,殆穷者而后工也"的精髓,因为越困苦的环境才能让诗人或文人能创作出好的作品。

在一篇述及艺术家徐悲鸿的文章里,则说:"……更深一层地了解了先生过去的苦难经历和他的坚强性格。……我深深地领会到'穷而后工'、'知耻必勇'的深刻意涵,进而对先生更加崇敬。"如徐悲鸿那样的艺术大家,也是经历多少千辛万苦、挫折血泪,才有今日的成就。

但欧阳修的观点倒不一定为所有人赞同。林语堂于《人生的盛宴》一文中说："借他人之穷愁，以供我之咏叹，则诗亦不必待穷而后工也。"他认为并非诗人一定要自己经历贫困愁苦才写得出好作品，若能与他人之困苦感同身受，也是能写出好诗好文。这话也有一定的道理，文人要描写强盗娼妓，难道一定要去当强盗娼妓才写得出么？

甚至亦有人古文新解，认为"穷而后工"的"穷"，在欧阳修的观点来说是"困窘"、"困苦"，然而就今日的文人及艺术家来说，此"穷"却有"穷尽一切能力"的意义，用尽全力去做、去争取，才能做出美好的作品。此说虽非本义，但也深刻可居。

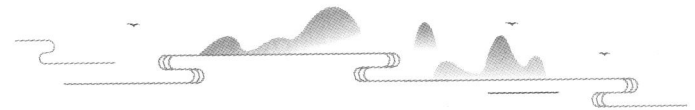

不忮不求，与物浮沉

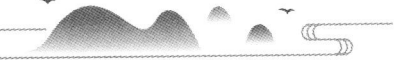

名句的诞生

以吾观之[1]，王衍之[2]为人，容貌言语，固有[3]以欺世而盗名者，然不忮[4]不求[5]，与物[6]浮沉[7]。

——宋·苏洵《辨奸论》

完全读懂名句

1. 观之：看法、看来。2. 之：的。3. 固有：的确有。4. 忮：嫉妒。5. 求：贪求。6. 物：世俗。7. 浮沉：上下。

据我看来，王衍的为人，他的容貌、说的话，确实有欺世盗名的地方，但是他不嫉妒别人，也不过分贪求什么，只在世俗的社会里随波上下逐流。

文章背景小常识

《辨奸论》为论辩类古文,通篇充满苏洵犀利老练的笔锋。虽然文章中并未直指他所批评的人是谁,但很明显的,行文中可见他所指明者即为王安石。王安石在嘉祐五年(公元1060年)上"万言书"予仁宗,主张改革财政经济、创新法、采用新制度,后虽不为仁宗所接受,但此举却让他声名大噪。王安石名声渐大之后,权贵倾附、朋党颇多,欧阳修相当欣赏他,便劝苏洵与王安石交往,而王安石也愿意纳交苏洵。但苏洵却认为王安石不近人情,且说他将来必贻害天下苍生。后适逢王安石母亲去世,苏洵却不去凭吊,并做此文以辨其奸。

苏洵先以"人情"评断,说:"凡事之不近人情者,鲜不为大奸慝。"意思是说大凡做事不近人情者,很少不是个奸险的坏蛋。又说他:"衣臣虏之衣,食犬彘之食,囚首丧面而谈诗书,此岂其情也哉?"他穿奴隶俘虏的服装、吃猪狗的食物,颜面脏了也不洗,头发蓬乱如囚犯,却大谈诗书,哪里合乎常情?

之后神宗即位,用王安石所提新法,但由于用人不当,反倒使百姓受害。由此世人始知苏洵的先见之明。不过后世有人考证,认为《辨奸论》非出于苏洵之手,事实上是后人为了批评王安石而假托苏洵之名写就。所以《辨奸论》究竟是否为伪作,至今仍莫衷一是,但文章精彩动人,则是世人一致认同的。

名句的故事

王衍,字夷甫,西晋大臣,与山涛同时。王衍年轻的时候长得很秀美,他去见山涛,山涛很称赞他的神情风度,但又说:"将来贻误天下苍生的,恐怕就是这个人。"晋惠帝的时候,王衍担任宰相,终日清谈,不理国事,后来被石勒所杀。苏洵认为像王衍这样的人,其作为颇有欺世盗名之嫌。但他不贪求不害人,要不是遇上晋惠帝这样的昏君,王衍又怎能扰乱天下?

《辨奸论》中亦提到另一人物卢杞。卢杞是唐时清州人,貌丑而有口才。当时汾阳郡王郭子仪见客,姬妾总是不离身侧,唯有见卢杞时屏退身边所有侍妾。有人问何故,郭子仪说:"卢杞这人貌丑而内心险恶,妇人见了他的外貌往往会嘲笑。若是哪一日卢杞得志了,难保他不会因今日的受辱而灭我全族。"然苏洵同样也说,卢杞此人不学无文,若非唐德宗昏庸,又怎会去任用他?

苏洵举出这两个历史人物的例子,将王衍的欺世盗名和卢杞的内心奸险综合在一起,比喻"某人"的阴贼,并说若重用此人,才是祸害的开端。如此犀利又直接的评论,不愧为擅长议论的苏洵。

🕮 历久弥新说名句 🕮

"不忮不求"一句,语出《诗经》,而《论语》亦有记载。《论语·子罕》:"'不忮不求,何用不臧。'子路终身诵之。子曰:'是道也,何足以臧。'"子路经常讽诵出自《诗经·邶风·雄雉》篇的这两句话,意为"不害人、不贪求,这样的人怎么会不善"?孔子知道后认为,不忮不求虽为善,但不过是个小道,他希望子路除此之外能向大道前进,于是说,不忮不求这个道,何以为善?

另从"不忮不求,与物浮沉"来看,要做到"不忮不求",即不嫉妒、不贪求,实在很不容易。因为人人都有私心,都不喜欢被他人比下去,要不嫉妒实在很难;人人都有不知足的一面,所以明明眼前有很好的利多机会而愿意不贪心的放手,实在也很难。然而这句话仍常常被政治人物或官员拿来应用,以彰显自己心境的清高。如以"选后动向,不忮不求",来说明虽胜选,但将来不浮夸政绩,也不刻意炒作人气的作为。也有官员参与立院龙头之争时,说自己现在的立场是"不忮不求,当仁不让",说明自己,并不将胜败输赢看在眼里,但也会决心争取。真让人不知道该听前一句好,还是后一句好。

"不忮不求,与物浮沉"说来是个期许自己的理想,但以人性观点来看,有谁能真正做到?有时应用过度,反倒有立论过高、欺世盗名之嫌。

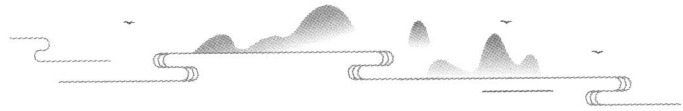

草木无情,有时飘零

名句的诞生

嗟夫[1]！草木无[2]情[3]，有时[4]飘零；人为[5]动物，惟物[6]之灵[7]。

——宋·欧阳修《秋声赋》

完全读懂名句

1. 嗟夫：唉！ 2. 无：没有。 3. 情：情感。 4. 时：秋天。 5. 为：是。 6. 物：万物。 7. 灵：最有灵性的。

唉！草木是没有情感的东西，而且每到了秋天就会飘零；人是动物，而且是万物中最有灵性的。

文章背景小常识

《秋声赋》是散文赋中的名篇。作者运用多种比喻，把无形

的秋声写得有形有色，形象生动，跃然纸上，反映了作者经宦海沉浮产生的清心寡欲的思想，要人们不"思其力之所不及，忧其智之不能"，但也并不只是一味的悲秋恨秋。

秋天的肃杀、百木凋零，最容易感动人，于是古时候的骚人墨客就将它名之为"秋声"。例如，庾信孤氏墓志铭："树树秋声，山山寒色。"欧阳修一生以风节自持，但屡遭诬陷，贬谪数次。四十岁被贬至滁州时，他写了《醉翁亭记》；写这篇《秋声赋》时，已五十二岁了，其衰老烦忧，又听见这凄厉的秋声，不胜感慨。文中并点出人的衰老虽是自然现象，但更多的是由于情感和欲望所折磨，又干秋天何事？

《秋声赋》选自《欧阳文忠公集》，体裁属于辞赋类，也是所谓的散赋，以有韵的散文写赋，但不拘格律。本文的主旨是除了抒发因为秋声与悲哀的感觉外，并有劝戒世人切勿贪求一时的名利，以致戕害身心。秋声本来就是很抽象的，很难用语言或文字来描述，但《秋声赋》却形色鲜明，非常生动具体，感人至深。

名句的故事

欧阳修写此《秋声赋》，立意高人一等。因为以前的文人悲秋，只会描写一些触景伤情的情景，自悲如草木凋零。而在这里则以秋声至，草木自然凋零，这是天地之间的自然变化，所以对它的悲哀是无可奈何的，身为人类只求一时的名，若忧烦甚至劳其精神，真是一件非常可悲的事啊！

从"草木无情,有时飘零,人为动物,惟物之灵"可知,草木原本是没有感情的东西,但到了秋天尚且要凋零,而人是动物,也是万物之中最有灵性的,也自称为万物之灵。由此可知,人的衰老是自然现象,秋天并没有给予人什么伤害,一如草木本就是没有感情,那么人又何必埋怨秋天?这里写出草木凋零的荒凉景象,是因为这种万籁俱寂的肃杀景象,最容易感动人,也能够使人深自反省,明了自己的处境,再加以发愤图强,做到最好的境地。

因秋而引起愁思,令人联想到陶澹人的《秋暮遣怀》:"篱前黄菊未开花,寂寞清樽冷怀抱。秋风秋雨愁煞人,寒宵独坐心如捣。"萧瑟秋风,绵绵秋雨,使人感到忧愁,我于寒夜中独坐,内心忧伤煎熬。陶澹人和欧阳修一般,听闻秋声,引起心中愁绪。而"秋风秋雨愁煞人"一句,因为女革命烈士秋瑾的遗言引用而广为人所知,后人为纪念这位女烈士的行谊,特取这句话,于其墓旁建立一座风雨亭。

历久弥新说名句

"草木无情,有时飘零,人为动物,惟物之灵",读后的确有一种萧瑟、愁绪满怀的感觉。因为"草木"对应到"大自然";因为"人"对应到"动物或万物之灵"。人是"大自然"的重心,而"大自然"和"人"间的关系又密不可分,人如何面对大自然,是自古至今恒常不变的课题。

作家冰心曾写道："宇宙内的万物，都是无情的：日月经天，江河行地，春往秋来，花开花落，都是遵循着大自然的规律。只在世上有了人——万物之灵的人，才会拿自己的感情，赋予无情的万物身上。"冰心此番话与欧阳修的"草木无情"可说有相同观点；草木无灵气，不懂伤春悲秋，是人类在其上加诸自己的观点，才使得秋声更显哀愁。

李白于其诗作《日出入行》说："草不谢荣于春风，木不怨落于秋天。谁挥鞭策驱四运，万物兴歇皆自然。"草木不因茂盛生长而感谢春风，也不因凋零枯落而怨恨秋天。自然界本有其规律，且是不容人的意志转移的，然而人却能看透大自然反复的定律，于实践中掌握，利用。

而由此名句后半"人为动物，惟物之灵"，可看出人类长久以来对自己在这个大自然中的定位。《礼记·礼运》："故人者，其天地之德，阴阳之交，鬼神之会，五行之秀气也。"这句话也就是人为"万物之灵"的意思。道学家周敦颐于其著作《太极图说》中也说："惟人也得其秀而最灵。""其秀"指阴阳、五行之秀气，"灵"则是"万物之灵"了。

人类常自称"万物之灵"，认为自己的智能、能力凌驾万物之上，与众不同且出类拔萃，但也常因此而骄矜自满，忘了万物与大自然的联系是如此紧密而相辅相成。不管人类如何灵秀聪颖，仍是这个大自然的一部分，过度贪妄自满，只会带来毁灭的结果，到时就算是"万物之灵"，也救不了自己。

为善无不报，而迟速有时

名句的诞生

于是小子修[1]泣[2]而言曰：呜呼[3]！为善[4]无[5]不报[6]，而迟速[7]有时[8]，此理之常[9]也。

——宋·欧阳修《泷冈阡表》

完全读懂名句

1. 小子修：我欧阳修。小子，在此处是面对先人时的自称。
2. 泣：流着眼泪。3. 呜呼：唉！4. 为善：做好事。5. 无：没有。
6. 不报：不得到好报的。7. 迟速：快慢。8. 有时：有时间的不同。9. 此理之常：这是常理。

于是我流着眼泪说：唉！做好事没有不得到好报的，只是有快有慢而已，这是正常的道理啊！

文章背景小常识

泷冈,地名,今江西丰县凤凰山。阡,是墓道。表,即墓表。《泷冈阡表》是欧阳修晚年(即宋神宗熙宁三年,欧阳修六十五岁)所写的,也是欧阳修撰写后刻在他父亲墓前石碑上的墓表。表文前半部称美先人的仁德,后半部记述家世恩荣,充满扬名显亲的思想。但文章并不像一般墓碑那样的夸张藻饰。他追述父亲的孝顺仁厚,母亲的俭约和安于贫贱,只举一两件平实的事例,语言质朴,感情深刻真挚。

《泷冈阡表》选自《欧阳文忠公集》,体裁属于碑志类。全文分为七段,而且不加以装饰文字,叙事、抒情都一层层的书写,用语极为情深意切,让人读起来备受感动。前半部的叙述,藉母亲之口,极力表彰父亲的廉孝、仁厚;后半部的叙述,将自己今日的成就归因于祖德的恩庇。后人对此篇也有所评断。如吴楚材说:"善必归亲,褒崇先祖,仁人孝子之心,率意写出,不事藻饰。而语语入情,只觉动人悲感,增人涕泪,此欧公用意之作也。"

名句的故事

宋仁宗皇祐五年(公元 1053 年),欧阳修四十七岁,因母丧而归葬于吉州时,曾作《先君墓表》,以追念慈母的言行。宋神宗熙宁三年（公元 1070 年），欧阳修年已六十四，正值他父亲过世六十年，所以他依据《先君墓表》重新增改为《泷冈阡表》。欧阳修父亲早逝，由母亲一手拉拔长大，幼时家境贫穷，母亲曾以荻画地，教导欧阳修写字，他因此感念母恩，侍母至孝。《泷冈阡表》通篇借由母亲追忆父亲生前的言行对话，道出父亲忠义之心，也烘托出母亲的贤淑善良。

"为善无不报，而迟速有时"，于文中意指做好事一定会得好报，只是时间早晚而已。欧阳修并藉此句说出自己是因为先祖"积善成德"，才能有现在的荣华地位。

欧阳修由母亲一手带大，之后侍母至孝，并为母亲做《先君墓表》的行止，让人联想到二十四孝故事中的"闻雷泣墓"。三国时魏国有个叫王裒的人，平时十分孝顺母亲。由于母亲害怕打雷声，每当暴风降临，雷声轰隆时，他都会随侍在母亲身边安慰她。后来，王裒的母亲去世后，他将母亲葬在乡里山野间，但是每当刮风下雨打雷时，王裒不管风雨多大，一定奔至母亲目前哭着说："儿子在这里陪伴母亲，母亲请安心，不要害怕。"故诗云："慈母怕闻雷，冰魂侍夜台，阿香时一震，到墓绕千回。"王裒对母亲浓厚的感情，在母亲死后没有改变，一如欧阳修对亡母的感激深情。

历久弥新说名句

看到"为善无不报，而迟速有时"，我们就会联想到佛家弟子常说的:"不是不报,时候未到。"冯梦龙于其著作《醒世恒言》中即言:"善有善报,恶有恶报,不是不报,时辰未到。"这是在中国文学及诗词中常见的警语,具有醒世作用,劝人为善。

另外有一个句子"天理昭彰,报应不爽",虽是较负面的说法,但也是在劝诫世间人要心存善念。民间传说中,十殿阎王其中之一的卞城王,其大殿前便题着:"善恶到头终有报,只因来早与来迟。"此说法较粗俗易懂,但与欧阳修的句子竟有异曲同工之妙。先不管它是真是假,但出发点都应是劝人为善。一个常做善事的人在做善事时,是很少会先设想"我这么做会有什么好处"。既然不会这样预先"设想",自然就不会在意这个"好处"会在什么时候得到了。古人说:"有心为善,不是真善;无心为恶,不算大恶。"便是这个意思。

悟以往之不谏，知来者之可追

名句的诞生

归去来兮[1]，田园将芜胡[2]不归？既自以为心为形役[3]，奚[4]惆怅而独悲！悟以往之不谏[5]，知来者之可追；实迷途[6]其未远，觉今是而昨非。

——东晋·陶渊明《归去来辞》

完全读懂名句

1. 归去来兮：来、兮都是语尾助词，无义。"归去来兮"就是"回去了吧"。2. 胡：为什么。3. 心为形役：心志为形体所驱使。4. 奚：为什么。5. 谏：纠正、挽回。6. 迷途：迷失路途。

回去了吧！家乡的田园都要荒废了，为什么还不归去呢？既然自己都认为心志已经被形体所驱使了，为什么还要在这里惆怅又独自伤悲！觉悟了过往虽然无法挽回，但未来还可以把握住；

实在是这段迷失的路途走得还不算远,醒觉了今天这个决定是对的,昨天是错的。

文章背景小常识

这篇文章原名是《归去来兮》,萧统的《陶渊明传》和《文选》删掉"兮"字,变成《归去来》,又因为本文的文体属于辞赋类,所以后来又加上文体名"辞",合称《归去来辞》。

在这篇《归去来辞》之前,陶渊明有一段序,说明写作的缘由。陶渊明出生于一个没落的官宦世家,其曾祖父是有名的搬砖陶侃,陶侃是东晋开国元勋,官拜"大司马"(类似今天的国防部长),陶渊明的祖父和父亲也作过太守(相当于现在的县市长)。

可是陶渊明的父母都在他小时候就过世了。在他年少轻狂时,也曾有"猛志逸四海,骞翮思远翥"(《杂诗》)的远大志向,但东晋的政治非常黑暗,陶渊明对政治十分失望,不想同流合污的他屡屡辞官,但是现实生活常常逼得陶渊明不得不低头。在《归去来辞》的序中,陶渊明自道"幼稚盈室,缾无储粟",陶渊明有五个孩子,而家中的米缸却常是空空如也。陶渊明的叔父看不过去,便介绍他去做彭泽县令,到任八十一天,刚好浔阳郡派遣督邮来到彭泽县,从属的小吏跟他说:"应该要穿戴整齐,恭敬地迎接这位长官。"陶渊明叹了口气说:"吾不为五斗米折腰,拳拳事奉乡里小人。"之后,他结束了官宦生活的十三年,开始了他归隐的日子,所以作这篇《归去来辞》以明己志。

名句的故事

荀子在《解蔽篇》说:"心者,形之君也,而神明之主也。"我们谈到"心",常常不是指生物体的"心脏"这个器官,而是指相对于形体的精神层次。如果有人说"我和你心心相印",绝不是指我们的心脏连在一起,如果有人说"你让我的心好痛",除非是外科医生帮病人开心脏手术,否则绝大部分是指你让我的"精神"好难过的意思。荀子说"心"是我们形体的领导,是我们精神的支柱,而如果反过来"心为形役"呢?心被形体所支配了,那一定是有不能随心所欲的事情,陶渊明"心为形役"的缘故就如同他自己在序中所说的"尝从人事,皆口腹自役",这里的"人事"指的就是"仕宦",也就是"做官",做官的原因是因为要糊口及饱腹,所以说"心为形役"。

"悟以往之不谏,知来者之可追;实迷途其未远,觉今是而昨非",可简化为"以往不谏,来者可追;迷途未远,今是昨非"十六字。前两句其实是脱自于《论语·微子》:"往者不可谏,来者犹可追。"孔子去到楚国时,有个楚国狂人名叫接舆,跟孔子说:"凤兮!凤兮!何德之衰?往者不可谏,来者犹可追。已而,已而!今之从政者殆而!"接舆是位隐士,他以相传太平盛世才会见到的凤鸟来比喻孔子,暗喻孔子在这个纷乱的时代没有隐居起来是德行的衰败。他劝孔子,过去既已无法改变,未来还可以把握，赶紧算了吧，现在的为政者都是很危险的！陶渊明在此暗用楚狂接舆的典故，其实也是他心境的写照。唐代诗人王维在《辋川闲居赠裴秀才迪》这首诗里，便将楚狂接舆和五柳先生陶渊明连接起来："复值接舆醉，狂歌五柳前。"

历久弥新说名句

时间的流逝与不可逆性是文学作品中一个重要的基调。"光阴似箭，日月如梭"这句成语体现了古人对时间最直接的概念。《庄子·知北游》："人生天地之间，若白驹之过隙，忽然而已。"正因为人生如此短暂，因此惜时与及时行乐成了一个重要的课题，所以陶渊明说："悟以往之不谏，知来者之可追；实迷途其未远，觉今是而昨非。"

李白一向是及时行乐派的代表。他对时间空间的看法是："天地者，万物之逆旅。光阴者，百代之过客。"（李白《春夜宴桃李园序》）李白对于时间的无法停驻也曾发如此之感叹："恨不得挂长绳于青天，系此西飞之白日。"（李白《惜馀春赋》）在《宣州谢朓楼饯别校书叔云》诗中，李白说："弃我去者，昨日之日不可留；乱我心者，今日之日多烦忧。""人生在世不称意，明朝散发弄扁舟。"昨日都已经过去了，不管是错是对，都将隐没在时间的洪流中，可以把握的是明天，当不称意时，就逍遥天地间吧！

而惜时的感慨就更多了。阮籍有诗云："壮年以时逝，朝露待太阳；愿揽羲和辔，白日不移光。"羲和是神话传说中为太阳驾车的人，阮籍在这里说：希望能揽住羲和的马鞭，让太阳不移动，时间便不会流逝。元人卢挚在《双调·蟾宫曲》中说："想人生七十犹稀，百岁光阴，先过了三十。七十年间，十岁顽童，十载狂赢。五十年除分昼黑，刚分得一半儿白日。风雨相催，兔走鸟飞。仔细沉吟，都不如快活了便宜。""人生七十古来稀"便是从这首小令来的。

云无心以出岫，鸟倦飞而知还

名句的诞生

园日涉¹以成趣²，门虽设而常关。策³扶老⁴以流憩，时矫首⁵而遐观⁶。云无心以出岫⁷，鸟倦飞而知还。景⁸翳翳⁹以将入，抚孤松而盘桓。

——东晋·陶渊明《归去来辞》

完全读懂名句

1. 涉：散步。2. 成趣：自成乐趣。3. 策：拄着。4. 扶老：手杖。5. 矫首：抬头。6. 遐观：远望。7. 岫：山洞，这里泛指山。8. 景：同"影"，指日光。9. 翳翳：音诣，阴暗的样子。

在庭园中散步也颇能自得其乐，家里虽有门也难得有人上门。拄着拐杖四处看看休息，有时候抬起头远望天边。那白云自然而然地浮出山谷，鸟儿飞倦了就知道要回巢。夕阳渐渐昏暗就快要沉没了，抚摸着孤松而流连徘徊。

名句的故事

《归去来辞》是陶渊明写于已辞官而即将归隐的时候，换言之，其中的归隐生活其实还是陶渊明的想象。这一段"园日涉以成趣……抚孤松而盘桓"颇似退休后悠闲的生活，时间仿佛不再重要，可以远望天边、发呆沉思都无所谓。但是陶渊明毕竟不是真正的退休，他是因厌恶政治而选择归隐，因此最后的"抚孤松而盘桓"又泄漏了他孤傲的性格及落寞的心情。

"云无心以出岫，鸟倦飞而知还"，既是写景，也是抒情，是语意双关的妙句。"无心出岫"的云正象征着自己的误落尘网，出仕本属于"无心"；而现在又像那"倦飞知还"的鸟，终于在田园中找到真正的自我。

无心出岫的云，那舒展自在、不加雕琢的意象，深得中国人的喜爱。《大藏经》中，明州天童山觉和尚曾有诗送嵩山老人曰："应缘分影来池月，游世无心出岫云。"池中的月影、无心出岫的云都是来无影去无踪、不着痕迹的，十分能表示"云游四海"的悠闲与潇洒。

钟嵘《诗品》说陶渊明是"古今隐逸诗人之宗"，所以历代的隐士或田园诗人对陶渊明的诗句都情有独钟。元代处士成廷珪有诗《李子英心远亭》曰："门外黄尘扫不开，何由吹得到灵台。闲看倦鸟投林去，静爱孤云出岫来。彭泽高人多逸兴，峨眉仙客有天才。只今谁到悠然处，同采秋香共一杯。"诗中化用了"云无心出岫"、"鸟倦飞知返"的诗句，彭泽高人指的当然就是陶渊明了。

历久弥新说名句

刘勰在《文心雕龙·物色》篇说："岁有其物，物有其容。情以物迁，辞以情发。一叶且或迎意，虫声有足引心。况清风与朗月同夜，白日与春林共朝哉！是以诗人感物，联类不穷。流连万象之际，沉吟视听之区。写气图貌，既随物以婉转；属采附声，亦与心而徘徊。"诗人受到外界景物的感触，描摹事物的形象，这是写景，"与心徘徊"就是抒发自己的情感，而能把这两种结合在一起的，我们称之为情景交融，或有意境。陶渊明的"云无心以出岫，鸟倦飞而知还"就是一个例子。

文学作品中，情景交融的例子不少。《诗经·小雅·采薇》："昔我往矣，杨柳依依；今我来思，雨雪霏霏。"杨柳的依依不舍是人赋予的感情，雨雪霏霏也是包含了人的心情在里面。《诗经·召南·草虫》："喓喓草虫，趯趯阜螽。未见君子，忧心忡忡。"听到虫鸣，感受到季节变化，想到还在远方的人，就令人忧心忡忡。这也是一个情景交融的例子。

王国维《人间词话》说："有我之境，以我观物，故物皆著我之色彩。无我之境，以物观物，故不知何者为我，何者为物。"他举的"有我之境"的例子如冯延巳《鹊踏枝》："泪眼问花花不语,乱红飞过秋千去。"花和秋千何尝有语,只是诗人把悲伤的心情投射在物上,所以说是"有我之境";"无我之境"如陶渊明"采菊东离下,悠然见南山",那种不经意的望见,是不加安排的,因此可以物我两忘,不知何者为我,何者为物。

山光水色

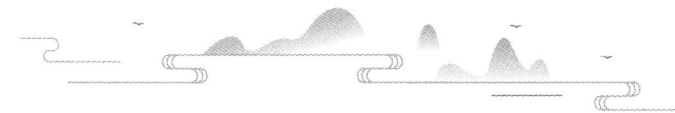

夫天地者，万物之逆旅

名句的诞生

夫天地者，万物之逆旅[1]。光阴者，百代之过客。

——唐·李白《春夜宴桃李园序》

完全读懂名句

1. 逆旅：迎客止宿之处，客舍。

天地是万物的旅舍；光阴是百代的过客。

文章背景小常识

李白是一位天才诗人，他一生漂泊不定，不爱受羁绊和拘束。他少时居于蜀中，读书学道，遍习儒家经典、古代文史名著，并浏览诸子百家，学习剑术。二十五岁时出川远游，酒隐安

陆。后来虽然在官场上有短暂的闪光，但在仕途失败之后，李白又继续流浪天涯，并游历了长江、黄河中下游的广大地区。

这些丰富的生活经历，再加上他所接受的道家思想，使得李白的诗文中经常流露出一种人生如梦、及时把握的思想，因此他一方面是期待有一天能建功立业，另一方面也不受世俗所羁绊，及时行乐。

《春夜宴桃李园序》是李白与诸从弟聚会赋诗时所作的一篇文章。从弟本来意指堂弟，但唐代的风气喜欢联宗，也就是同姓者即结为兄弟叔侄等，因此这里所谓的"从弟"未必真与李白有血缘关系。而这篇序中不仅写及了当时众人欣赏美景、高谈清论、饮酒作诗的情景，并也抒发了李白热爱大自然以及热爱生活的豪情逸致。全文虽然有一百余字，但句句紧扣题目，无半点虚设，并且层次井然有序，读起来朗朗上口。

这篇文章在《李太白全集》里作《春夜宴从弟桃花园序》，是李白用骈体写的一篇脍炙人口的抒情小品，文字简洁、清新自然。《古文观止》评其为："发端数语，已见潇洒出尘之外。"

名句的故事

李白是一位有着深刻"客寓"意识的诗人。所谓的"客寓"意识即是认为万物都是临时寄居在这个天地之间，而自称"万物之灵"的人也不过是"过客们"中的一个。

在李白之前，陶渊明也表达过类似的思想，他曾在《自祭文》中说："陶子将辞逆旅之馆,用归于本宅。"意思是:我陶渊明将要辞别这客舍一般的人世,永远回归到我所来的地方。陶渊明是个很达观的人,所以他也说过:"我明白过去的事已经不可改正,而将来的事却还可以追求。"

孟浩然在《与诸子登岘山》中也说:"人事有代谢,往来成古今。"认为人间世事总有凋谢和接替,这一往一来就成了古与今。人虽然只是"天地"的一个旅客,但是毕竟人与万物又是不同的,人生还有很多东西值得追寻。相较于李白与陶渊明而言,孟浩然表达的是一种更加具有哲学意味的思想。

其实时间虽然如同过客一般匆匆而逝,但是个人的消亡却不代表希望的失去,尽管李白在文中表现出一些消极的观点,但他仍是一个积极入世的人。的确,既然人生是如此短暂,那为什么不好好的努力向上、奋斗拼搏呢?

历久弥新说名句

李白的这两句诗是对于空间和时间有着哲学意味的思考。以"寓居"的思想看待人生是一种典型的中国人思维,既让人感到悲观,同时也给了人以悲观后的奋斗精神需求。杜甫的"天上浮云似白衣,斯须改变如苍狗"也是形容世事变换之快,感叹人生无常。其实我们常提到的"少壮不努力,老大徒伤悲",说的也正是这个道理。

自从李白说过"光阴者,百代之过客"之后,"百代过客"

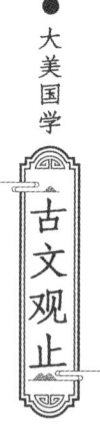

就成为一个成语,比喻时光短促,稍纵即逝。而现在很多公司以"百代"命名,最有名的要数全球五大唱片公司之一的"百代唱片"了。百代唱片英文名为EMI唱片(Electrical And Music Industries,电气实业有限公司),没有多少新意,而中文名却有着很丰富的含义,因为"百代"是一种历史的概念和思维,它蕴含着英雄辈出、历史悠久的意义,这是一种对于实力的自信,也是开拓未来的勇气;既包含着历史,也孕育着希望。而"百代"所代表的客寓意识,或许也表明了一种不只争朝夕的态度。

以历史为参照,时间成了过客,而"Time will pass you by"(时光飞驰,离你远去)是一首英文歌的名字,"我坐在这里,看着时间溜过"则是林忆莲《我坐在这里》的一句歌词。它们都以自我为参照,让时间成了"我"的过客。

不过这只是现代人的一种思维,因为古人的历史感比现代人强,现代人由于生活过于忙碌,往往没有时间去思考太多诸如时空这样的命题,也是因为不敢去思索。而自我意识就成了这种思索的替代品,在"自我"中找到自己的存在价值,其实这是一种历史意识的化身。既然追问是没有结果的,那何不把它化为前进的动力,在短促的生命当中好好地对待自己、对待生活呢?

浮生若梦,为欢几何

名句的诞生

而浮生若梦[1],为欢几何?古人秉[2]烛夜游,良有以也。

——唐·李白《春夜宴桃李园序》

完全读懂名句

1. 浮生若梦:意谓死生之辨,亦如梦觉之分,纷纭变化,不可究诘。2. 秉:持,拿着。

而飘浮不定的人生犹如梦一般的虚无缥缈,能有多少欢乐的时光呢?古人们喜欢秉烛夜游的确是有原因的啊!

名句的故事

"浮生若梦,为欢几何",其实与曹操的"对酒当歌,人生几何"有异曲同工之妙,都是对生命短促的感慨,但他们都不流于消极低沉,而是充满着苍凉悲壮的感情,并且两人似乎都对酒青睐有加。

李白好酒是众所周知的事,而他在一生的漫游里,也结识了许多名人酒友,更留下了许多饮酒轶事。李白的酒友中有高官权贵,如贺孟真、吴筠等;也有名人雅士,如杜甫、高适等;更也有酒店老板,例如宣城纪叟就是他的莫逆之交。而当时许多社会名流都非常倾慕李白的为人,皆想与他结识,因此就常以酒作为诱饵,通常这时李白都会欣然前往。

相传当时泾川豪士汪伦倾慕李白许久,听到他将要游历至安徽的消息后,就修书写道:"先生您喜欢旅游吗?这里有十里桃花的美景;先生喜欢喝酒吗?这里有万家酒店供您痛饮。"李白收到信后欣喜若狂,马不停蹄地便前去与汪伦相会,但是他并没见到什么十里桃花和万家酒店。这时汪伦才不好意思地告诉他:"十里桃花是潭水名,并不是什么真的十里桃花;万家是一位酒店主人的姓,所以也没有什么万家酒店。"李白听完后大笑,遂与汪伦开怀畅饮,共抒情怀,成为酒友至交,并且特地写了一首《过汪氏别业二首》的诗,描写了他与汪伦相遇的欢快和相见恨晚的心情。

历久弥新说名句

有一间火葬场,它的入口处赫然挂着这样一幅标语:"昨天,我和你们一个样。"而在出口处则挂着这样一幅标语："明天，你们和我一个样。"初看这两个标语几乎没有一个人不被吓倒的，因为它岂止是振聋发聩，简直是惊心动魄！但两句标语其实揭示了一个不争的事实："千古归一死，圣贤无奈何。"更带有一种"浮生若梦，为欢几何"，也就是要人把握现在的意味。

古人常常将人生比喻成一场梦，并且用小说的体裁将自己的想法表达出来。例如有名的《黄粱一梦》以及《枕中记》的故事，主人翁便是在梦中梦到自己荣华、富贵、衰败、死去，然后在醒来后感叹着"人生如梦"的真谛。

人生是否真的如梦，端看人对生活的看法了。古人往往发出"浮生只恨欢娱少"的感慨，但今人也不甘落后，就像有一首歌唱道："赶快跟我去兜风，青春只剩几分钟。"还有著名的《潇洒走一回》，简直就是人生最后的疯狂挥洒的。女歌星林忆莲的《蔷薇之恋》中则比较委婉地说："浮生若梦，为欢几何，良辰美景，不要错过。"

但也有人持相反的意见，说："吃和睡是猪的生活，难道加上玩和乐就是人的生活？"确实，每个人都有自己的人生，而究竟想过什么样的生活，实在值得每一个人去细思。

况阳春召我以烟景,
大块假我以文章

名句的诞生

况阳春召我以烟景,大块[1]假[2]我以文章[3]。会桃李之芳园,序[4]天伦[5]之乐事。

——唐·李白《春夜宴桃李园序》

完全读懂名句

1. 大块:大地。原指大自然锦绣般美好的景色。后用以称赞别人内容丰富的长篇文章。2. 假:借。3. 文章:原指错杂的色彩、花纹。此指大自然中各种美好的形象、色彩、声音等。4. 序:同叙。5. 天伦:天然的伦次,此指兄弟。

况且温煦的春天用艳丽的景色召唤我们,大自然将美好的文章提供给我们。于是我们今天才会在这美丽的桃李园内,叙说兄弟团聚的快乐。

名句的故事

"况阳春召我以烟景,大块假我以文章"这句话是从《庄子·大宗师》:"夫大块载我以形,劳我以生,佚我以老,息我以死"衍生出来的。大自然在李白的心中是可以赏玩、可以流连忘我的地方,更是激发他写出那样多好文章的得力助手。

李白一生到过许多地方,并且都留下了许多优美绝伦的好文,而唐玄宗开元十五年,也就是李白二十七岁时,李白辗转来到安陆,并与唐高宗时的宰相许圉师的孙女结婚,居住于离许宅有十里地的碧山中。

有一天,安陆在朝中做官的一位何姓阁老回到碧山脚下的老家,听到乡亲们都在谈论李白,说他生得英俊潇洒,并且还博览群书、一目十行,吟诗作赋、挥笔成章,心中十分仰慕,于是便吩咐家人准备名肴佳酿,请李白来家中作客。

李白来后,阁老一见果然气象不凡。又谈诗书,李白都能对答如流,阁老更佩服。于是忍不住发问:"李学士,天下名山那么多,缘何单单看中了我们碧山呢?"李白听了,不假思索,随口答上:"桃花流水杳然去,别有天地非人间。"阁老一听,大声称赞,立即让家人取出笔墨纸砚,请李白录下。李白当即再补两句,并取名《山中问答》:"问余何意栖碧山,笑而不答心自闲。桃花流水杳然去,别有天地非人间。"

自此后，这首《山中问答》不胫而走，而"别有天地"也成了一句流行成语。想想，李白连在自己居住的地方都能观察出如此美景，并写出如此佳句，就更何提那无穷无尽、美不胜收的大自然了。

历久弥新说名句

"大块"一词原指的是大自然，也就是人生所处的天地间，而"大块假我以文章"则体现出了李白师法自然、浑然忘我的胸怀与烂漫不羁的个性。近半个多世纪来，时常见到一些人把长篇大论的文章称为"大块文章"，把"块"字作为量词，其实这与李白的原意是不同的。

自李白"阳春召我以烟景，大块假我以文章"诗句出现后，现在这种"召我以"、"假我以"的句子格式则广泛的应用开了。

在一篇名为《我来自田野》的文章中，作者写到："我来自田野，雨露灌溉我的童年，风霜使我强健，而生活却召我以工作。"在《夕阳最红》的报道连载中，讲述了一百位上海老人的精彩故事，记者在最后总结时说："真可谓：阳春召我以烟景，盛世假我以文章。"可谓画龙点睛之笔，既总结了全部报道，更深化了报道的主题。

在台湾有一个"大块"文化出版公司，便是取法自李白的这句诗句，让人看了之后立即感觉到一种浓厚的"文人气息"。而最有趣的是，在一篇软件开发者所写的《致用户书》里还这么写道:"况阳春召我以烟景,大块假我以文章。当年的李白将独禀天地灵气的人的灵性,以诗文的形式彰显无遗。作为当今商业社会的经营管理软件的开发者,我们试图做到的也是更好地发挥人的灵性,而不是束缚人的灵性。"没想到句子也能这么用、这么解释吧?更没想到原来连软件开发者都会用上这个句子。

诵明月之诗,歌窈窕之章

名句的诞生

清风徐来,水波不兴。举酒属¹客,诵明月之诗²,歌窈窕之章³。

——宋·苏轼《赤壁赋》

完全读懂名句

1. 属:音主,劝酒,款待。2. 明月之诗:指《诗经·陈风·月出》。3. 窈窕之章:指《月出》首章:"月出皎兮,佼人僚兮。舒窈纠兮,劳心悄兮。"文中"窈纠",即是"窈窕"之意,因此称为窈窕之章。窈窕,美好的样子。

清风徐徐吹来,水面上却不起波涛。举杯劝客饮酒,朗诵起明月的诗句,高唱着《月出·窈窕》那一章。

文章背景小常识

赋的发展,源于《楚辞》和《诗经》,盛行于西汉、六朝。但汉魏六朝赋着重于铺陈,词藻华丽;唐以后,赋多半以"散赋"为基本形式。因为散赋的形式比四六对仗的骈文更加自由,以发抒自我情怀为主。散赋摆脱传统堆砌典故,严守声韵的束缚,所以无论就句法或结构都可大大发挥,但又保有赋的精神。《赤壁赋》即为典型的散赋。

神宗元丰五年,苏轼两度游赤壁,一次为七月十六日,作《赤壁赋》,十月旧地重游,复作《赤壁赋》。因此,一般习于依时间先后,冠以《前赤壁赋》、《后赤壁赋》。本篇即《前赤壁赋》。

值得一提的是,苏轼作《赤壁赋》所游之"赤壁",是在黄冈县外,俗称"赤鼻矶"之处,并非三国周瑜攻打曹操之地。周瑜攻打曹操的赤壁,是位于嘉鱼县东北江滨,江夏西南一百里处。

名句的故事

苏轼在黄州的日子,与好友夜游狂饮,除却本文留下文学史上的惊叹号外,其他逸事自不在少数。神宗元丰五年九月,苏东坡与朋友夜饮大醉后,回到"临皋亭"的住所。对人生又起感

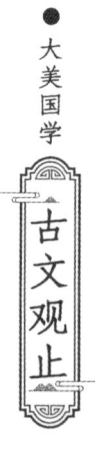

触,写下这首《临江仙》:"夜饮东坡醒复醉,归来仿佛三更。家童鼻息已雷鸣,敲门都不应,倚杖听江声。长恨此身非我有,何时忘却营营。夜阑风静縠纹平,小舟从此逝,江海寄余生。"

就是这一醉,思起这奔劳之身,竟想驾舟沉浮在海上。当然,这只是词中世界。但此词一出,隔天竟谣传苏东坡已经挂冠离去。苏东坡此时是待罪之身,不得离开黄州腹地,急得黄州刺史连忙赶至临皋亭,却见苏东坡正呼呼大睡,宿醉未醒呢!

历久弥新说名句

传统中国文学史上,以明月为题的诗词俯拾皆是,苏轼自己便写有《水调歌头》:"明月几时有,把酒问青天……但愿人长久,千里共婵娟。"文题即言,"丙辰中秋,欢饮达旦,大醉,作此篇,兼怀子由。"当此皓月,词人的情感一触即发。再如唐朝张九龄《望月怀远》:"海上生明月,天涯共此时,情人怨遥夜,竟夕起相思……"月色澄澄,诗人思慕情人,月与情似乎一向孪生。

若要说中国现代文学史上最动人的月色,莫过于张爱玲的《倾城之恋》。小说中,那个对女主角白流苏说"我爱你"的范柳原,整夜电话攻势中,最后一通竟然只谈月亮:

"流苏,你的窗子里看得见月亮吗?"流苏不知道为什么,忽然哽咽起来。泪眼中的月亮大而模糊,银色的,有着绿的光棱。

至于两人定情之夜的对白,更是与月亮有所关联。流苏问范柳原到她房间做什么。柳原回答:"我一直想从你的窗户里看月亮。这边屋里比那边看得清楚些。"

就是这月色,成全了这段"倾国倾城"的爱情,最后,香港的陷落成全了这段爱,成全了白流苏。这是中国式的月色。

看看西方的月色吧!葡萄牙作家费尔南多·佩索亚在《惶然录》中,描述的月色却是悲凉的:"月亮的刺眼光芒中包含着一种悲凉的平静,一种类似于述说感激之情的东西高高地从天而降,而人们无法耳闻。"在佩索亚的思维里,月亮刺眼的光芒,与人类世界是隔离的,因为她所要叙说的事物,人们是无从听见的。人与月,相隔甚远,一个从一个制高点往下俯瞰,另一个则无从理解意涵。

这种思考下的月亮,显然与中国人眼中的月亮截然不同。中国人的月亮是"借物明志"的最佳象征,也是圆融、团聚的象征,人们不会听不见月亮的寓意。

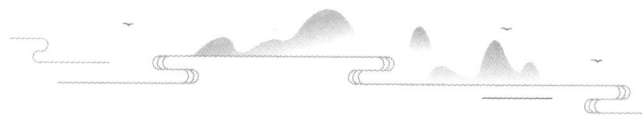

飘飘乎如遗世独立，羽化而登仙

名句的诞生

纵一苇之所如¹，凌²万顷之茫然。浩浩乎如冯虚御风³，而不知其所止；飘飘乎如遗世⁴独立，羽化而登仙⁵。

——宋·苏轼《赤壁赋》

完全读懂名句

1. 纵一苇之所如：听任小船飘浮。一苇，比喻小船。如，往。《诗经·卫风·河广》："谁谓河广？一苇杭之。" 2. 凌：凌越。 3. 冯虚御风：在虚空中乘风飞驰。冯，通"凭"，凭借之意。虚，虚空。御，驾驭。 4. 遗世：脱离尘世。 5. 羽化而登仙：有羽翼可以飞行，登临仙界。

我听任小船漂浮，越过万顷茫茫的海面。那种广大，就像在天空中乘风疾行，不知将往何处。飘飘然的感觉，像是脱离尘世独立，又像是生出羽翼一般，飞登仙界。

名句的故事

"浩浩乎如冯虚御风，而不知其所止；飘飘乎如遗世独立，羽化而登仙"，充分显示出苏轼尽管被贬至黄州这般荒凉之地，心境上却是旷达的，接近于老庄的无为。这中间有段转折——乌台诗案。

"乌台"是指御史台监狱的名称。神宗元丰二年三月，当时苏轼从徐州调往湖州任刺史，照惯例写《谢上表》，却得罪王安石的手下。当年六月，一名御史从《谢上表》中挑出四句，说苏轼藐视朝廷，开始大加鞑伐。另外又找了他在湖州写的诗，一起罗织他的罪名，把此案交予御史台；当然，许多是无中生有的。七月，苏轼被遣送回京，八月就被送进监狱，到十二月二十九日才出狱，同时宣布将他贬往黄州，担任团练副使，但不得擅自离开黄州，同时无权签署公文。这事件就是"乌台诗案"。

乌台诗案对苏轼的打击很大，此后他不得不寄情山水，安于成为隐士般的生活，精神上于是倾向于老庄思想。也才会有"飘飘乎如遗世独立，羽化而登仙"这样的诗句。

历久弥新说名句

苏轼言"纵一苇之所如，临万顷之茫然"，江上风清的景色，在黑夜茫茫中，所感受到的是旷远无边的江海，飘飘茫茫。但在暗夜水色中，夜游那条充满脂粉气味的秦淮河，则又是另一种光景了。

公元1923年，作家朱自清与红学权威俞平伯，为比试两人的文学功力，相约以秦淮河为题，各自写下《桨声灯影里的秦淮河》，而传为文学史上佳话，如今我们在两人笔下，看到不同的秦淮河。

朱自清的秦淮河是："秦淮河的水是碧阴阴的；看起来厚而不腻，或者是六朝金粉所凝么？……那漾漾的柔波是这样的恬静，委婉，使我们一面有水阔天空之想，一面又憧憬着纸醉金迷之境了。等到灯火明时，阴阴的变为沉沉了：黯淡的水光，像梦一般；那偶然闪烁着的光芒，就是梦的眼睛了。"可惜，这样带有纸醉金迷的秦淮河，水波中充满梦境的光芒，有着诗情的河流，朱自清话锋一转，竟把文章大篇幅转向讨论歌妓的道德去了。不过，秦淮河在他笔下，包覆着华丽的文辞，大红灯笼高高挂，不管他情欲道德，这秦淮河的神秘夜景，终究吸引许多人，恨不能立即在那船上，体验河中的灯影桨声。

但俞平伯的秦淮河，则呈现出一种哲人的思维了："灯影里的昏黄，和月下灯影里的昏黄是不相似的，又何况入倦的眼中所见的昏黄呢？灯光所以映她的容姿，月华所以洗她的秀骨，以腾的心焰跳舞她的盛年，以觥涩的眼波供养她的迟暮。必如此，才会有圆足的醉，圆足的恋，圆足的颓弛，成熟了我们的心田。"这是一种宁静心田下，看着秦淮河的烟波迷醉，省思出来的文字。"圆足的醉，圆足的恋，圆足的颓弛"道出一个有感的灵魂，夜游秦淮河的时刻，内心确实是随着河景的变换而起波涛。

三人游河的感触是如此不同，苏轼呈现出旷远放任的豪情，朱自清是摆荡在华美与道德之间，而俞平伯则是充满智能的美感。

世之奇伟瑰怪非常之观

名句的诞生

夫夷¹以近，则游者众；险²以远，则至者少；而世之奇伟瑰怪非常之观，常在于险远，而人之所罕至焉；故非有志者不能至也。

——宋·王安石《游褒禅山记》

完全读懂名句

1. 夷：平坦。2. 险：危险。

平坦而近的地方，游客就多；危险而远的地方，到的人便少了。但世间奇特瑰怪、不寻常的景致，常在危险和遥远而人们很少会到的地方，所以除了有志气的人以外都不能到达。

文章背景小常识

褒禅山位于安徽省舍山县北十五里,原名北山,又名华山,以风景清幽,地势险远著称。因为唐朝高僧慧褒曾住在此山,因此又被后人称为褒禅山。

《游褒禅山记》这篇文章写的是一次未能尽兴的游览,作者深感后悔和遗憾,照理说,这样的游览没有多少值得写的东西,可是作者却据此得出深刻的启示:世上神奇雄伟、美丽壮观的景色,常常在艰险、遥远的地方,必须不避困顿,"尽吾志"以赴之,才能于己无悔,不为人讥。这里虽然是说游山,实际上是以游山作比喻,说明不论研求高深的学问,还是创建宏伟的事业,都必须以百折不挠的精神去完成自己的意愿。

王安石在一生从政、治学的道路上就是这样坚韧不拔地前进的。他在宋神宗时作宰相,认准了"变法"于国有利,决心推行新法,尽管守旧派强烈反对,他却毫不动摇,被列宁誉为"中国十一世纪的改革家"。王安石在文学上也是个革新派。他反对北宋初年淫靡的文风,主张文章应"有补于世"。

名句的故事

世上奇特、难得的景致多半都是在偏远而难以到达的地方,只有有志的人才能到达,由此,我们可以联想到"有志者事竟成"这句谚语。《后汉书·耿弇列传》说到："将军前在南阳建此大策，常以为落落难合，有志者事竟成也！"汉朝建威将军耿弇（掩），曾立下多次辉煌的战功，光武帝刘秀对他十分信任。因为据守琅邪郡的张步不接受招降，于是他奉命领兵攻打，最后在临淄大败张步。几天后，皇上来到临淄劳军，并且对他说："以前在南阳时，你提出取得天下的计策，我以为不可能成功；现在天下大势已定，可见只要立下志向努力去做，事情终必会成功。"后来"有志竟成"这个成语就从这里的"有志者事竟成也"演变而出，用于表示立定志向去做，终必成功。

另外由这句名句我们也可以联想到李白的《蜀道难》，其中有一句："噫吁嚱，危乎高哉！蜀道之难难于上青天！"这句话是形容蜀道路上奇丽惊险的山川景色。李白在这首诗中既写了蜀道的艰难，又写了人生旅程的艰难，并寄予了对国事的忧虑和担心。

历久弥新说名句

除了"有志者事竟成"之外，在我们日常生活中，还常常使用"皇天不负苦心人"这句话，他的意思是与"有志者事竟成"相近的，也时常连用。在我们一般的印象中，客家人总是勤俭，而且富有刻苦耐劳的精神，而这也反映在客家歌曲中，有一首歌就命名为《皇天不负苦心人》（林子渊撰词谱曲），其中一句歌词说道："千辛万苦也爱拾，啊！一分努力一分收成，皇天不负苦心人。"是不是很有趣呢？

在古代的文章中，我们常可以发现，优美特殊的景色，时常都被描述为处于僻静遥远的地方，那么近代人的著作是否也是如此？在倪匡《少年卫斯理·三姓桃源》这篇小说中，有一段这样的描述："若是不明就里，根本无法到达。三人在略作安排之后，便把全家老小，都迁入了那所在，并且命名为'三姓桃源'，立下家规，世世代代，在三姓桃源隐居，再也不出尘俗世间，也就无疑人间天上了！'三姓桃源'所在之处，四面全是重重叠叠的山峦……飞鸟难渡。那山谷被群山包围，所以气候适宜，物产极丰，土地肥沃，又有水潭、溪流、瀑布，水产也丰美之极。"

超鸿蒙，混希夷

名句的诞生

以愚辞¹歌愚溪²，则茫然而不违，昏然而同归，超鸿蒙³，混希夷⁴，寂寥而莫我知也。

——唐·柳宗元《愚溪诗序》

完全读懂名句

1. 愚辞：愚笨的文辞。2. 愚溪：柳宗元命家居旁边的溪流为"愚溪"。3. 鸿蒙：自然的元气，泛指宇宙。4. 希夷：原指道体的无声无色，后用以指虚空玄妙。

我用愚笨的文辞来歌颂愚溪，溪与我两不相违，在昏沉中还是与它相契合。超越宇宙万物，进入虚无寂静的境界，寂静超脱，没有人了解我的心情。

🍃 文章背景小常识

永贞元年（公元805年）正月，唐顺宗继位。由于前在位者唐德宗，听任宦官当权，以致社会乱象丛生。于是唐顺宗支持改革，任用王叔文等人当政。当时，三十三岁的柳宗元受到王叔文的赏识，因此被拔擢为礼部员外郎。然而，宦官、强藩的势力庞大，王叔文等不敌。八月，顺宗被迫退位，其子李纯（唐宪宗）继位后，立即对父亲的这些亲信大开杀戒，将王叔文贬为渝州司马。九月，柳宗元被牵连，贬为邵州刺史。就在前往邵州的路途上，再改贬为永州司马。

永州地处偏僻，安史之乱后，宦官当政，民不聊生，以致人口急速凋零。而柳宗元之职，不过是一介编制外的闲员，加上生活环境恶劣，总总生活的苦闷，让时值壮年的柳宗元，最后只能与山水为伍，创作大量山水游记。

元和四年，柳宗元的创作开始进入巅峰期。这篇文章就是这段时期中，典型藉奇山异水，与自己被贬的抑郁之情，两相结合的作品。

🍃 名句的故事

山水游记的鼻祖，纵然奉柳宗元为始祖，然而，南梁吴均所写山水骈文《与宋元思书》，也是山水文学不应忽略的佳作。此文写水之清澈，不同于《愚溪诗序》的溪水，纵然"善鉴万类，清莹秀澈，锵鸣金石"，但是溪之清澈更是为了表示自我。而《与宋元思书》呈现的异水佳景，则是精准写景："水皆缥碧，千丈见底。游鱼细石，直视无碍。急湍甚箭，猛浪若奔。"这六句直接就视觉来写水，写水的明澈可见，也写出水的动感——疾行之水，如飞箭似奔马。

当此山水奇景，吴均当然也就借物言志："鸢飞戾天者，望峰息心；经纶世务者，窥谷相望。"说是纵有大鹏之志者，见到群峰耸立，也要"息心"；就连那些深谙俗世事物者，都会在山谷中流连忘返。吴均显然停驻在此山水之中，世俗情物就付之云淡风清吧。相较之下，柳宗元"超鸿蒙，混希夷，寂寥而莫我知也"，虽有愚溪相伴，却还是笼罩在一种"莫可奈何"的悲愤之情中。

历久弥新说名句

在《愚溪诗序》中，以溪喻己的佳句，俯拾皆是："幽邃浅狭，蛟龙不屑，不能兴云雨。无以利世，而适类于余。"这段话道尽柳宗元内在的深邃，却不为当政者所激赏，无从利世济民。其实，柳宗元与此溪并非"无以利世"，而是为世道离弃，无从利世，无从展现锋芒才华，于是转而自我观照："溪虽莫利于世，而善鉴万类，清莹秀澈，锵鸣金石……余虽不合于俗，亦颇以文墨自慰，漱万物，牢笼百态，而无所避之。"溪水明净，照见万物百态，恰恰与柳宗元不合于世俗，两相对照。人、溪相和，合而为一。

　　被誉为是最孤独的美国知名女诗人艾米莉·狄金森，曾经在她的日记中写道："难道生命得与不停的活动扯上关系吗？难道我得入世才能在其中找到诗的存在？当心智退缩时，许多层面被包覆着。思想才是最重要的，怎能不思想而活着呢？有时，简单的生活反而最复杂。"狄金森的生命就是在她与外界隔绝的世界里，绽放属于她自己的光亮。这样一个单纯的心灵，甘于自我孤独，与柳宗元"超鸿蒙，混希夷，寂寥而莫我知也"的孤独对照，狄金森的孤独是真正安于这样不为人知的孤独；而柳宗元的孤独，则是悲愤被世界遗忘的孤独。

清泠之状与目谋，
潺潺之声与耳谋

名句的诞生

枕席而卧，则清泠[1]之状与目谋[2]，潺潺[3]之声与耳谋，悠然[4]而虚者与神谋，渊然[5]而静者与心谋。

——唐·柳宗元《钴姆潭西小丘记》

完全读懂名句

1. 泠：清凉。2. 谋：交往接触。3. 潺潺：流水声。4. 悠然：幽远的样子。5. 渊然：静默的样子。

我铺好席子，放上枕头，躺在小丘上，清凉的流水映入眼帘，水声传入耳中，幽远虚渺的境界与精神相通，深沉幽静的气氛和我的心灵呼应。

文章背景小常识

《钴姆潭西小丘记》是柳宗元《永州八记》的第三篇。柳宗元被贬官至永州（《愚溪诗序》），寄情于山水，写下许多游记。而《始得西山宴游记》、《钴姆潭记》、《钴姆潭西小丘记》、《至小丘西小石潭记》、《袁家渴记》、《石渠记》、《石涧记》、《小石城山记》等八篇，世称为《永州八记》。此八篇游记，以时间为序排列，前后连贯，但亦可单篇独立阅读。

此篇主要是借着小丘的景致，借丘喻人。这片小丘原为弃地已久，却经由柳宗元的梳整，成为一片景色怡人之地。柳宗元庆幸此废丘尚有他作为知音，但他真正要感慨的是，他政治上的知音不知何在？

值得我们注意的是，柳宗元贬居永州十年期间，并非只全力在山水文学。除了创作山水游记、赋诗、创作大量文学作品外，这段期间他还有许多思想性、历史文论作品，例如：《封建论》、《时令论》、《断刑论》、《桐叶封弟辩》《天说》、《非国语》等，也是铿锵有力之作。

名句的故事

正如欧阳修在《梅圣俞诗集序》中所说："凡士之蕴其所有，而不得施于世者，多喜自放于山巅水涯之外。见虫鱼草木风云之状类,往往探其奇怪。内有忧思感愤之郁积,其兴于怨刺,以道羁臣寡妇之所叹,而写人情之难言,盖愈穷则愈工。"这段话可以说是柳宗元写下《永州八记》的内心写照,也是中国古代的读书人,怀持着淑世理想,最后不得不投身到另一个无关政治的领域中,因而游山玩水,感月吟风,就成了知识分子安身立命的桃花源。

所以,余秋雨在《洞庭一角》中提到:"中国文化中极其夺目的一个部位可称之为'贬官文化'。随之而来,许多文化遗迹也就是贬官行迹。贬官失了宠,摔了跤,孤零零的,悲剧意识也就爬上了心头;贬到了外头,这里走走,那里看看,只好与山水亲热。"这段话多少道尽不少中国文学史上的名家,却是"失意政客"。

的确如此。范仲淹《岳阳楼记》一句"先天下之忧而忧,后天下之乐而乐",流芳百世,被历代忧国忧民的知识分子视为"箴言",时时以此句警惕自我,表为人生抱负。然而,当我们重读《岳阳楼记》,不免读到一个贬官的心情,因为此文作于庆历六年,时当范仲淹推行的"庆历新政"变法失败,范仲淹因而被贬至饶州。于是,登楼感怀,借景言志,留下这篇宋代古文佳作,而这种悲情正是中国失意政客的声音。

历久弥新说名句

《永州八记》中,处处可以看到柳宗元写景的奇笔,除了像

"清泠之状与目谋,潆潆之声与耳谋,悠然而虚者与神谋,渊然而静者与心谋"这种融合多种感官与精神意境,来描述外在情境的佳句外,在《始得西山宴游记》中,同样有夸饰山景的名句:"然后知是山之特出,不以培塿为类;悠悠乎与灏气具,而莫得其涯;洋洋乎与造物者游,而不知其所穷。"西山的独特秀出,绝不是一般小山的气度,柳宗元说它鼎立在天地的浩气中时已远久,而且此山无边无尽。表面上说的是西山的高峻奇巧,实际上说的是柳宗元的独特清高。

知名的德语作家赫曼·赫塞在散文《多云的天空》的开头,有一段和柳宗元"枕席而卧"相似的描写:"岩缝间长满绽放小花的野草。我躺在地上,遥望晚天。从几个小时开始,小片、娴静的乱云就在天空中缓慢流动。风必定是在云的上头吹,因为地上的风停滞了,毫无一丝风。"不过,柳宗元的《钴姆潭西小丘记》是抒发他郁郁不得志的心境;而赫塞则是直接藉外在景物变化,传达生命在暗流侵袭时刻的阴暗:"这暗流毫无规律就会在我的灵魂里出现,毫无外在原因可循。世界似乎蒙上一层阴影,像乌云一样……"两者还是呈现出文化的差异。

金玉丰鲜

蝉翼为重，千钧为轻

名句的诞生

世溷浊[1]而不清；蝉翼[2]为重，千钧[3]为轻；黄钟毁弃，瓦釜雷鸣[4]；谗人[5]高张，贤士无名。吁嗟[6]默默[7]兮，谁知吾之廉贞[8]？

——战国·屈原《卜居》

完全读懂名句

1. 溷浊：浑浊，溷，音混。2. 蝉翼：蝉的翅膀，轻而薄。3. 钧：古代重量单位，一钧等于三十斤。千钧意为很重。4. 黄钟毁弃，瓦釜雷鸣：黄钟，正大、庄严、高妙之音，能振聋发聩。瓦釜，意指低贱之物。5. 谗人：小人，奸臣。6. 吁嗟：感叹、发语词。7. 默默：默默无闻，不得志。8. 廉贞：廉洁忠贞。

当今世上是如此的清浊不分；竟以为轻薄的蝉翼才是重物，而真正千钧之重的东西反倒被认为是轻物；能振聋发聩的正大之声被摒弃不用，而贱物之声反倒大肆嚣鸣；奸佞之人各个气焰高涨，贤臣却完全不得重视。唉，像我如此默默无闻之人，又有谁能明了我怀有的那颗廉洁与忠贞之心呢？

文章背景小常识

屈原，名平，字原，是战国时期的楚国诗人、政治家，也是中国文学史上第一位伟大的爱国诗人，更是浪漫主义诗人的杰出代表，在上个世纪中叶，还曾被推举为世界文化名人而受到广泛的纪念。

屈原出身贵族，又明于治乱、娴于辞令，因此早年相当受楚怀王的宠信，而为了实现楚国的统一大业，他对内积极辅佐怀王变法图强，对外坚决主张联齐抗秦。但由于他所秉持的政治理念与当权派不合，因而屡次遭人诬陷，并被楚王放逐。

《卜居》相传是屈原第二次被楚王放逐时所写成的。再度被放逐，令屈原内心充满了抑郁与困惑，因此他在百思不得其解的状况下，只得转向太卜郑詹尹求助，希望借由龟策之术、神明之解来取得心灵的平静，而这篇文章可说就是当时屈原与太卜郑詹尹的谈话记录。

《卜居》通篇是以问、对、答的方式来完成的，但其实它并非真的问事决疑之作，只不过是屈原假借问答的方式，来宣泄内心愤世嫉俗的感慨。而文中宣泄苦闷的八组排句、突显矛盾的正反对比、寄寓愤慨的比兴笔法，都使用得极具震撼力，将屈原心中对"时不我予"的苦闷、对小人得志现状的慨叹，以及廉洁忠贞的心志不被了解的痛苦表达得入木三分，令人读后潸然泪下。而后世辞赋杂文中的宾主问答之体，实即滥觞于此。

《文心雕龙·辨骚篇》曾对此篇文章有高度评价，认为它"标放言之致"，便是指这篇作品不仅能畅所欲言、不受羁束，更能高谈阔论、豁达自任，大大地抒发了屈原不想再受尘俗世务牵绊的心志。近世学者多认为《卜居》并非屈原所作，而是楚人为哀悼屈原而作的文章，但王逸认为本文确实是屈原所作，朱熹也从其说，因此至今未有定论。

名句的故事

楚怀王十五年之际，张仪由秦至楚，用重金收买了靳尚、子兰、郑袖等人充当内奸，同时更以"献商於之地六百里"的话来诱骗怀王，而受此诱惑的楚怀王便毅然决然地与齐国断交。不久，当怀王发现受骗后，不禁恼羞成怒，并两度向秦出兵，但均遭惨败。此时，无计可施的怀王才终于想起了被他刻意忽略许久的屈原，因此连忙命他出使齐国，希望利用他的外交长才来使两国重修旧好。

但就在此时，张仪又一次地由秦至楚，企图瓦解齐楚联盟的举动，并且最终导致屈原无功而返，再度被楚王疏远。到了楚怀王二十四年，楚国则彻底投入了秦的怀抱，而一直坚持"齐楚联合"的屈原，则被怀王无情地逐出郢都。

怀王三十年，在外放逐六年之后的屈原终于回到了郢都，而同年，秦王约楚怀王到武关相会，开完会后，怀王竟遭扣留，并最终客死秦国。但楚顷襄王即位后，并没有记取教训，依然继续实施投降政策，并再次将屈原逐出郢都，流放至江南，而屈原便这样落寞地流离于沅、湘二水之间，有家归不得。

回想当年，屈原受谗言毁谤、两度被放逐汉北及江南，对于一个有理想、有抱负的青年，当现实与理想相互矛盾时，他心中的迷惑是可以想见的。所以才会选择去见太卜，希望借由占卜结果来解开心中的迷惑。只可惜郑詹尹在了解了他所想问的问题后，却也无法卜出个所以然来，最后只好表示这些疑问"龟策诚不能知事"，然后以"用君之心，行君之意"来劝屈原想开一些，多多配合主上的意思行事，别再一意孤行了。

历久弥新说名句

"蝉翼"、"千钧"原本一轻一重，"黄钟"、"瓦釜"原本一贵一贱，但当蝉翼居然成为重物，千钧反倒为轻；当能振聋发聩的正大之声完全被摒弃，而贱物之声竟取而代之时，便显示出一种鲜明的对比，让人能立即感受到写作这些句子的作者，对某人、某事、某物、某现象"是非不明"、"黑白颠倒"的强烈不满与谴责。

曾有人化用此名句写成："当今之世，豺狼当道，虎豹横行。蝉翼为重，泰山为轻。逸人高立，贤士无名。重名利而薄学识，羡陶朱而鄙伯夷。叹世风之日下，哀人心之不古。"而后世学者在分析鲁迅所处的时代时，便常常使用这类比喻。

不过，"瓦釜雷鸣"虽然最早是用来比喻平庸无才德的人却居于显赫的高位，但后来人们却也用这句话来比喻拙劣的文章却风行于世。比如说宋朝的黄庭坚《再次韵兼简履中南玉》诗三首之三："经术貂蝉续狗尾，文章瓦釜作雷鸣。"便是以"瓦釜雷鸣"来比喻拙劣的文章却风行于世的怪现状。

屠牛坦一朝解十二牛,
而芒刃不顿者

名句的诞生

屠牛坦一朝解十二牛[1],而芒刃不顿者[2],所排击剥割[3],皆为理解[4]也。至于髋髀之所[5],非斤则斧[6]。夫仁义恩厚,人主之芒刃也;权势法制,人主之斤斧也。今诸侯王皆为髋髀也,释斤斧之用[7],而欲婴以芒刃[8],臣以为不缺则折。

——西汉·贾谊《治安策》

完全读懂名句

1. 屠牛坦:春秋时的宰牛者,名坦。解:分解动物的肢体。2. 芒刃:锋利的刀刃。顿:通"钝"。3. 排:解剖。击:敲打。剥:去皮。割:切肉。4. 理:肌肉的纹理。解:四肢之间的缝隙。5. 髋(音同宽):胯骨。髀(音同必):大腿骨。髋髀,泛指牛的大骨头。6. 斤：砍刀。横刃叫斤，竖刃叫斧。7. 释：放下。8. 婴：同"撄"，碰，触动。

有一个名叫"坦"的屠夫，他每天可以肢解十二头牛，并且锋利的刀刃一点都不会变得迟钝。之所以如此，主要是因为他在解剖、敲打、去皮、切肉的时候，都是按照着牛肌肉的纹理，以及四肢之间的缝隙走刀的。当遇到大的骨头的时候，就要用横刃或竖刃的砍刀。仁义和厚的恩情，对于作为君主的人来说就好像是锋利的刀刃，而权力、法律等，就相当于君主的砍刀，而如今的诸侯王，就都好像是解剖牛时遇到的大骨头一样。如果放弃了砍刀，而用锋利的刀刃去对付他们，臣下认为，这样的做法，一定会损坏到刀刃的。

文章背景小常识

贾谊（公元前200—前168年），是西汉时期的政治家、文学家，洛阳（今属河南）人。年少的时候就以博学能文而闻名，汉文帝的时候被举荐为博士，掌管文献典籍，而此时贾谊不过年仅二十多岁。并且在不到一年的时间，又被升为中史大夫。

但由于才高被忌，文帝又听信谗言不辨是非，因此将贾谊贬为长沙王太傅，历时三年。虽然后来又将他召回长安，命他为梁怀王太傅，但后来因为梁怀王坠马而死，贾谊也悲悼自责，不久就死去了。

这篇又名《陈时事疏》的《治安策》，是与贾谊另一篇与《过秦论》同样齐名的政论散文。而贾谊写作这篇文章之际，正是西汉天下初定、社会动荡不安之时。而他以他的独特视角，了解到社会之所以无法平静，全是由于诸侯割据、匈奴犯边、富商大贾严重浪费社会资源所导致的后果，因此他毅然决然上了这篇《治安策》，希望汉文帝能明白问题的症结所在，让社会回到他应有的轨道之中。

贾谊的思想以儒家为主，他通晓治乱，间采法家、黄老思想，写出的文章气势充沛，富于感染力，又具有很强的现实针对性。鲁迅评价他的文章为："西汉鸿文，沾溉后人，其泽甚远。"

名句的故事

关于屠牛坦的故事，《管子·制分》篇中便曾提及。当初管仲为了说明攻击敌人的弱点，则强大的敌人也会变得脆弱的论点，便举了屠夫坦的故事。而与这个故事颇为神似，但是更著名一些的，则是《庄子·养生主》篇中的那个"庖丁"，故事是这样的：

有一天庖丁被请到文惠君的府上为其宰牛，而当他用手触摸、用肩抵顶、用脚践踏、用膝压制牛的时候，都会发出轰然巨响，并且随着他手中的刀进进出出，他的动作就像是在跳舞，而声音就好像是在奏乐,抑扬顿挫,优美动听至极。

看着庖丁解牛的过程,文惠君不禁出了神,并且不由得赞扬说:"哎呀,这真是太神奇了!难道连宰牛的技艺也能达到如此高超的地步吗?"

而此时,庖丁放下牛刀回答说:"其实我所追求的是宰牛的道理,因为道理要比技艺更高一筹。我刚开始学宰牛的时候,所见到的牛都是完整的。三年之后,所见到的牛再也没有一个是完整的了。到了现在,我看牛的时候,只是用精神去体会它,而不是用眼睛去观察它。我的感官都停止了活动,但精神却在游走。我会按照牛的天然纹理,扩展已有的缝隙,将刀刺入原有的空隙,然后顺着它原本就能拆解的部位拆解它。我手中的刀刃会连牛身上的经络和软骨都不碰,更不用说那些大的骨骼了。

"一个好的屠夫,一年就得换一把刀,因为他是用刀去割肉,时间长了刀就会钝。而一个普通的屠夫,一个月要换一把刀,因为他是用刀砍骨头,用不了多久刀就会钝了。而我的这把刀,已经用了十九年,所解的牛也已经超过了数千头,可是我的刀刃还像是新磨的一样。这全是因为我明白牛的骨节中是有空隙的,只要将薄薄的刀刃刺入有空隙的骨间游走,一定是大有余地。

"正因为这样,十九年了,我的刀刃还像新磨的一样锋利。尽管我已经这样熟练了,但是每当刀刃走到骨节相交的地方,或是遇到难解的牛体时,我还是不断地告诫自己要小心一些,

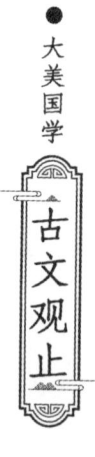

用眼凝视着,慢慢地操作,用刀轻轻地拨动,之后哗啦一声便解开了。每当这时,我便提起刀来,向四周环顾一下,为自己的高超技艺感到踌躇满志。再用布把刀轻轻地抹一抹,仔细地收藏起来。"

文惠君听了庖丁的这一席话,连连点头,似有所悟地说:"好啊,我听了您的这番金玉良言,还学到了不少修身养性的道理呢!"

其实这个故事是要告诉我们:世间万物都有其固有的规律性,只要你在实践中做有心人,不断的摸索,久而久之便能熟能生巧,事半功倍。

历久弥新说名句

贾谊在他的文中举屠夫坦的例子,是为了说明诸侯国现在的势力已经强大,对于中央统治构成了威胁,所以对他们应该使用"斧斤"而非"芒刃"。但是,我们不妨摆脱文章原有范畴,将这句话单独剥挑出来看,此时你会发现这句话依然是深含哲理的。

屠夫坦之所以能够日宰十二头牛,可以说是非常高的工作效率了,不仅如此,他还能做到"芒刃不钝",这就更难能可贵。但是他为什么能够达到这种境界呢?难道真的只要下刀合乎纹理就能像他一样达到宰牛的最高境界吗?

其实在最浅显的哲学里就有所谓的"规律说",它的意思是每项事物都有它自己的规律，人只要能够利用这个规律，并且主动、恰当地利用这个规律，我们所要做的事情便比较容易成功，甚至还能达到事半功倍的成效。如果我们完全不去考虑事物自身暗含的规律，盲目行动，甚至故意违背它，那么，所要做的事情必然是不会成功的，甚至连事倍功半的效果都得不到。因为这样做，你就会不断地遇到"髋髀之所"，这时，无论你的"芒刃"再锋利，也无法避免"不缺则折"的下场。

因此，我们可以这么说，只要能了解事物最基本的规律、并依着他的规律行事，那么凡事都可以"事半功倍"。

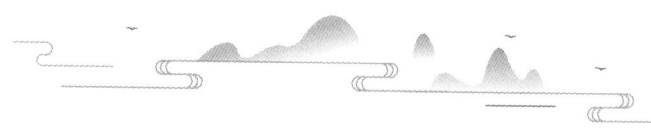

麟之所以为麟者，以德不以形

名句的诞生

圣人者，必知麟[1]，麟之果[2]不为不祥也。又曰：麟之所以为麟者，以[3]德不以形。若麟之出不待圣人，则谓之不祥也亦宜。

——唐·韩愈《获麟解》

完全读懂名句

1. 麟：兽名，即麒麟。2. 果：终究、毕竟。3. 以：因为。

圣人必然认识麒麟，麒麟终究不是不祥的动物。再者，麒麟之所以为麒麟，是因为它的德行而不是因为它的外貌。如果麒麟不等待有圣人就出现，那么说它不吉祥也是合理的。

文章背景小常识

"解"是指见识、看法，是古代常用的文体之一，目的在于辩论与解说，根据晋朝人张华在《博物志·卷四》的记载："贤者著述曰传、曰记、曰章句、曰解、曰论、曰读。"例如韩愈所做的《获麟解》、《进学解》。而韩愈的"解"文，不仅仅只是辩论解说，更深含嘲讽社会现状的意义，并借助各类比喻，抒发自己怀才不遇的悲愤与落寞。

《获麟解》的主角是麒麟。麒麟是一种传说中的神兽，形似鹿，但体积较大，牛尾、马蹄，头上有独角，背上有五彩毛纹，腹部有黄色毛；雄者称为"麟"，雌者称为"麒"，统称为"麒麟"。《诗经》、《礼记》、《春秋》三传等对麒麟皆有着墨，如《左传》中记载，鲁哀公十四年的春天，西狩于大野，鲁国大夫叔孙氏的车夫捕获了麒麟，没想到叔孙氏以为它是不祥之物，后来才被孔子认出来是麒麟。

中国自古就有"四灵"的说法，《礼记·礼运》记载："麟、凤、龟、龙谓之四灵。"麟就是四灵之首。古人在向往大同理想世界的同时，也不忘用这些吉祥动物做各式各样拟人化的联想，例如韩愈在另外一篇作品《后二十九日复上宰相书》中提到："休征嘉瑞，麟凤龟龙之属，皆以备至。"就是说各类如麟凤龟龙之辈的人才都已齐全。用这些吉祥动物来比喻优秀的人才，这就是一种拟人化的写作方式。

名句的故事

尔后有许多文人著述描写麒麟的种种，但无论如何描写，大家对麒麟的认识都还是有限,韩愈之所以作《获麟解》的原因,可能就是在这样的背景下产生的。当时应该是韩愈投靠徐州节度使张建封,时值贞元十五六年之际。相类似的文章,出于韩愈之手,确有与众人不同之处,不同处即在本文所要诠释的名句。

韩愈豪气地认为"圣人者,必知麟",只要是圣人必然认识麒麟,又认为"麟之所以为麟者,以德不以形",麒麟之所以为麒麟,是因为它的德行而不是它的外貌形体;因此能够认出麒麟的人,必然具备独到的、超越常人的眼光。然而麒麟如果出现,却没有圣人的存在,就是"不祥"的征兆。"不祥"在这篇文章中,是另一个暗藏的主题。

由此看来,韩愈写这篇文章,显然另有所图。韩愈所以强调"不祥"的原因,乃是他在仕途上总是欠缺贵人相助。韩愈曾经急于出仕,所以才会有贞元十一年的三上宰相书。后来他不得不屈居于张建封幕下时,多少有寄人篱下、前途窒碍不明的难堪。"不祥"就是韩愈的心情,因为像他这样的麒麟已经出现了,却没有圣人存在;如果唐朝有圣人存在,那么他这个麒麟早就该被赏识了。

现实中的韩愈认为自己所能凭借的就是"德",所谓"麟之所以为麟,以德不以形",因此他很快地离开徐州。后来徐州发生兵变,韩愈有幸躲过迫害,更加相信自己在困境中所能抱持的只有"德",持"德"以待圣人的出现。只是终其一生,唐朝终究没有人愿意重用他的才华。

历久弥新说名句

清朝士大夫曾国藩曾说："麟，韩文公自况也。圣人必知麟，犹云：惟汤知伊尹也；出不以时，犹云：处昏上、乱相之间也。"（曾国藩《经史百家杂钞》）"况"就是比喻的意思。曾国藩认为韩愈在文中自比麒麟，就好像是说，只有商汤认得出伊尹，商汤就是圣人，伊尹就是麒麟，也就是真正的人才；韩愈在这个时候始终无法受到朝廷的重用，就是批评他自己处于无道昏君的世代。

中国民间有个温馨的传说"麒麟送子"。相传孔子在出世前，有麒麟吐玉书到他的家中，玉书上面写着"水精之子孙，衰周而素王"，意思是说孔子有帝王之德，却未居帝王之位。韩愈此时此刻以麒麟自比，究竟是何居心呢？他难道没有想过这样的文章一出，会更加得罪权贵吗？想必这都不是他关切的重点了。

还有句歇后语是这么说："瞪着麒麟说是马。"就是指责一个人"不识货"，把祥瑞珍兽的麒麟当做是马了。而我们常常看到慈济人到世界各处去救济、赈灾，我们可以称赞："慈济人之所以为慈济人，以德不以形。"又例如现在许多人都会去购买智障儿所做的面包、提袋、饰品等等，以帮助智障儿的生活所需，我们可以赞美说："善人之所以为善人，以德不以形。"

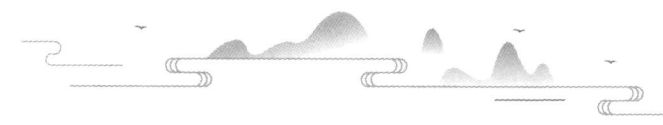

世有伯乐，然后有千里马

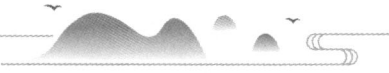

名句的诞生

世有伯乐[1]，然后有千里马。千里马常有，而伯乐不常有。故虽有名马，只[2]辱于奴隶人之手，骈[3]死于槽枥[4]之间，不以千里称也。

——唐·韩愈《杂说四》

完全读懂名句

1. 伯乐：人名，姓孙名阳，字伯乐，春秋时代秦穆公时期人，以擅长相马闻名。2. 只：仅。3. 骈：两马并驾一车称为骈，这里指一起之意。4. 槽枥：这里指养马的地方。

世上有伯乐这种善于相马的人，然后才会出现千里马。千里马时常有，可是像伯乐这种人却不是常常有。所以虽然有一匹名马，却只能屈辱地被奴隶饲养，和一般的马一起死在马房里面，就不会被称为千里马。

文章背景小常识

德宗贞元十一年,韩愈二十八岁时曾经三次上书宰相,希望得到提拔晋用,却没想到这三封信如同石沉大海,他只好离开京城。有人推测,韩愈就在这个时候写了这篇文章,以示感慨之意。怀才不遇是中国知识分子的最大悲哀,韩愈在文中用千里马比喻人才,用伯乐比喻为能够识得人才、拔擢人才的人,简洁有力地说明识别人才的人最难得。

"千里马常有,而伯乐不常有",韩愈这种写作手法分明是"托物寓意",他其实在扼腕唐朝没有伯乐。因为如果没有识得人才的人存在,那么有才能的人如何出现呢?韩愈又在《送温处士赴河阳军序》中说:"伯乐一过冀北之野,而马群遂空。"冀北就是现今的河北省,是古时候出产良马的地区,伯乐一经过那里,那里的良马就被搜罗一空。因为即使是千里马,如果没有被伯乐发现,也只是槽枥间的一般马匹,无法脱颖而出。

所谓"世上岂无千里马?人中难得九方皋",韩愈被千里马的故事所深深影响着。事实上,韩愈在几处文章之中,都有提及宰相是为皇帝、朝廷捡选人才的人;换句话说,这些宰相们应该具备伯乐之资、当行伯乐之道,但韩愈发现事与愿违。后来韩愈为了脱离这种远离政治核心的窘境,为了另辟没有伯乐的蹊径,他开始四处请托,希望有人代他转达出仕为官的心愿。本文或多或少抒发了他自己怀才不遇的落寞情感,令人也替他深感委曲。

名句的故事

《韩昌黎集》有四篇《杂说》,最为人传颂的就是第四篇,又被称为《马说》。这篇文章有两个有关系的典故,都是来自春秋时代,一个是以伯乐为主角,另一个是以九方皋为主角。

"伯乐"是一个天上星宿的名字,专管天马,而相传春秋秦穆公时有一个人叫做孙阳,因为很会相马的缘故,所以大家都叫他伯乐。一次,千里马被当做一般的马匹去拖拉盐车,一路上汗流浃背、非常辛苦,结果中途遇到伯乐。伯乐下车伏着千里马哭泣,千里马则是仰天鸣叫,叫声直冲云霄,因为它很高兴遇到伯乐。这是成语"骥伏盐车"的由来,用来比喻一个人的才华被埋没或受到抑制,或指人才的处境困厄。

另一个故事是,秦穆公希望伯乐引荐另一个会寻找千里马的人,伯乐便推荐九方皋。九方皋为秦穆公到各地去寻找千里马,三个月后他告诉秦穆公找到一匹黄色的母马。秦穆公派人去看,却是一匹黑色的公马。于是秦穆公向伯乐抱怨:"你推荐的人连马的毛色与公母都分辨不出来,又怎么能认识出千里马呢?"伯乐告诉秦穆公,九方皋看到的是马真正具备的精神和机能,而不是它外在的皮毛,九方皋相马的价值,远远高于千里马的价值,这也正是九方皋超越他之处。等到把那匹马牵回来时,大家才相信,果然是名不虚传的千里马。九方皋也就被后世比喻为善于发掘良材的人。

历久弥新说名句

《吕氏春秋》里面有一句话:"得十良马,不若得一伯乐;得十良剑,不若得一欧冶;得地千里,不若得一圣人。"意思说,得到十匹好马,不如得到一个伯乐;得到十支宝剑,不如得到一个欧冶;得到千里城池,不如得到一位圣人。这句话把伯乐与千里马之间的关系,发挥得淋漓尽致;也就是说,世上人才到处都有,只是识才的人很难遇到。万一遇到一个会"指鹿为马"的赵高,想必连马都变成野鹿!

有趣的是,韩愈虽然知道伯乐不常有,可是他却忘记告诉大家,如何找出伯乐呢?千里马难找,伯乐也是一样呀!倒是有一篇现代短文,可以让我们跳脱伯乐与千里马之间的辅成关系,这篇文章的名称是《做一个不依靠伯乐的千里马》。该文作者很有智能地说:"千里马就是千里马,没有伯乐也照样是千里马。尽管有了伯乐的发现和赏识让我们能够走快捷方式,但谁让那些大伯乐们'太忙',而我们又寻不到大伯乐呢?因此我想,还是让我们做一个不依靠伯乐的千里马好了。"

不论是伯乐或九方皋,每一个纵横职场上的人都希望遇到赏赐自己的人,而得以发挥专才、抒发志向。且让我们期许自己是一匹值得被挖掘的千里马,也让我们成为拔擢千里马的伯乐。祝福每一匹千里马都能遇到伯乐,也祝福遇不到伯乐的千里马能自始至终坚持做一匹千里马。

名句的诞生

　　吾见上下交相贼¹以成²此名³也，乌⁴有所谓施⁵恩德与夫知信义者哉？不然，太宗施德于天下，于兹六年矣，不能使小人不为极恶大罪；而一日之恩，能使视死如归而存⁶信义，此又不通之论也。

——宋·欧阳修《纵囚论》

完全读懂名句

　　1. 相贼：互相揣摩。2. 成：得到。3. 此名：这种好名声。4. 乌：哪里。5. 施：布施。6. 存：保存。

　　我只看到上面和下面互相揣摩而得到这种好名声，哪里有所谓的布施恩德和懂得信义呢？如果不是这样的话，唐太宗向天下布施恩德，到这时已经六年了，都还不能使小人不做罪大恶极的事；但是一天的恩德，却能使他们视死如归地保拥信义，这实在是讲不通的道理。

文章背景小常识

《旧唐书》记载：唐太宗贞观六年（公元632年）十二月，唐太宗释放了三百多人死囚回家省亲，并和他们约定要在第二年秋天就回来接受死刑。到了第二年秋天，那些死囚都自动回来，没有一个迟到的，所以唐太宗就把他们全部赦免释放了。这件事一直都被后世的史家所称道。

欧阳修却有不同的看法，因为他主张法治，不主张人治，认为唐太宗纵囚回家省亲的"人治"实在是不近人情，指其"立异为高，逆情干誉"，他认为皇帝应该遵循"法治"，依国家的法治怎么处置这些死囚就应该怎么处置，所以这种"人治"的特例不可以成为国家的"常法"，于是他写了这篇《纵囚论》，并在文章中进一步指出：唐太宗之所以要这么做，目的在于沽名钓誉。

欧阳修的文才是北宋的散文大家，这已是毋庸置疑的事。欧阳修即使是写如此深刻辩驳的文章，在批评、辩驳之中，又带了一点宽恕意味，而且笔锋锐利如断案老吏，其文学之造诣可想见一斑。

名句的故事

在欧阳修的眼中,唐太宗和死囚们"上下交相贼以成此名也,乌有所谓施恩德与夫信义者哉"所以不可取,这也是后世推崇欧阳修此文的主要原因。

在这里姑且不论唐太宗及囚犯等人是否真的"上下交相贼",互相揣测彼此的心意,但唐太宗这种沽名钓誉的政治作法,是一种给人改过向善的机会是毋庸置疑的。而且孔子也说:"与其进也,不与其退也,唯何甚!人洁己以进,与其洁也,不保其往也。"因为能够改过向善总比一直赶尽杀绝的好吧!

"上下交相贼"这种互相揣测心意的做法,令人联想到庄子与惠子揣测鱼之心意的故事。庄子《秋水》中述说,一日,庄子与惠子经过濠水木桥上,庄子低头见水中鱼儿自在悠游的模样,不禁说:"鱼儿也出来游玩,看来优哉游哉,真是好不快乐。"惠子便说:"你又不是鱼,你怎么知道鱼快不快乐?"庄子反问:"你又不是我,怎么知道我知不知道鱼快不快乐?"惠子又说:"我不是你,当然无法理解你所想,然这正证明你也不是鱼,所以无法理解鱼是否快乐。"庄子道:"你原先说:'怎样知道鱼儿快乐。'就表示你是在理解鱼儿快乐的情形下问我这个问题;这证明了你是能理解我的,所以我当然也能理解鱼儿啰。"

庄子与惠子的问答有一个重要的论点:"子非鱼,安知鱼之乐？"同理，唐太宗非死囚，安知死囚之心？死囚非唐太宗，安知唐太宗之心？要设想唐太宗和死囚们"上下交相贼"般互相揣测心意，终归是一件危险的事情。更何况，欧阳修非唐太宗，安知唐太宗之心？当然，我们非欧阳修，安知欧阳修之心？看来，这个纠缠非得请庄子来解决不可了。

历久弥新说名句

"上下交相贼"的原意是在上位者揣摩在下位者的心思，在下位者揣摩在上位者的意图，如此则为了各自的利益而做出违背常情的事情。在欧阳修看来，唐太宗的作为其实就是一场政治秀，为了留下好名声而做出虚假的仁政；但和今日同被批评爱作秀的政治人物比较起来，唐太宗放归三百余名囚犯的壮举，纵然是作秀，也秀得有人情，秀得够高明！

墨子云："顺天意者，兼相爱，交相利，必得赏；反天意者，别相恶，交相贼，必得罚。"兼爱是墨子的中心思想，亦肯定"天志"。他认为"别相恶，交相贼"是反天意，"兼相爱，交相利"才是顺天意。唯有以交相利取代交相贼，顺从天意，这个世界才会更美好。上下"相贼"而交相利，其实也没什么不好，总比"损人以利己"来得要厚道吧。

"上下交相贼"这句话到了现在，又有不同的用法。例如一篇报道的标题为"太电高层交相贼，掏空百亿元"，说明公司内部高层主管以各种技巧掏空资金，而且尚不只一人，高层数人都

参与了非法情事,可说上下皆知情,却同流合污。这个用法不仅是说明该公司高层主管上下连通一气的贪污作为,也将几位犯法者形容为"贼",那就可是真的"贼"了。

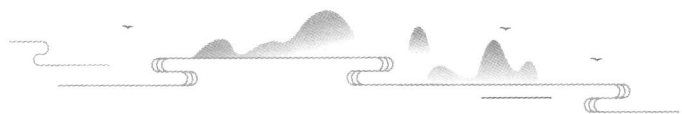

泰山崩于前而色不变

名句的诞生

为¹将²之道³,当先⁴治心⁵。泰山崩于前⁶而色⁷不变,麋鹿兴⁸于左⁹而目不瞬¹⁰,然后可以制利害¹¹,可以待敌¹²。

——宋·苏洵《心术》

完全读懂名句

1. 为:担任。2. 将:将帅。3. 道:方法。4. 当先:首先应当。5. 治心:培养智谋与胆略。6. 前:眼前。7. 色:脸色。8. 兴:出现。9. 左:身旁。10. 目不瞬:不眨眼。11. 制利害:把握住战争形势的变化。12. 待敌:对付敌人。

担任一个将帅,应当先培养智谋胆略。即使是一座泰山你的眼前崩塌,也能做到脸色不变;麋鹿从身边出现,也能够做到不眨眼,才能把握战争形势的变化来对付敌人。

文章背景小常识

心术,即运用心思的方法。《管子·七法》说:"实也,诚也,厚也,施也,度也,恕也,谓之心术。"又《荀子·非相》说:"相形不如论心,论心不如择术;形不胜心,心不胜术;术正而心顺之,则形相虽恶而心术善,无害为君子也;形相虽善而心术恶,无害为小人也。"苏洵从将帅的自我修养说起,分别从几个地方阐述了战争的战略思想,具有一定的见解,并论述为将者所应采取的将兵作战道理。《孙子·计篇》曾说:"将者,智、信、仁、勇、严也。"是为将领五德,苏洵综合理论,写就《心术》。

《心术》选自《嘉祐集》,体裁属于论辨类。全文分为五段:第一段为将当先治心,养士尚义。第二段说作战之道,必先充实战力,培养士气。第三段说凡将欲智而严,凡士欲愚。第四段说用兵必须有忍静之心,并且必须知道用长短之术,才能无敌于天下。第五段说用兵必须有坚强信心作结。全篇可以说是一篇军事论文,每节自成段落,各有中心,又有着内在的联系,逻辑很严密,由治心而养士,由养士而审势,由审势而出奇,由出奇而守备,前后相应,极为成功。

名句的故事

《心术》所说的是战争中的胆略，智谋和忍耐、吃苦的精神，而且要有纯正的思想以锻炼意志。而后人评断苏洵的文章，欧阳修曾说："其（洵）议论精于物理，而善识变权，文章不为空言，而期于有用。其所撰《权书》、《论衡》、《机策》二十二篇，辞辩闳伟，博于古而宜于今，实有用之言，非特能文之士也。"

从"泰山崩于前而色不变，麋鹿兴于左而目不瞬"此句，可看出苏洵写此文所着力的是战军作战前的胆识。

泰山，在今山东省泰安县北，古称东岳，又叫岱山、岱宗，为古五岳中的东岳。孔子曾说："登泰山而小天下。"由此可知，泰山是一座非常高大的山。于中国古代神话传说中，盘古死后，其头部化为东岳泰山。据任昉所撰《述异记》说："昔，盘古之死也，头为四岳，目为日月，脂膏为江海，毛发为草木。"秦汉期间又传说："盘古头为东岳，腹为中岳，左臂为南岳，右臂为北岳，足为西岳……"因此泰山向来被视为五岳之首。其象征性与精神，一如泰山上天阶坊的对联所言："人间灵应无双境，天下巍峨第一山。"

历久弥新说名句

从"泰山崩于前而色不变，麋鹿兴于左而目不瞬"这句可看出这是一个胆子大又冷静镇定的一个人。股神巴菲特有句名言："作为一个投资者，如果不能眼看着手中股票的价格下跌百分之五十，而仍然不惊不慌，那么你根本不适合投资股票。"这句话颇有"泰山崩于前而色不变"的意味，面对突如其来的状况，还能不慌不忙、冷静处理，才能在商场上纵横。拥有此等功力，不愧是股神！

此名句也常常被体育版的编辑所应用，以"泰山崩于前而色不变：以稳求胜，难度不减"形容跳水选手在比赛中面临艰难状况与旗鼓相当的对手时，仍冷静自若，最后终于获得胜利。

甚至有人说"泰山崩于前而色不变，炸弹落于侧而身不移"，描写得更为耸动。第二次世界大战中，麦克阿瑟巡视菲律宾，突然附近一颗炸弹飞过，身旁的将官们纷纷卧倒，只有麦克阿瑟巍然不动。炸弹爆炸完后，麦克阿瑟笑着对将官们说："各位的单兵基本动作训练得非常扎实。"这就是麦克阿瑟之所以为麦克阿瑟吧！

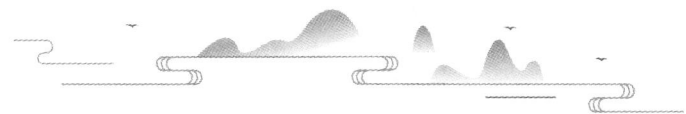

其曲弥高,其和弥寡

名句的诞生

客有歌于郢¹中者,其始曰《下里巴人》²,国中属³而和者数千人;其为《阳阿薤露》⁴,国中属而和者数百人;其为《阳春白雪》⁵,国中属而和者不过数十人;引商刻羽,杂以流徵征⁶,国中属而和者不过数人而已。是其曲弥⁷高,其和弥寡。

——战国·宋玉《宋玉对楚王问》

完全读懂名句

1. 郢:战国时楚国的都城。2.《下里巴人》:当时楚国的民歌。3. 属:接续,接着唱。4.《阳阿薤露》:也是楚国当时的歌曲,比《下里巴人》高深一些。5.《阳春白雪》:也是楚国当时的歌曲,又比《阳阿薤露》高深些。6. 引商刻羽,杂以流征:这两句形容歌唱得非常高深美妙。宫、商、角、徵、羽是古代的五音,相当于现在的音阶。7. 弥:愈。

有位客人在郢都歌唱，起初，他唱的是《下里巴人》曲目，随声附和的郢都人竟达数千。接着，他又唱起《阳阿薤露》，跟着唱的也有几百人。后来，他唱起了《阳春白雪》，随声附和的却只剩下几十人。最后，当他唱到音律严格、调类繁杂的乐段时，能够随唱的仅仅只有少数几个人而已。这说明了乐曲愈是高雅，能附和的人就愈是稀少。

文章背景小常识

宋玉是战国时楚国人，也是屈原之后的楚国著名辞赋家，更与潘安并列中国美男子排行榜的榜首。而署名宋玉所作流传至今的作品，除了《九辩》之外，其他的都有学者怀疑并非宋玉之作。文学史上往往"屈宋"并称，而唐代的杜甫、李商隐更写过有关宋玉的诗歌，可见宋玉对后代文学的深远影响。

古往今来，大凡聪明有才、潇洒英俊之人都容易受人妒忌，甚至恶意的攻击，宋玉自然也不例外。他风流倜傥的外表及风度、聪颖敏捷的才气，便常常受人妒忌，并遭人诽谤。而这篇文章便是宋玉在遭到他人的排挤与恶意中伤后，在面对楚王的诘问与不信任时，以他滔滔的雄辩才华来为自己澄清，借着这一番言论消除了自己的祸端，又隐谏了楚王。

但虽然宋玉在中国文学史享有盛名，不过针对宋玉个人的为人处世，学术界却长期有着不同的看法。像郭沫若便曾在1955年《新建设》杂志的二月号刊登了一篇《关于宋玉》的文章，不仅批评宋玉所写的赋"绝大部分是帮闲文字",并且还从流传已久的宋玉故事中得出他"热衷于利禄"、没有骨气、仅是一个风流才子的结论,最后还在他的大型历史剧《屈原》里,将宋玉刻画成一个于艰危之际背叛友人的"无耻文人"。自然,这只是一家之言,但也为我们提供了一个新的思考方式。

名句的故事

传说宋玉入宫做了楚王的文学侍从大夫以后,经常与屈原、唐勒、景差等人随侍在楚王的左右。而在屈原的指点下,宋玉的才华得到了充分显露,并且深得楚王的赞许,此外,他俊逸倜傥的风度也得到了楚王的垂青。但是正由于这一点,宋玉不仅引起唐勒等人的妒忌,也受到他们的排挤。而唐勒等人私底下商议后找上楚襄王,期望襄王早日逐出宋玉。经过几天的连番游说,襄王终于对宋玉产生怀疑。

一天,楚襄王带着宋玉到鼓楼街章华台游玩,在吃午饭时,襄王突然对宋玉说道:"宋爱卿,你是不是有什么行为不检点的地方啊?"宋玉听后,明白一定是有人在楚王的身旁打小报告,因此他一点也不生气,反而好整以暇地回答:"回禀大王,人非圣贤,孰能无过,只是,微臣实在不知道大王为何突然有此一问?"襄王又说:"你犯的一定不是普通的过错,要不然为什么有那么多的人不仅不赞美你,反而还纷纷指责你呢?"听到这里,宋玉依然慢条斯理地说:"是的,我确实有问题,希望大王你能宽恕微臣的罪过,但在此之前,请大王容许微臣把话说完。"于是,宋玉便说了"其曲弥高,其和弥寡"的故事。

当宋玉把故事说完,故意双眼定定地望着襄王,襄王愣了一会儿后才哈哈大笑说:"好你个宋玉,难怪人们都说你能言善辩,你可真是个雄辩的人才呀!"而听到楚王的话后,宋玉知道楚王也想通了,也跟着哈哈大笑了起来。

历久弥新说名句

"其曲弥高,其和弥寡"自宋玉用了之后便开始流传下来,后世多用此句比喻"知音难寻",也就是指当艺术造诣达到很高的境界后,便很少有人能够真正地理解,"曲高和寡"的成语也是由这句话演变出来的。像《老残游记》二编·第五回里便写道:"我在省城只听人称赞靓云,从没有人说起逸云,可知道曲高和寡呢!"

而在一篇题为《论诗人之死》的文章中,作者对由古至今为何诗人的自杀率总高于常人的现象提出了自己的看法,而其中关键的一条结论便是"其曲弥高,其和弥寡",意思便是诗人多不被别人所理解,因此最后总是愤懑而死。尽管这个结论不见得完全地切合实际,但看着时下的流行歌曲唱遍大街小巷,流行歌手们的追星族也有愈来愈多、愈来愈狂热的趋势,而好多艺术歌曲却无人问津,让一些专注于做音乐的人每每发出"其曲弥高,其和弥寡"的感叹,当真是"曲高和寡"导致"情何以堪"的最佳写照。

不肯拔我一毛而利天下

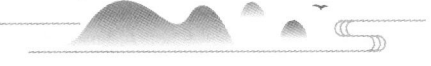

> 名句的诞生
>
> 杨¹之道,不肯拔我一毛而利天下。而夫人以有家为劳心,不肯一动其心以蓄²其妻子,其肯劳其心以为人乎哉?
>
> ——唐·韩愈《圬者王承福传》

完全读懂名句

1. 杨:指的是战国时代的杨朱。 2. 蓄:养育。

杨朱的主张是,不肯拔自己的一根汗毛而使天下人都有利。而这个人以为有家庭就需要劳心,因此不肯费心去养育妻子儿女,那么这个人还肯劳心去替别人着想吗?

文章背景小常识

"传"是一种文体,记载某人一生事迹的文字。有所谓的

"别传",是指本传以外,另再举些遗闻逸事以补充本传的传记文;有所谓的"评传",即对古今人物的生平、作品、成就等加以评论的传记;还有"合传",将数人的事迹列于一传,例如《史记》中的《刺客列传》。而韩愈的这个"传",应该算是"小传",所谓"小传"就是由私人撰写,记述人物生平事迹的著作。

如果就文学发展史来说,传奇小说自唐代宗起兴盛了一百年,时值古文运动之际。古文所推崇的即是先秦时代朴实的散文体,讲求文以载道的功用,不求怪力乱神之语,而唐代的传奇作品也特别丰富。《圬者王承福传》并没有被列为传奇之列,却是一篇近似小说的传记杂文。由于文以载道之故,韩愈也在《圬者王承福传》中寓意他所要表达的世教,当然,也隐含他因仕途不遂所产生的社会批判。

《圬者王承福传》的主角王承福是一位"圬者",就是现代人说的水泥工匠。王承福的祖先世代原本都是京兆长安县的农夫。天宝之乱时,王承福也被征召当兵,十三年中立下不少功劳;后来回到家乡时,田地早就没了,因此当起了水泥工匠,一个人的日子也这样过了三十多年。

名句的故事

王承福显然是一个相当自足的人,选择水泥工匠这个职业,是因为他知道自己可以胜任这个工作,更何况从工作经验中,他还发现"富贵难保"的道理。韩愈听完王承福的描述之后,反应是"吾有讥焉"，对于这样的人生态度有很大的质疑，并且认为王承福行的是"杨朱之道"。

"杨朱之道"简单说来就是"不肯拔我一毛而利天下"。要"利天下"就必须劳心，要花心思去为别人着想。事实上，韩愈在《后二十九日复上宰相书》中便自许为一个忧心天下的人，所以希望求得一官半职为天下百姓服务，而韩愈也是一个对家庭负责，对亲戚也给予许多帮助的人。所以他对于王承福"独善其身"的处世态度，相当不以为然。

王承福自认没有多余的本事去成就一个家庭、养育妻儿，因此选择单身的生活，以免超出自己所能负荷的范围后，还得劳心思去想办法。对于王承福自认为能力小的人，选择一个自足的方式，这样的智能韩愈称赞他是一个独善的贤者；不过，依照韩愈忧天下的标准，又批评王承福是杨朱之徒，一个"贵己者"。这个评语显然有提升的目的，希望个人在照顾自己之余，也能善尽社会责任。

历久弥新说名句

"不肯拔我一毛而利天下"乃出自《孟子·尽心》上："杨子取为我，拔一毛而利天下，不为也。"杨朱主张"为我"，即使拔身上的一根毛就对天下有利，他也不肯做。这也是有名的成语"一毛不拔"的典故。杨朱被孟子视为"无君也"，在儒家的道德标准中，是不合格的。不过，杨朱"拔一毛而利天下，不为也"

的主张，其实也有一定的道理。

杨朱以为："古之人，损一毫利天下，不与也；悉天下奉一身，不取也。人人不损一毫，人人不利天下，天下治矣。"（《列子·杨朱篇》）意思是说，损失身上的一根毛来利益天下，这个事情不要做；人家把天下的利益都给你，这也不可以拿。人人都不会损失身上的毛发，人人都不需去利益天下，天下就可以井然有序了。杨朱的理论是人人如果自制安分，天下自然安定。这种主张看来也有道理，韩愈为什么要反对呢？需知，一种思想起先也许是很好，但推衍下去，就会不断扩张、变质，假如人人都只为自己，谁来生养儿女呢？人人不生养儿女，人类如何绵延呢？人类不能绵延，文化道术不就灭绝了吗！所以韩愈会对王承福"独善其身"的处世态度，相当不以为然，也有他更深一层的道理。

《台湾文献丛刊》记载了一则《马关条约》签订前的议和过程。李鸿章说："赔款既不肯减，地可稍减乎？到底不能一毛不拔。"当时日本要求巨额的赔款之外，还要求割地，李鸿章极力护卫国家的权益，他口中"一毛不拔"的意思是，日本方面对于赔款的金额、割地的大小，意即议和的条件，总不能连退一步都不愿退一步吧；结果日方的伊藤博文还是强硬地拒绝："两件皆不能稍减；屡次言明，此系尽头地步，不能少改。"这与后人常用"一毛不拔"来讽刺一个人非常的吝啬与自私，是比较不一样的用法。

又何往而不金玉其外、
败絮其中也哉

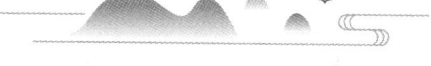

名句的诞生

观其坐高堂、骑大马、醉醇醴[1]而饫[2]肥鲜者，孰不巍巍乎[3]可畏，赫赫乎可象[4]也！又何往而不金玉其外、败絮[5]其中也哉。今子是之不察，而以察吾柑。

——明·刘基《卖柑者言》

完全读懂名句

1. 醇醴：美酒。厚酒叫做醇，甜酒叫做醴。2. 饫：这是饱食、饱足的意思，音喻。3. 巍巍乎：崇高雄伟的样子。4. 赫赫乎可象：赫，音贺，赫赫是指显盛的样子。象，是取法的意思。5. 败絮：破棉花。

看他们坐在高堂上，骑着大马，喝美酒喝得醉醺醺的，肥美的食物吃得饱饱的，谁不是表现出崇高得令人生畏，显赫得令人羡慕啊！但他们又何尝不是外表好看、内里草包一个呢！现在这些你都不理会，却专门挑剔我的柑子。

文章背景小常识

刘基（公元1311—1375年），字伯温，处州青田县（今浙江青田县）人。生长在元末明初时代。他幼年就很聪明，身材高大，十四岁入学，读经史性理等书，对于天文、兵法、数术无不精通。元至顺间举进士，以廉洁正直有名，但因与当政者不和，所以被削职贬官于绍兴，后痛恨政治黑暗，弃官还乡，隐居青田山中。后来创作了《郁离子》，用寓言来嘲讽当时政治。

《卖柑者言》这篇文章就是从《郁离子》中选出的，内容很短，是寓言性的杂记类古文。内容大致是买者向卖家抱怨，为何卖这种外表很好看，里面完全不能吃的东西。而卖家却说这世上多的是这种情形，你为何不说他们，反倒专挑我柑子的毛病？也就是说作者想讽刺的就是那些只重外表而没有内容的人和事。

古文家的寓言通常都极具世教意义，如韩愈的《圬者王承福传》、柳宗元的《种树郭橐驼传》，都是著名的例子。刘基的《卖柑者言》，假借卖柑者的话，讽刺当时文武百官的无能，专做些欺世盗名的事情，如杭人柑橘，金玉其外，败絮其中，最后并说卖柑者的话虽听来愤世嫉俗，但颇发人深省。此文正表达出刘基对当前局势的不满,以简短但趣味的故事烘托整个主题,是其高明之处。

名句的故事

依据"金玉其外,败絮其中"这句成语和意涵,可以联想到"虚有其表"和"华而不实"这两句意义相近的成语。

唐代郑处诲《明皇杂录》卷下:"嵩既退,上掷其草于地曰:'虚有其表耳。'左右失笑。"根据唐代的郑处诲在《明皇杂录》中记载,唐玄宗时中书舍人萧嵩,长得高大,留着胡子,相貌英伟俊秀。有一天晚上,萧嵩被唐玄宗临时召见,要他草拟一道任命苏颋为宰相的诏书。萧嵩写好后呈给玄宗过目,文中以"国之宝"一词称赞苏颋,但"环"字是苏颋父亲的名讳,于是玄宗要求萧嵩当场更改。萧嵩又急又害怕,流了一身汗,久久不能下笔。过了好一会,玄宗走到萧嵩身边观看,看到他只将"环"字改成"珍"字,其余的都没改。等萧嵩退下后,玄宗把草稿扔在地上,说:"萧嵩只是外表长得好看罢了!根本没有什么内涵。"后来"虚有其表"演变为成语,用来形容空有华丽的外表,却无实际的内涵。

另外,"华而不实"的成语是取自《左传·文公五年》:"天为刚德,犹不干时,况在人乎?且华而不实,怨之所聚也。"春秋鲁文公五年,在宁地掌管旅舍的大夫宁嬴,遇到出使卫国回来的晋大夫阳处父,觉得他是个仁德的君子,于是告别妻子追随他而去。可是,过没几天,宁嬴就回来了,妻子问他为什么这么快回来?他回答说:"阳处父的个性太过刚强偏执。即使是像上天那么刚强无情,尚且不干涉四时运行,更何况是人呢?而且一路上和他交谈下来,觉得他说的话内容虚浮而不切实际,言过其实,容易触犯别人,招致怨恨。众人都怨恨他,我怕跟随他,还没获得利益就先遭遇灾难,所以离开他。"后来"华而不实"被用来比喻虚浮而不切实际。

历久弥新说名句

"金玉其外,败絮其中"一语,在明代刘基《卖柑者言》文中,原本是指卖柑者所卖的柑,外表看起来像金玉般华美,剥开来内里却干得像破棉絮。作者借由卖柑者说的话,讽刺当时官员不能替百姓谋福,让百姓陷于水火之中,却"坐高堂,骑大马,醉醇醲而饫肥鲜者",享尽富贵荣华。后来"金玉其外,败絮其中"演变为成语,也是延续同样的意思,用来形容外表美好而内质破败。

"金玉其外,败絮其中"这句成语除了在刘基《卖柑者言》文中引用之外,在清魏裔介《山西乡试录序》中也有提到这句成语,内容是:"勿采春华,忘秋实;勿工文艺,薄器识;勿金玉其外,败絮其中;勿兰芷其名,萧艾其质。"这句话是说不要采了春天的花,就忘了秋天的果实;不要专心致力于文艺,就忘了智能胸襟;不要光注意外表的美好,而忽略内涵的败坏;不要虽然具有像兰芷般芳香美好的名声，但本质只是像萧艾草一样平凡。

这句成语也有写成"金玉其外，败絮其内"，明朝海瑞《主簿参评》："苟不尽分称职，金玉其外而败絮其内也，即陟巍科，登诗仕，徒玷官常耳。"这句是说假如做官不尽责任，空有官职但是全不做事，那么即使有很高的官位，也只是玷污了那个官职的名称而已。

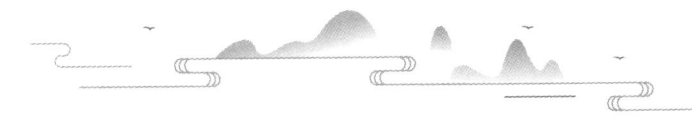

蔺相如之获全于璧也，天也

名句的诞生

令秦王怒而僇[1]相如于市，武安君[2]十万众压邯郸[3]，而责璧与信，一胜而相如族[4]，再胜而璧终入秦矣！吾故曰："蔺相如之获全于璧也，天也。"

——明·王世贞《蔺相如完璧归赵论》

完全读懂名句

1. 僇：杀戮。2. 武安君：秦将白起的封号。3. 邯郸：赵国都城，也就是今天的河北邯郸县西南。4. 族：这是说会诛杀到相如的亲族。

假使招惹秦王动怒，杀相如于市，派武安君带兵十万迫近邯郸，并责问那块璧和失信的事；一仗打胜，相如会被灭族，再胜，那块璧终究还是归于秦国所得了！所以我说："蔺相如保全了那块璧，是天意啊！"

文章背景小常识

王世贞（公元1526—1590年），字符美，明江苏太仓人。二十二岁举进士，官至南京刑部尚书。王世贞继李攀龙后掌文坛盟主，达二十年之久，主张"文必秦汉，诗必盛唐"，与李攀龙、谢榛、宗臣、梁有誉、徐中行、吴国伦等被誉为"后七子"。但这前后七子的古文，往往流于仿真，而为后人所诟病。

战国（公元前403—前221年）是一个兼并剧烈的历史时期。本文所叙史实发生在前283年到前279年之间，正值战国中期之末。在此之前，秦早已占领了巴蜀，并夺取魏在河西的全部土地，又多次大败楚军，初步形成了统一全国的趋势。在此期间，秦以主力图楚，公元前280年秦取楚上庸（今湖北房县、均县等地）及汉水北岸，公元前278年秦将白起攻破郢都（今湖北江陵），逼楚迁都于陈（今河南淮阳）。尽管如此，秦仍未停止对赵的进攻，所以如何对付秦的挑战已成为赵国安危之所系的大问题。廉颇和蔺相如就是在这个历史舞台上起关键作用的人物。

王世贞认为虽然人们都称赞蔺相如完璧归赵，但是这不是可以令人信服的。就《蔺相如完璧归赵论》这篇文章来看，作者认为蔺相如保全了那块璧，是既怕秦国又要激怒秦国，而这件事是很奇怪的，而且当秦国已经要割让城池之时，蔺相如又派人将璧偷送回赵国，这是将有理的一方让给秦国啊！况且如果秦国真的动怒杀了蔺相如，又打起仗来，赵国还是保不了那块璧，所以作者说:"蔺相如保全了那块璧,是天意啊!"

名句的故事

这篇文章是王世贞针对"蔺相如完璧归赵"这段史实作的评论,但这段史实究竟是怎样的呢?

战国的时候,赵惠文王有一块叫做"楚和氏璧"的宝玉,被秦国的昭王知道了,昭王便派了位使臣到赵国来,跟惠文王商量要以十五个城池和赵国换取这块"楚和氏璧"的宝玉。大家看到惠文王相当烦恼,就有人提议:"我们去请智勇双全的蔺相如来,他一定会想到好办法的。"文王询问蔺相如该不该拿去,相如认为要,并且自愿前往。蔺相如到了秦国以后,见到了秦昭王,便把璧玉奉上。秦昭王一见到璧玉后,高兴得不得了,不断地把璧玉捧在手上仔细欣赏,又把它传给左右的侍臣和嫔妃们看,却都不提起十五个城池交换的事。

蔺相如一看情形不对,马上上前对秦王说:"大王,这块璧玉虽然是稀世珍宝,但仍有些微的瑕疵,请让我指引给大王看看。"秦王一听:"有瑕疵?快指给我看!"蔺相如从秦王手中把璧玉接过来以后,马上向后退了好几步,背靠着大柱子,瞪着秦王大声说:"这块璧玉根本没有瑕疵,是我看到大王拿了宝玉以后,根本就没有把十五个城池给赵国的意思。所以我说了个谎话把璧玉骗回来,如果大王要强迫我交出璧玉的话,我就把楚和氏璧和我自己的头,一起去撞柱子,砸个粉碎。"蔺相如说完,就摆出一副要撞墙的样子。

秦昭王害怕蔺相如真的会把璧玉撞破，连忙笑着说："你先别生气，来人呀！去把地图拿过来，划出十五个城市给赵国。现在你可以放心把璧玉给我了吧！"蔺相如知道秦王不安好心，就骗秦王说："这块楚和氏璧，是天下人都知道的稀世珍宝，赵王在交给我送到秦国来之前，曾经香汤沐浴，斋戒了五天，所以大王在接取的时候，也同样应该斋戒五天，然后举行大礼，以示慎重。"秦王为了得到璧玉，只得按照蔺相如所说的去做。蔺相如却趁着秦王斋戒沐浴的这五天内，叫人将那块璧玉从小路送回赵国。

五天过去了，秦王果真以很隆重的礼节接待蔺相如。蔺相如一见秦王便说："大王，秦国自秦缪公以来，二十多位君王，很少有遵守信约的人，所以我害怕受骗，已差人将璧玉差人送回赵国。如果大王真的要用城池来交换楚和氏璧，就请先割让十五个城池给赵国，赵王一当遵守誓约将玉璧奉上。现在，就请大王处置我吧！"秦昭王一听璧玉已经被送回赵国，心里虽然很生气，却也佩服蔺相如的英勇，不但没有杀他，还以礼相待，送他回赵国。后来，大家就用"完璧归赵"来形容将别人的东西完整归还给别人的意思。

历久弥新说名句

中国古代对于璧玉好像总是特别重视，所以由璧玉而产生的典故和历史故事也就特别多。"蔺相如之获全于璧也，天也"，这句话透露出一种命定论的感觉，似乎在冥冥中有一些是情势早就决定好了的。在《史记·秦始皇本纪》中有记载一段关于秦始皇与一块璧玉间的故事，也有这样的意味。

在始皇三十六年（公元前211年）的秋天，有位使者从关东走夜路经过华阴平舒道（陕西省华山之北）时，遇见一人手持一块璧玉，并拦住使者说："替我把这块璧玉送给水神。"又说："今年祖龙死。"（祖就是始，龙代表国君，祖龙死是暗示始皇将死的意思）。使者问他何故？那人就忽然不见，留下璧玉就离去了。没想到，这块璧玉竟是始皇二十八年出巡渡江时，不小心遗落到江中的那块璧玉。

始皇三十七年（公元前210年）十月癸丑日，始皇外出巡游。有一天始皇梦见和海神交战，便请占梦的博士解梦，博士认为只要射死水中的大鱼蛟龙就可以了，但是在射杀了一条大鱼之后，始皇往西巡游到平原津时，就病倒了，病情一天比一天沉重，到了七月丙寅日，始皇病崩在沙丘平台（今河北省平乡县东北）。也许人无法决定自己的生死，连秦始皇也不例外。

在金庸小说《鹿鼎记》第五十回《鹗立云端原矫矫，鸿飞天外又冥冥中》，也曾出现"完璧归赵"的词语。"……韦小宝笑道：'多谢万岁爷金口。奴才升官发财，多福多寿，全凭皇上恩赐。再说，奴才这两笔钱，本来都是台湾人的，还给了台湾的老百姓，也不过是完璧归……归台而已。'康熙哈哈大笑，说道：'完璧归赵的成语，给你改成了完璧归台。'"

由这边我们可以知道"完璧归赵"已经由一个历史故事演变为一个我们日常生活用来形容原物完整奉回的形容词了。

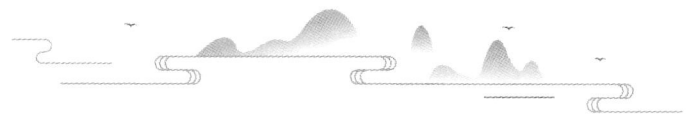

为善必慎其习，故所居必择其地

名句的诞生

为善必慎¹其习，故所居必择其地。善在我耳，人何损焉？而君子必择所居之地者，盖慎其习也。孔子曰："里²仁³为美。"意以此与⁴！

——宋·王安石《里仁为美》

完全读懂名句

1. 慎：谨慎。2. 里：乡里。3. 仁：仁爱。4. 与：语尾叹词。

有心学习善性善行的人，对于习气是相当谨慎的，因此他一定会选择居住的地方。但为善与否难道最重要的不是自己？别人对于自己想要为善的心情又能有什么减损呢？然而君子之所以一定慎选居住之地，正是出于对习气的谨慎。孔子说："要居住在有仁厚风气的地方才好。"说的就是这个意思。

🎗 文章背景小常识 🎗

本篇文章的篇名《里仁为美》，实际上是出自《论语·里仁》孔子所说的一段话，"里仁为美，择不处仁，焉得知？"知就是智，孔子认为，居住的地方，若是不选择风气良好的环境，便无法获得智能。对于历史上的儒家人物，王安石最敬仰的是孔子，因此也才会作了这篇阐发孔子思想的文章。王安石曾倡议科举改试经义，以代诗赋，本篇文章就是王安石所作经义之示范文，可谓言八股文源流之始祖。

王安石在宋神宗殷切的期望下，放手进行改革，迅速制定出均青苗法、免役法等相关法令，后人统称为熙宁新政。这一变法，确实是减轻了百姓的负担，对农业颇有鼓励的作用，也加强了抵抗辽国和西夏的国防力量，但却严重地打击了豪绅士族的利益。于是豪族仕绅纷纷起来阻挠反对。虽遭遇顽固的抵抗，王安石自谓："天命不足畏，众言不足从，祖宗之法不足用。"苏轼因而送他"三不足"的雅号。

🎗 名句的故事 🎗

"为善者必甚其习，故所居必择其地"，来自孔子所说的"里仁为美"，这句话主要是强调环境的重要，因为人是很容易受到环境的影响的。孟子也提出过类似的观念，《孟子·滕文公》下篇"傅楚"有这样的故事；孟子对宋国大臣戴不胜说："如果有个楚国的大夫，想让他的儿子学说齐国的语言，那么是让齐国人教他呢，还是让楚国人教他呢？"戴不胜回答："当然是让齐国人教他。"孟子说："一个齐国人教他，但却有许多楚国人在干扰他，跟他说楚语，那么，虽然天天鞭打他，逼他学齐语，也是不可能的；如果把他领到齐国国都临淄城内最繁华的街市，让他在那里住上几年，那么，尽管天天责打他，要他讲楚语，那也做不到了。"因此不可轻忽环境的力量。

孟子本身正是"所居必择其地"的大受惠者吗？当初若没有孟母的三迁，孟子能不能成为今日华人尊称的"亚圣"尚不可知！即使是主张性恶的荀子也这么说："故君子居必择乡，游必就士，所以防邪辟而近中正也。"可见即使是君子，也要避开不好的环境，以免"入鲍鱼之肆，久而不闻其臭"。

历久弥新说名句

这样注重环境与人对人格影响的警句，使人联想到的句子就是"如入芝兰之室，久而不闻其香；如入鲍鱼之肆，久而不闻其臭"。这句话的原文出自汉朝刘向的《说苑·杂言》："与善人居，如入芝兰之室，久而不闻其香，则与之化矣。与恶人居，如入鲍鱼之肆，久而不闻其臭，亦与之化矣。"意思是，同道德品质高尚的人相处，就好像进入养育芝兰的花室，时间长久后就闻不到它的香气；同道德品质不好的相处，就好像进入卖咸鱼的店铺，时间长久后就闻不到咸鱼的腥臭味了。这句话如同"为善必慎其习，故所居必择其地"一般，是在说明结交朋友和客观环境对人的品行有重大影响，并劝人交友要慎重。

这句话到了后世，也有分开应用的状况出现。如蒋孔阳于《美的距离》一书中说："'如入芝兰之室，久而不闻其香'。天下多少美好的事物，都因为和我们的距离太近，习以为常，而不觉其美。"在这里，"如入芝兰之室"是表示由于经常接触美的事物，久了之后反而习惯了，看不见其美丽的所在。

另外可以联想到的句子，则是较常见的"近朱者赤，近墨者黑"。这句话语出晋朝傅玄的《太子少傅箴》："故近朱者赤，近墨者黑；声和则响清，形正则影直。"比喻接近好人可使人变好，接近坏人则可使人变坏。

有四个学生想知道人参果的味道，于是分别拜访了当年吃过人参果的唐僧师徒们。第一个人回来后，说："人参果的味甘甜鲜美，很好吃。"第二个人也附和说："的确如此。"第三个人连连点头，同样表示赞成。第四个人却有不同的意见："你们说的都不对，人参果吃来滑溜溜，没有特别的味道。"这人和大家争论不休，最后跑到夫子那里讨公道。

夫子想了一下，便问："你们是向谁请教的？"第一个回答："我问唐三藏。"第二个回答："我问孙悟空。"第三个回答："我问沙悟净。"夫子问第四个，"那你呢？""我问的是猪八戒。"老师微笑说："这就难怪了，当初猪八戒是将人参果囫囵吞下肚子里，他怎么能说出真正的味道呢?"

接近积极的人会更有冲劲；接近乐观的人会更开朗。同一个问题，不同心境的人会给你不同的答案，难怪近朱者赤；近墨者黑。靠近什么样的人，自己也容易成为哪种模样。

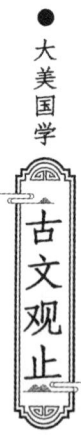

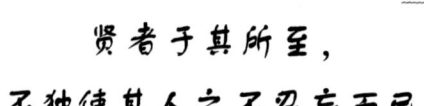

贤者于其所至，
不独使其人之不忍忘而已

名句的诞生

然后知贤者于其所至[1]，不独[2]使其人之不忍忘而已，亦不能自忘于其人也！

——明·归有光《吴山图记》

完全读懂名句

1. 所至：所到的地方。2. 不独：不只是。

然后明白贤者对于他所到的地方，不但使当地的人忘不了他，而且连自己也不会把别人忘了。

文章背景小常识

这一篇文章选自《震川先生集》，是一篇杂记类的古文。作者归有光（公元1506—1571年），字熙甫，号项脊生，昆山（今江苏省昆山县）人。相传他十分有才华，九岁就会写文章。嘉靖十九年（公元1540年）中举人，但是以后二十多年，八次会试不第。嘉靖二十一年移居江苏嘉定安亭江上，读书讲学，他的学生多达数千人，被称为震川先生。明代中叶，文坛上出现了前后七子的复古运动，对扫除台阁体的文风有相当做用，但是到了嘉靖年间，复古运动已经流为盲目尊古倾向，所以有王慎中、茅坤、唐顺之等起来抵制，提倡唐宋古文，被称为唐宋派，但实际上领导人是归有光。他主张文章不要雕饰太甚，应当恬适自然。有人把归有光与欧阳修相比，推崇他为明代第一散文大家。直到清代，方苞、姚鼐等人，也对归有光相当称赞。

这一篇文章是归有光记他的同年好友魏用晦在担任吴县县令的时候，有很好的政绩，在卸任的时候，吴县人送他一幅吴山图，表示不忘。后来归有光在朝廷遇到魏用晦时，谈到自己的家乡吴县，他就把吴山图拿出来，并要他作记。本文属记叙文，一开始记叙地理位置，说明郡西诸山皆在吴县，然后叙述吴县民感怀县令（也就是魏用晦）的惠爱，而赠送吴山图的经过，继而说明魏用晦的德政使得山川草木皆与有荣焉，百姓无法忘怀这位县令，而他也时时记挂百姓，最后讲述作记缘由。通篇文章的主旨就是在说明贤者于其所至，不独使其人不忍忘，亦不能自忘于其人。诉说良吏不忘百姓，百姓也不忘惠政的一段佳话。

名句的故事

不论任何时代，只要能碰到一位爱民如子的好官，都是一件相当幸福的事，不仅当时的百姓会感怀他，他的德政也会千古流芳，受到后人缅怀。大家都知道有一位名画家叫做郑板桥，但是他也是一位爱民如子的好官呢！

郑板桥是"扬州八怪"之一，名燮，板桥是他的号。因为他在所作的书画下款都题"板桥郑燮"的字样，后人就逐渐称他为郑板桥。郑板桥因为失去了自己的独子，因此总是经常寻访孤儿，然后倾力相助。县学里的孩子放学碰上雨天不能回家，他就让人送饭，又想到孩子们走泥路容易坏鞋，就让人找些旧鞋送给他们。在遇到灾荒时，郑板桥都据实呈报，力请救济百姓。他还责令富户轮流舍粥以供饥民糊口，并带头捐出自己的俸禄。当灾情严重时，他总不顾惩处的危险，毅然决定开官仓借粮给百姓应急。如果百姓们无法归还粮食，他就干脆让人把债券烧了，所以百姓们都很感谢他这个体恤百姓、爱民如子的清官。乾隆十七年，他因申请救济而触怒上司被罢官时，百姓都来送行，他只雇了三头毛驴，一头自己骑，一头让人骑着在前边领路，一头驮行李。做县令长达十二年之久，却清廉如此，送行的人见了都很感动，依依不舍。郑板桥真是做到了"不独使其人之不忍忘而已，亦不能自忘于其人也"。

历久弥新说名句

在帝制时代,国家的兴衰存亡几乎都系在皇帝一人身上,所以任用有贤德、才能的人就格外重要,有许多相关的成语也应运而生,例如"任贤使能"即是。这句成语出现在《三国演义》第八十二回:"吴王浮江万艘,带甲百万,任贤使能,志存经略。"这一段话是在称赞吴王能任用贤能,又有雄韬武略。

而现今的民主社会中,"贤者"依然重要。不论古今中外都是求贤若渴的。只是我们应该庆幸的是,今日我们可以用手中的选票,来选贤与能,不过许多人对于我们现在的选举生态不尽满意,例如黄大洲就曾指出:"台湾的选举,最后都沦为'造势比赛',而不是候选人人格的评比与政策的辩论。"也许向来以民主自居的我们真该好好检讨一下了。在《礼记·礼运》中:"大道之行也,天下为公:选贤与能,讲信修睦。"其所表现的境界,才是我们要追求的,真正选出一位"不独使其人之不忍忘而已,亦不能自忘于其人也"的贤者。

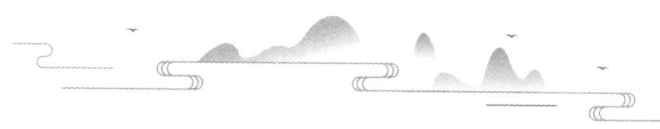

教化之行，道德之归，非远人也

名句的诞生

使¹一人之行²修，移之于一家，一家之行修，移之于乡邻族党，则一县之风俗成，人才出矣。教化之行，道德之归，非远人也³。

——宋·曾巩《宜黄县县学记》

完全读懂名句

1. 使：假使。2. 行：品行。3. 非远人也：语出《中庸》："道不远人。"

一个人的品行好了，就可以影响到整个家；一家的品行好了，就可以影响到全部乡邻和亲族宗党，那么这个县的淳厚风俗就可以造成，人才也就产生了。推行教化，归向道德，这种作用离人并不遥远。

文章背景小常识

宜黄县，今江西省宜黄县，北宋时属抚州临川郡。县学，县里的学堂，当时在县城北面。宜黄县县令李详，治县有方，并提倡办学，修建了县学，学校建成后，有人请曾巩写了这篇学记。

曾巩写的学记有两篇，分别为《宜黄县县学记》和《筠州学记》，前人评价很高。本文阐述教育的重要性，认为教育可以转变一个人的性情，培养大量人才，扭转社会风气，以至推行仁政。文章由远古的教育谈起，以古代教育制度之完善和后代废学的后果，从正反两方面来衬托学校教育的影响之巨。文体虽然属记叙文，实际上是一篇议论居多的文章，这也是曾巩为文的一大特色。

名句的故事

本句其实是脱胎于《中庸》："道不远人，人之为道而远人，不可以为道。"意思是说修道不离人道、人事、人伦，都在日常生活之中。然而所谓道指的究竟是什么？子贡问过孔子："有一句话能够终其一生去执行它吗？"孔子说："那大概就是'恕'吧！自己不愿意别人做的，就不要施加在他人身上。"又有一次，孔子在弟子面前说："曾参啊！我说的道其实可以用一种观念来贯通它。"曾子回答："是的。"等到孔子出去了，其他的学生便

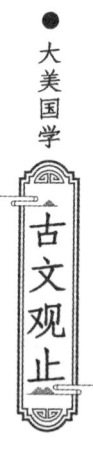

问曾子:"老师说的是什么意思?"曾子说:"老师的道,说的就是忠恕而已呀!"忠就是尽自己最大的能力,恕就是同理心。

曾巩的文章非常固守先人的想法,从这句"教化之行,道德之归,非远人也"几乎完全旨在阐发《中庸》与《论语》的思想可见一斑,是"文以载道"彻底的执行者。也由于这样小心翼翼地走在儒家的道路上,使得后代大大发扬了儒学精神的理学大师朱熹,对于曾巩赞誉有加。

历久弥新说名句

曾巩所言由一人而一家而一乡一国,少不了"推己及人"的胸怀,凡事总是要从自己出发,进而才能影响到他人。在各种主要文化中,"推己及人"是放之四海而皆准的道德规范。儒家称这个规范为"忠恕之道";基督徒则称之为"金律";在犹太教、印度教及佛教,同样的典范也存在。除了前文所举《论语》之例之外,《中庸》也记载:"忠恕违道不远,施诸己而不愿,亦勿施于人。"基督宗教的《圣经》中,耶稣也两次教导门徒以这个推己及人之道与别人交往:"所以,无论何事,你们愿意人怎样待你们,你们也要怎样待人,因为这就是律法和先知的道理。"由于耶稣认为这推己及人之道能综合整个旧约圣经的教训,所以后来的信徒便称之为"金律"。

在犹太教的经典《塔木德》中,记载一个故事,说一个非犹太人求名师希拉尔,请他在短暂时间之内,把摩西五经全教导给他。希拉尔便说:"己所憎恶,勿施于人;其余都是注释。"除了在儒家、基督宗教及犹太教之外,这个推己及人的教导也出现于原始佛教;释迦牟尼教导一个"自通法":"凡于自己不爱不快之法,于他人亦为不爱不快之法;然则我缘何得以自己不爱不快之法,而紧缚他人哉!"

道与德的起点其实很简单,不外乎身边的小事情,这也就是"道不远人"所蕴含的意义。

晏子好仁，齐侯知贤，而桓子服义也

名句的诞生

予尝爱晏子好仁，齐侯知贤，而桓子服义[1]也。又爱晏子之仁有等级，而言有次[2]也；先父族，次母族，次妻族，而后及其疏远之贤。

——宋·钱公辅《义田记》

完全读懂名句

1. 服义：这是说桓子接受齐侯用晏子酒杯敬的酒，是心服于义的行为。2. 次：次序。

我曾经很喜欢晏子的爱好仁道，齐侯的知道贤人，桓子的服从正义。同时又喜欢晏子的仁爱有等级，而说话又有次序。他先是父族，其次母族，再次是妻族，最后才推广到那些比较疏远的贤人。

文章背景小常识

《义田记》的作者为钱公辅,字君倚,是宋代武进人,进士及第后,他就入朝为官,但是英宗时,他因为与当政者不合被贬官,神宗即位的时候,让他做天章阁待制的官,但他又因为忤逆王安石而降做知府,可见他的仕途是不太顺遂的。

《义田记》是钱公辅写来赞扬范仲淹设置"义田"这样的义举的文章,文章开头即叙述了范文正公购置义田的经过及施行之法,范仲淹死后,他的子孙继续推行,家财都耗费在义田上,就连范仲淹死时所需的殡葬费用也拿不出来,最后钱公辅用晏婴的事迹和当世公卿大夫的作为,从正反两方面映衬范文正公的义行。作者认为范仲淹这样的行为,比晏子的仁有等级还要高超,规模也更大。

这篇文章是赞美范仲淹推行的义田制度,但究竟什么是义田呢?原来范仲淹为了赡助穷乏的族人,置田收租,作为族中公产,名为义庄,其田称义田,义田收获的米称义米。他订的规矩很简单,主要是列明义庄中对族人衣食的配给方法,例如无论男女,五岁以上都受配义米,每月白米三斗,冬衣大人各配给绢布一匹,五岁至十岁减半等等,均有详细的规定。此外,有嫁娶丧葬等吉凶事故时,也有发给辅助费用。义庄周济的对象虽是以范氏家族为主,但是对于贫穷不能度日的乡里外姻亲戚,也量行济助。

名句的故事

晏子是齐国的宰相，因为身高很矮，不到六尺，又很贤能，所以有些趣味故事，为人津津乐道。有一次晏子出使楚国，楚王见晏子矮小，就说："齐国难道没有人才吗？怎么派你来了呢？"晏子回答说："齐国临淄有七八十万户人家，人们张开衣袖就像乌云遮天，挥把汗水就像下一阵雨，行起路来肩膀擦着肩膀，脚尖挨着脚跟，为什么说齐国没有人才呢？只是，我们齐国派遣使者，各有一定的对象，才能出众的人，派遣他去见贤明的国君；没有才能的庸俗之辈，派遣他去见无才能的昏君。我是齐国最无才能的人，所以最适宜派到楚国来了。"

名句中的桓子为田无宇，而齐侯是齐景公，他们田家与齐国关系还真不浅！传说有"田氏废君"的预言，桓子的祖先陈完刚出生的时候，太史曾为他卜卦，说他或他的子孙将取得一国，成为国君。陈国衰落后，陈完就离开陈国来到齐国，并改姓田，他的后代文子、无宇父子皆侍奉齐庄公，很受宠信，无宇的儿子侍奉齐景公，是大夫，而且田家很得到齐国的民心，他们家族也越来越强大；晏子曾多次向景公进谏，但景公不听。后来几代田氏家族皆任宰相，更有了废立国君的权力，悼公、简公、平公皆是为田氏所立，到了田午即位为桓公，他的儿子因齐即位为威王，而原本的齐国则是断绝了后代，封地都归田氏所有。

历久弥新说名句

在"晏子好仁,齐侯知贤,而桓子服义也"这句名句中,齐侯的知贤传为千古佳话,而"知贤"可以让我们联想到唐太宗的知人善任,他与名臣魏征之间的关系更是时常在我们生活中听到的。魏征向来是看到该说的就说,从不畏惧。他的胆识和卓见,为"贞观之治"做了不可磨灭的贡献。

有一次太宗退朝回宫后,盛怒未息,对长孙皇后说:"迟早我要杀了这个乡巴佬!"皇后急忙问道:"陛下要杀谁呀?""魏征总是当面侮辱我,不给我留情面!"皇后听完后,立刻换了礼服出来向太宗道贺说:"君明则臣直。魏征忠直,敢于犯颜直谏,正说明你的圣明大度,真是可喜可贺啊!"太宗听完后,怒气渐消。想起魏征的为人处世,内心反而油然生起了无限的敬意。

晏子好仁,而且仁有等级,这最早可以追溯到孔子,"仁"是孔子的中心思想,虽然孔子并没有明确说明"仁"是什么,不过《论语·颜渊》篇仲弓问仁,孔子答以"己所不欲,勿施于人"。如《孟子·尽心》篇说:"强恕而行,求仁莫近焉。"看来仁与恕是分不开的,而最基本的应该就是"己所不欲,勿施于人"了,英文有句谚语:"Do as you would be done by." 以你所期望的别人待你的方式待人。与"己所不欲,勿施于人"的意思是相同的,这也许是古今中外不变的道德金律吧!